被差別マイノリティのいま

差別禁止法制定を求める当事者の声

一般社団法人 部落解放・人権研究所 編

解放出版社

発刊にあたって

一般社団法人 部落解放・人権研究所所長　谷川雅彦

　『被差別マイノリティのいま』は、差別に苦しむ被差別当事者が社会に、この国で暮らす人々に知ってほしい、わかってもらいたい差別という現実と差別解消のための社会変革、人間変革を、自らの体験にもとづいて訴えるものです。

　差別や貧困・社会的排除をテーマに調査研究をすすめる民間の研究機関である部落解放・人権研究所は、2013年9月に内田博文神戸学院大学教授を代表とした「差別禁止法研究会」を発足、諸外国の差別禁止法令の調査研究、わが国において差別禁止法を立法するにあたっての論点整理に取り組むとともに、ハンセン病問題、自死(遺族)問題、LGBT問題、外国人問題、見た目問題、HIV・AIDS問題、部落問題、アイヌ問題、水俣病問題の9つの被差別当事者からの差別の現実についての事例収集調査、差別禁止法制定が必要とされる立法事実の整理(判例研究)に取り組んできました。

　「差別禁止法研究会」では、こうした調査研究の成果を公開シンポジウム「差別禁止法制定を求める当事者の声」(2015年10月24日、東京)で発表してきました。このシンポジウムは顔と名前を公表した9人の被差別当事者が一堂に会して差別の現実とその解消を社会に訴えたはじめての取り組みでした。

　事例収集の成果はブックレット「差別禁止法制定を求める当事者の声シリーズ」①～⑨として発刊されました。差別の現実は表面化することはめずらしく、多くの差別被害が当事者の我慢や泣き寝入りによって「なかったこと」にされています。なぜなら差別被害を訴えるには自らが被差別の当事者であることをカミングアウトする必要があるからです。差別に対する規制や救済がない状態の中で被害を訴えるためにカミングア

ウトするには、当事者のみならず家族や周辺への差別の二次被害や三次被害を引き起こす恐怖と不安を乗り越えなければなりません。『被差別マイノリティのいま』はこうした被差別当事者の葛藤、勇気、差別解消への願いです。

　差別の原因は差別される側にあるのではありません。差別の原因は差別する側、それを許している社会の側にこそあるのです。私たちは「差別禁止法」の制定を通して社会の変革、人間の変革を実現していこうと考えます。

　「障害者差別解消法」の施行、「ヘイトスピーチ解消法」「部落差別解消推進法」のあいつぐ成立などさまざまな課題を有しながらも差別のない社会づくりへむけた「差別禁止法」の必要性が高まっています。

　『被差別マイノリティのいま』発刊にご協力いただきました当事者のみなさま、支援者のみなさまに心から感謝申し上げますとともに、本書が差別の現実を社会化し、差別の解消にむけた世論と関心を高め、「差別禁止法」制定にむけた取り組みに役立つことを願っています。

被差別マイノリティのいま　差別禁止法制定を求める当事者の声…もくじ

発刊にあたって　谷川雅彦　3

ハンセン病問題のいま　13

私たちにとってハンセン病問題とは　内田博文……14
　はじめに　14
　私たちにとって医療とは　15
　私たちにとって福祉とは　17
　私たちにとって戦争とは　20
　私たちにとって民主主義とは　21
　私たちにとって日本国憲法とは　23
　私たちにとって人権とは　26
　私たちにとって平等とは　28
　私たちにとって裁判とは　30
　私たちにとって家族とは　32
　私たちにとって社会とは　34
　私たちにとって当事者運動とは　35

当事者は語る……37
いのちと同時に人権も宿る　志村 康　37
　　発病して　37　　菊池恵楓園に入る　39　　きょうだいに及んだ差別　41
　　社会復帰　43　　黒川温泉ホテル宿泊拒否を通して　44　　おわりに　45

自死（遺族）問題のいま　47

自死（遺族）問題とは　田中幸子 …… 48

  はじめに　48

  「自殺」という言葉　49

  賃貸不動産への損害賠償　50

  生命保険と住宅ローン　56

  未遂の場合の治療費（健康保険）　56

  自賠責保険　57

  戒名や葬儀　57

  警察　58

  遺族自身　58

  その他の差別と偏見　59

  おわりに　59

当事者は語る …… 60

  自死遺族としての現状を伝えることから自死に対する偏見や決めつけをなくしていきたい　竹井京子　60

    中学生になって　60　　居場所を求めてがんばった日々　61　　苦しい気持ちを誰にも話せない遺族　63　　遺族のなかにもある偏見や恐れ　65　　遺族の側も一歩踏み出して語ろう　67

LGBT問題のいま　69

セクシュアルマイノリティの人権　「ありのままのわたしを生きる」ために　土肥いつき …… 70

  セクシュアリティとは　70

  ほんとは長い長い自己紹介　72

  ここでちょっと基礎知識　セクシュアリティのバリエーションを知るために　78

ここで練習問題をひとつ　82
　　おわりに　84

当事者は語る……………………………………………………87
同性愛者に対する差別について　南 和行　87
　　同性愛者であることを公にしている弁護士として　87　　裁判所のエレベーターホールで　87　　自分自身に向けられる差別の実感　89　　テレビのオネエタレントブームに　90　　公の場でされる「同性愛者は異常」という発言　92　　カミングアウトできない社会を下支えする差別　93

外国人問題のいま　　　　　　　　　　　　　　　　　　　95

外国人差別の実態　文公輝………………………………………96
　　はじめに　96
　　植民地期、朝鮮人の法的処遇と差別　96
　　占領期に固定化された外国人＝朝鮮人差別　97
　　公的国籍差別　99
　　私人間の差別　102

当事者は語る……………………………………………………118
「日本で働く」ということ　Betty　118
　　高校生――アルバイトで受けた差別　118　　職場で受けた理不尽な扱い　119　　日本で働く外国人の背景や思いを知ってほしい　120

京都朝鮮学校襲撃事件　心に傷、差別の罪、その回復の歩み　朴貞任　121
　　踏みにじられた日常　121　　繰り返された襲撃　122　　法廷闘争　123　　広がりつつある連帯の絆　123

HIV問題のいま

HIV陽性者のいま　高久陽介 … 126
　エイズ差別はこうして生まれた　126
　疾患としてのHIV・AIDS　128
　性感染症としてのHIV　136
　差別の実態　140
　おわりに　146

当事者は語る … 148
HIV陽性者としての差別体験　加藤力也　148
　感染前夜　148　　告知　148　　偏見　150　　闘い　151　　窓際　153　　開放　155　　回想　155　　現在　157　　そして未来へ　158　　最後に　160

見た目問題のいま

「見た目問題」とは　外川浩子 … 164
　はじめに　164
　「見た目問題」とは　164
　「見た目問題」の歴史　170
　差別事例　174
　「見た目問題」をとりまく社会環境　177
　「見た目問題」は、人権問題なのか　178
　「見た目問題」の解決　179
　おわりに　日本の未来、多様性あふれる社会へ　181

当事者は語る ……………………………………………………………… 182
大変な道のりを、「幸せ発信」にかえて　河除静香　182

誕生　182　　はじめての集団生活　183　　「お前に基本的人権はない」　184　　親にも、先生にも言えない　185　　求愛できるような立場にない　187　　不採用が続く就職活動「この顔のせいだ」　188　　幸せな結婚　189　　マスクが手放せない　190　　「そういうことは需要がない」　191　　声を上げなければ、気づいてもらえない　192　　一人芝居をはじめて　193　　ひとりでも多くの人へ、思いを届ける　195　　おわりに　197

部落問題のいま　　　　　　　　　　　　　　　　　　　　　　199

部落問題のいま　内田龍史　妻木進吾　齋藤直子 …………………… 200

はじめに　200

部落問題とは？　200

見なされる差別　204

部落差別の現実　207

差別事件の現状　219

差別禁止法を求めて　240

当事者は語る ……………………………………………………………… 245
二度の結婚差別　Nさん　245

一度目の結婚差別　245　　差別する人に初めて出会う　246　　聞くに耐えない差別発言　246　　一度目の別れ　247　　二度目の結婚差別　248　　さまざまな人に相談する　250　　二度の結婚差別を振り返って　251

長野市内近隣住民連続差別事件 高橋典男　254

事件の概要　254　　行政は何か「できなかった」のか「しなかった」のか　258　　1カ月後に再会、そして今も……　259　　Kの確信的行動、裁判所に「疑問」文、「自殺教唆」発言まで　262　　改めて告訴を準備中——前回「侮辱罪」告訴は「不起訴」？　263　　事件は今も続いている——今後の取り組み　264

アイヌ問題のいま　267

アイヌ民族「問題」の概要　竹内 渉　268
アイヌ民族　268
はじめに　268
近代日本における植民地化　269
アイヌ協会の設立　271
アイヌ新法制定活動　272
アイヌ文化振興法の制定　273
アイヌ民族の現状　273
被差別の具体例　279
先住民族アイヌ　282
アイヌ文化継承活動　285

当事者は語る　289
"アイヌ差別撤廃"に国をあげて取り組んでほしい　平村嘉代子　289
心ある日本人がいれば　289　　生い立ち　290　　学校での差別　291　　職場や町での差別　293　　母との確執　294　　差別と無関係の人生だったら　295

水俣病問題のいま　297

水俣病の現在と差別・偏見　花田昌宣……298
　はじめに　298
　水俣病とは　299
　水俣病の症状　299
　水俣病と経済成長　300
　差別と人権の観点　301
　水俣病と差別の捉え方　301
　水俣病差別に関する文献　303
　雑誌の特集号　304

当事者は語る……305
　私たちの水俣病　岩本昭則・敬子　305
　　沈黙60年、私がここに立つわけは　305　昭則、5歳9カ月──水俣病発症時　307　小学校入学、中学校入学、市立病院退院、中学卒業　310　「金の卵」集団就職──社会の荒波へ　314　妻との出会い──水俣病を共に生きる　315　岩本敬子さんの話　317

差別禁止法の制定を求めて　内田博文……321
　差別の存在　321
　可視化の困難性　324
　現行法での対処は困難　327
　裁判の意義と限界　331
　差別禁止法の必要性　334
　国連の勧告　337

「差別禁止法の制定を求めて」（内田博文）以外の文章については、下記の『差別禁止法制定を求める当事者の声』シリーズ各冊からそれぞれ転載したものである。

なお、一部の文章については、著者本人による加筆修正をおこなっている。

シリーズ『差別禁止法制定を求める当事者の声』
（一般社団法人部落解放・人権研究所編集・発行）

① ハンセン病問題のいま　　（2016年3月刊行）
② 自死（遺族）問題のいま　（2016年3月刊行）
③ LGBT問題のいま　　　　（2016年3月刊行）
④ 外国人問題のいま　　　　（2016年3月刊行）
⑤ HIV問題のいま　　　　　（2017年2月刊行）
⑥ 見た目問題のいま　　　　（2017年2月刊行）
⑦ 部落問題のいま　　　　　（2017年3月刊行）
⑧ アイヌ問題のいま　　　　（2017年5月刊行）
⑨ 水俣病問題のいま　　　　（2017年10月刊行）

ハンセン病問題のいま

私たちにとってハンセン病問題とは

内田博文　神戸学院大学法学部教授

はじめに

　構造的な財政難を抱えていた明治維新政府はハンセン病に対し特別な施策を講じることはなかった。それは1873（明治6）年にノルウェーの医師、アルマウェル・ハンセンによって「らい菌」が発見され、ハンセン病が慢性の感染症であると世界的に考えられるようになっても変わることはなかった。国に代わって患者の収容施設を作ったのは外国人宣教師などであった。

　しかし、日清、日露の戦争に勝利し、世界列強の仲間入りを果たし、「大和民族」の優秀性を誇示する明治政府にとって「日の丸のシミ」ともいわれていたハンセン病はもはや放置し得ない問題となり、強制隔離政策に乗り出すことになった。これを牽引したのはハンセン病専門医の光田健輔であり、その庇護者たる有力政財官人であった。強制隔離政策を採用するためにハンセン病の強毒性が強調された。1907（明治40）年に「癩予防ニ関スル件」（明治40年3月18日法律第11号）が制定され、1909（明治42）年、府県連合立のハンセン病療養所が各地のへき地や離島に設置され、いわゆる「浮浪患者」の強制隔離が開始された。

　その後、世界は強制隔離の漸減ないし隔離における人権侵害の漸減に向かった。しかし、日本は富国強兵政策を強化するなかで強制隔離政策の強化に向かった。すべての患者を終生隔離するという方式がそれであった。1931（昭和6）年に旧「癩予防法」（昭和6年4月2日法律第58号）が制定され、療養所は国立とされることになった。戦後、日本国憲法が制定され、特効薬の国内合成にも成功し、治療に著しい効果を上げても

強制隔離政策が放棄されることはなかった。戦前は認められなかった患者・家族の断種、堕胎の合法化も優生保護法（昭和23年7月13日法律第156号）により行われた。「無らい県運動」も担い手を拡大し、新たな装いの下でより活発に展開された。

1953（昭和28）年に制定された新「らい予防法」（昭和28年8月15日法律第214号）では園長の懲戒検束権違反に対する罰則の強化さえも図られた。1960年に入るとWHOなどは日本に対し、強制隔離政策とそのための法律の廃止をますます強く勧告した。日本政府はこれを世論が支持しないとして拒否した。代わりに採用されたのは暫定退所方式であった。しかし、国の誤ったハンセン病に対する差別・偏見のために再び療養所に戻らざるを得なかった退所者も少なくなかった。ようやく法が廃止されたのは1996（平成8）年のことであった。

日本のハンセン病強制隔離政策はこのような経過をたどったが、ハンセン病問題は私たちの社会の姿をより正確に映しだす鏡だといってもよい。この鏡に映しだされる私たちの社会の姿とはどのようなものであろうか。残念ながら美しい姿とはいえない。多くのゆがんだ姿が見えてくる。この姿を直視するのを恐れてはならない。たとえゆがんだ姿であったとしても、それを直視する勇気を持たなければならない。直視することを通して問題はどこにあるのか。どうすれば美しい社会を作っていくことができるのかを知ることができるからである。

私たちにとって医療とは

ハンセン病問題は多様な側面を持っている。それが映しだす姿も多様である。まず見えてくるのは日本の医療の姿である。国などによれば「近年、日本国内におけるハンセン病の発生は著しく減少しています。現在、日本で発見される患者のほとんどは東南アジアおよびブラジル出身の在日外国人の方々です。現在、日本人の新規患者は年に1～2名程度で、過去に感染を受け、免疫の低下と共に発症したと考えられる高齢者がほ

とんどです」などと説かれる。この説明は決して過ちではない。しかし、ここで注意しなければならないことは、医学的に見てハンセン病は日本では「克服された病気」になっているとしても、国の誤ったハンセン病強制隔離政策を生みだした「国策ないし社会防衛に奉仕する医療」というのは法制などのうえで、あるいは個々の医療の現場などで克服されたかというと決してそうではないという点である。

「患者の権利に関する世界医師会リスボン宣言」（1981年9月/10月、第34回世界医師会総会で採択）はその前文で「法律、政府の措置、あるいは他のいかなる行政や慣例であろうとも、患者の権利を否定する場合には、医師はこの権利を保障ないし回復させる適切な手段を講じるべきである」と謳っている。そして、多くの国々ではそのために医師会自治が認められている。フランスでは強制加入団体の医師会が定める規則が法令の扱いを受け、医師を懲戒するのも医師会裁判所である。

多くの国々では「患者の権利」を法制化する動きも進行している。ハンセンの母国、ノルウェーでも「患者の権利法」（1999年7月2日法律第63号）が制定されている。その第1条は「この法律は、保健サービスに関する患者の権利を認めることにより、良質の保健援助を住民が平等に受けることを保障することに貢献することを目的とする。この法律の規定は、個々の患者の生命、不可侵性及び人間としての価値に配慮しつつ、患者と保健サービスの間における信頼関係を推進することに貢献するものとする」とし、患者の権利を保障するための苦情処理制度や患者オンブズマン制度などについても規定している。

しかし、日本では「患者の権利法」、あるいはそれを中核とする「医療基本法」はいまだ存在しない。個々の医療関係の法律のなかで個別的に「インフォームド・コンセント」などの条項がいわば接ぎ木のように置かれているだけに過ぎない。その他方で、「国策ないし社会防衛に奉仕する医療」を象徴するような規定が今も健在である。たとえば、「医師法」（昭和23年7月30日法律第201号）はその第24条の2で「厚生労働大臣は、公衆衛生上重大な危害を生ずる虞（おそれ）がある場合において、その危害

を防止するため特に必要があると認めるときは、医師に対して、医療又は保健指導に関し必要な指示をすることができる」とし、また、第7条第2項で「医師が……医師としての品位を損するような行為のあつたときは、厚生労働大臣は、次に掲げる処分をすることができる。一　戒告　二　三年以内の医業の停止　三　免許の取消し」と規定しているからである。

　そのためか、日本医師会では「医師の職業倫理指針（改訂版）」（2008年6月）が定められているが、そのなかで「医師は医療の公共性を重んじ、医療を通じて社会の発展に尽くすとともに、法規範の遵守および法秩序の形成に努める」と謳われており、リスボン宣言とはかなり趣を異にしている。

　今も日本ではリスボン宣言が謳うような「患者の権利」を擁護するような行動を医師がとることは難しい。その意味では、ハンセン病強制隔離政策を推し進めた思考は今も日本の医療の中心にあるといってよい。精神医療では強制隔離政策が今も続いている。「国策ないし社会防衛に奉仕する医療」がどのような悲劇を生みだすかを私たちはハンセン病問題を通して学ばなければならない。

私たちにとって福祉とは

　ハンセン病問題が映しだす日本の福祉の姿とはどのようなものであろうか。ここでも私たちは福祉が社会防衛に従属させられている姿をみることができる。識者によれば、日本の福祉の特質が次のように整理されている。

　「救貧」よりは「防貧」を、また「防貧」よりは「教化」「風化」を優先している。「救貧」においても軍事などの特別な「救貧」を優先している。国の責任を回避する他方で、国による社会事業の厳重な監督が図られている。一般的な「救貧」においてはみるべきものがない。家族主義や隣保相扶助にもとづく「自助」および「共助」が強調されている。

社会事業への下賜金(かし)が天皇の「仁慈」を示すものとして行われている。「人的資源の保育育成」とその前提としての「国民生活の安定確保」という戦時国家の要請にもとづいて社会事業が厚生事業へと転換されている。その厚生事業が戦争と運命を共にし、破綻・崩壊した(吉田久一『日本社会事業の歴史(全訂版)』勁草書房、2002年などを参照)。

戦後日本国憲法が制定され、第25条第1項で「すべて国民は、健康で文化的な最低限度の生活を営む権利を有する」と規定された。しかし、政府の生存権に対する理解は戦前と変わりはなかった。愛知県知事からの「生活の保護を要する状態にある者は、生活保護法により保護を請求する権利を有するか」との疑義照会に対する厚生省社会局長の昭和24年3月付の回答は、「保護請求権は法律上認められず、これは、新しく制定された日本国憲法とも矛盾しない」という旨のものであった(村上貴美子『占領期の福祉政策』勁草書房、1987年、242頁以下などを参照)。このような「憲法第25条プログラム規定」説はその後、学界の通説的見解となり、判例理論としても確立していった。

日本国憲法の下でも福祉は社会防衛に従属せしめられた。それを象徴したのがハンセン病患者・家族の生存権の保障であった。戦後の新「らい予防法」はハンセン病患者・家族の福祉についてはじめて規定を置いた。さすがに新法では「救護」という名の強制隔離に要する費用でさえも被救護者ないし扶養義務者が負担するというやり方は放棄された。しかし、この新法の規定については注意が必要であった。というのも、「らい予防法」が規定した患者家族に対する「救護」ないし「養育、養護その他の福祉の措置」などは、全患者収容の実現を目的としており、「沈殿患者」を療養所に収容するためには、病気の恐ろしさについての教育と家族の生活保障が何よりも重要だという発想にもとづくものだったからである。強制隔離政策の完全を期すための福祉でしかなかった点に注意しなければならない。治安政策と直結するが故に、「自助」「共助」ではなく、「公助」の対象とされたといえよう。そこでの「公助」が極めて貧困な水準にとどまったことはいうまでもなかった。それは患者家族

の置かれた状況も同様であった。「憲法第25条プログラム規定」説がこれに大きく与ったことはいうまでもない。

　このような状況を改善するために厚生省によって処遇改善の努力が続けられたが、それはまたハンセン病強制隔離政策の延命を帰結するという新たな矛盾を生みだすことになった。治安政策と福祉の結合が招来する悲劇の一つであった。しかし、悲劇はこれだけではなかった。この福祉政策との結合は、ハンセン病強制隔離政策を推進した官民一体の「無らい県運動」を担った人々に対して、「社会浄化」のための運動にとどまらず、「患者・家族の福祉」のための運動でもあるという大義名分を与えることになり、際限のない「患者狩り」に人々を駆り立てていく大きな要素の一つとなったからである。

　問題は私たちがこのような悲劇から多くを学び、日本の福祉の姿を変えることに成功し得ているかである。残念ながら否といわざるを得ない。社会防衛と結合し、権利ではなく恩恵の側面を強調し、対象者を「権利の主体」ではなく「保護の客体」と見る日本型福祉政策はさらに強化されつつあるからである。それを如実に示しているのが生活保護法の一部改正（平成25年法律第104号）である。2014年7月から施行され、不正受給の罪の罰則も引き上げられているが、同犯罪の運用で注意しなければならないことは、「これらの不正受給の刑事事件にほぼ共通して見られる特徴として、各地の生活と健康を守る会、労働組合、農民組合などの活動家である被保護者が狙い撃ち的に逮捕され起訴されていること、事件発生後に被保護世帯数の減少が生じていることなどの点がみられることからするならば、これらの事件のねらいとするところが社会保障闘争の規制と生活保護行政の引き締めとにあることがうかがえる」と指摘されている点である。

　ハンセン病問題から私たちが学ばなければならないことは患者・家族が「保護の客体」ではなく「権利の主体」だということであり、その権利主体性はハンセン病患者・家族だけではなく、すべての人たちに保障されなければならないということである。

私たちにとって戦争とは

　戦争はいつの時代でもその社会で最も弱い立場に置かれている人たちに最大の犠牲を強いる。ハンセン病問題という鏡に映しだされる太平洋戦争の姿もそれを示している。戦争遂行のために国は高度国防国家建設における保健政策として健民健兵（健民強兵）政策を展開した。この戦時保健政策は1942（昭和17）年の国民医療法（昭和17年2月25日法律第70号）の成立とそれに伴う各種の健康保険制度の拡充、国民体力法（昭和15年4月8日法律第105号）および保健所法の改正（昭和12年4月5日法律第42号）によって一応の完成体をなすに至った。とりわけ、国民医療法は既存の医師法・歯科医師法・薬剤師法などを継承するだけではなく、医療体系の構築と既存の医療機関の「統合」を進め、医療制度全般の国家統制を強めることを企図していた。

　このような戦時保健政策にとってハンセン病患者は健民健兵政策の対極に置かれた。「日の丸のシミ」にとどまらず、健民健兵政策を妨げるものとされた。日本が戦争の泥沼に陥るにつれてハンセン病強制隔離政策は強化された。1931（昭和6）年に旧「癩予防法」が制定されたのもこの戦時保健政策の影響が強かった。療養所は府県連合立から国立に移管され、特高警察が国立療養所第一号の長島愛生園の開設（1930〈昭和5〉年）に尽力したのもそのためであった。国立療養所では、「療養所生活五訓」が定められた。そのなかで、入所者は「皇軍兵士の心を心とし」「公益優先」「銃後奉仕」「感謝報恩」を旨として「大政に翼賛」することが求められた。生きて、存在していること自体が人々から否定されるような状態のなかで、入所者は自給自足の生活に甘んじるしかなかった。自給自足ができなければ窮乏生活に耐えるしかなかった。疾病による後遺症のために労働能力に大きなハンディキャップを負った入所者にとってこの自給自足の生活がいかに苛酷なものであったかは容易に想像がつく。そのような入所者から国は「国防及び恤兵献金（じゅっぺい）」という名目での

募金を強いた。

　いうことを聞かない入所者のために群馬県の栗生楽泉園（1932年に開設）に重監房が設置されたのは、社会でも改正治安維持法（昭和16年3月10日法律第54号）によって庶民の自由主義、民主主義、反戦主義の運動でさえも徹底的に弾圧されるに至る数年前の1938（昭和13）年のことであった。戦時下の重監房は1947（昭和22）年まで使われたが、およそ9年間に特に反抗的とされた延べ93名の入所者が全国から集められ「入室」と称して収監された。そのうち23名が亡くなったといわれている。戦時下、栄養失調などのために死亡した入所者は少なくなかった。敗戦後は死亡者が増加した。帰還兵等のために未曾有の食糧難に陥ったからである。

　戦時下、ハンセン病患者が「非国民」の扱いを受けたことを私たちは忘れてはならない。思想的だけではなく身体的に戦争に協力できない人も「非国民」とされたのであった。

私たちにとって民主主義とは

　私たちにとって民主主義とはどのようなものであろうか。とりわけ、ここで問題となるのは多数決主義である。

　1998（平成10）年7月、星塚敬愛園と菊池恵楓園の入所者13名は熊本地裁に訴訟を起こした。入所者のなかには国に対して裁判をしたら園から追い出されると本気で思っていた人も多かった。反対が多いなかでの人間の誇りをかけた提訴だった。各地で支援の会が立ち上がった。公正判決要請署名も13万筆を突破した。支援団体の存在は原告らを大きく励ました。全国ハンセン病療養所入所者協議会（全療協）もこの裁判に積極的に取り組む方針を確認した。弁護団は3年で解決するという目標に従って訴訟行為を進めた。2001（平成13）年5月11日の杉山判決はほぼ全面的に原告側の主張を認めたものとなった。「らい予防法」は遅くとも1960年には違憲性が明白となっていたとし、放置し続けた国会議員の

行為も違法で過失も認めることができるとした。隔離と差別によって取り返しのつかない極めて深刻な「人生被害」を与えたと認定した。小泉純一郎首相は控訴断念を表明し、歴史的判決は確定した。ある原告は「愛の判決」と呼んだ。非原告の入所者も心から歓迎した。判決によって入所者らを取り巻く環境は大きく変わった。しかし、勝訴判決によっても救済し得ない被害は少なくなかった。当事者が語ることのできない被害も多かった。

　この判決と控訴断念によって、小泉首相から「ハンセン病問題の早期かつ全面的解決に向けての内閣総理大臣談話」が出された。衆議院と参議院では謝罪決議も採択された。首相談話にあった「ハンセン病療養所入所者等に対する補償金の支給等に関する法律」（ハンセン病補償法）も6月から施行された。坂口厚生労働大臣の「謝罪声明」も翌年に発表された。厚生労働省と統一交渉団（ハンセン病国賠訴訟全国原告団協議会・全国ハンセン病療養所入所者協議会・ハンセン病国賠訴訟全国弁護団連絡会）によるハンセン病問題対策協議会では協議が積み重ねられ、2001年12月に開催された第5回協議会で、非入所者と患者遺族との和解に国側が応じることが決定し、厚労省と統一交渉団との間で最終協定書「ハンセン病問題対策協議会における確認事項」に調印がなされた。確認事項は「謝罪・名誉回復」「在園保障」「社会復帰・社会生活支援」「真相究明」等からなっていた。そして、これら4課題を含む今後のハンセン病問題の対策を検討するため、厚生労働省と統一交渉団との間で当面一年度に一回、ハンセン病問題対策協議会を開催する、また、必要が生じた場合には、課題ごとの作業部会を適宜開催するとされた。ハンセン病患者（元患者）・家族は法および国政の面ではようやく「非国民」から解放されることになった。

　この違憲判決が示しているのは「量の民主主義」と「質の民主主義」とが乖離（かいり）する場合があるということである。杉山判決もそのなかで多数決主義がマイノリティの人権を侵害する危険性を内包していると判示した。この危険性に鑑み、それを是正するために日本国憲法で設けられた

のが違憲立法審査権という制度である。この制度が活かされて国の誤ったハンセン病強制隔離政策とその根拠法となった「らい予防法」は「悪法」と断罪された。しかし、この違憲判決にたどりつくまでにどれだけの時間を要したか。違憲判決を聞くことなく他界していった入所者・家族などは少なくない。

ハンセン病問題が映しだしているのは「質の民主主義」が未発達な日本の民主主義の、そして、違憲立法審査権の発動に対して消極的な日本の裁判所の姿である。「質の民主主義」をハンセン病問題以外にも及ぼしていくことが求められる。日本政府が死刑制度を「世論」で基礎づけていることを国連が厳しく批判していることも忘れてはならない。

私たちにとって日本国憲法とは

私たちは普段、空気をあまり意識しないで生活している。しかし、空気がなくなるとどうであろうか。生死に関わるので空気を求めて直ちに行動に移ることになろう。それでは、日本国憲法の場合はいかがであろうか。空気と同様、私たちが普段、日本国憲法を意識することはあまりない。しかし、日本国憲法の適用外にはっきりと置かれた場合はいかがであろうか。この場合も生死に関わることになる。日本国憲法の適用を求める行動に出ることになろう。ハンセン病療養所入所者たちの患者運動もこのようなものであった。入所者たちは押し付けの自治会ではなく自らの入所者自治会を結成し、日本国憲法を導きの糸として、国に対し日本国憲法を適用するように迫った。

入所者に患者作業を押し付けることは憲法違反である。断種・堕胎を強制することも違憲である。入所者の生活は医療の面でも福祉の面でも社会の人たちの生活に比べて格段に劣っており、憲法第14条「すべての国民は、法の下に平等であつて……」に違反する。1946（昭和21）年、東京帝国大学教授の石館守三によってハンセン病特効薬のプロミンが国内合成され、プロミンほかの投与によりハンセン病が治癒し得る病気に

なった以上、患者を隔離し続けることは違憲である。全面改正されるべきである。このように訴え続けた。しかし、この訴えは無視され続けた。国だけではなく社会もこの入所者の訴えに耳を傾けることはまったくなかった。

　もっぱらハンセン病患者を対象とした特別法廷も患者が日本国憲法の埒外にあることを示す象徴的な出来事の一つであった。ハンセン病問題検証会議からの問い合わせに対する最高裁事務総局からの回答書によると、裁判所法が施行された1947年5月3日から1972年2月29日までの間に、ハンセン病を理由として出張法廷による審理が許可された事例は95件に及び、そのうち94件が刑事事件であったとされている。数の多さに驚かされる。最高裁がハンセン病を理由とする出張法廷の許可決定にあたって、裁判所法第69条第2項にいう「必要と認めるとき」の要件をどのように判断したかは明らかにされていないが、数の多さから見て、必要と認めるときに該当するかどうかが事件ごとに個別に判断されたというのではなく、被告人がハンセン病患者や元患者であるというその一事をもって必要と認めるときにあたると判断されたものと推察される。それは、当時の刑訴法学の権威者も、例外的に裁判所外で法廷を開く場合として「癩患者のために、療養所で開くような場合」を挙げていたことなどからも容易にうかがい知れよう。予防法の定める患者隔離条項を踏まえての判断であったことは疑う余地がない。

　それでは、この出張法廷の開廷場所はどのようなところだったのか。同じく検証会議報告書によれば、ハンセン病を理由とする出張法廷は刑務所や拘置所で開かれたものも含まれており、そのすべてがハンセン病療養所内に仮設された特別法廷によるものではなかったとされる。憲法によれば、たとえ裁判所外の出張法廷であったとしても可能な限り公開法廷にすることが求められるが、ハンセン病を理由とする出張法廷はいずれも拘禁施設ないし隔離施設で開かれたもので、この公開法廷の要請を満たすものではなかった。

　ハンセン病患者らを対象とする出張法廷が「特別法廷」と呼ばれる理

由はそれだけではなかった。たとえば、菊池事件（1951年）の特別法廷ははじめは菊池恵楓園内（1952年）で、そして熊本刑務所菊池医療刑務支所が園隣接地に開設（1953年）されてからは同支所内で開廷されたが、その置かれた場所だけでなく、法廷内も異様であった。法廷は消毒液のにおいがたちこめ、被告人以外は白い予防着を着用し、ゴム長靴を履き、裁判官や検察官は、手にゴム手袋をはめて証拠物を扱い、調書をめくるのに火箸(ひばし)を用いたとされる。証拠物の展示にしても、その証拠物を被告人が手にとってその証拠の証拠力を攻撃しようとしても、裁判官はその展示した証拠物が、いったん被告人の手中に渡ることによって、被告人から感染の機会を与えられるといういわれのない恐怖によって、被告人にその機会を与えようとしなかったという。

　出張法廷が開かれた時期も看過し得ない。最後は1972年2月29日に開かれているからである。熊本地裁判決がそれ以降は明確に違憲だとした1960年以後も、十数年間にわたって、それも27件も出張法廷が開かれていたことになる。これらの刑事裁判に関与した裁判官、検察官、弁護人らは、憲法違反と認識すべき隔離政策に起因する特別法廷を相変わらず是認し続けた。本来の裁判所で開廷されるべきだとの主張が弁護人から出されるということもなかった。

　日本国憲法によって憲法の番人と位置づけられた司法がその役割を放棄したにとどまらず、それに反する行動を自らとった。法の支配を標榜する司法が法の支配を自ら崩した。ハンセン病療養所入所者らにとって特別法廷はこのような司法の態度を象徴するものとして映ったことは想像に難くない。現実にはごく一部の患者に関わる問題であったにもかかわらず、国立ハンセン病療養所入所者からなる「全国国立癩療養所患者協議会」およびのちの「全国国立ハンセン病患者協議会」が総力を挙げてこの特別法廷の問題に取り組んだ理由もこの点にあったといえよう。

　ハンセン病問題という鏡が映しだしているのは日本国憲法の埒外の人がいるという姿である。それでは私たちは日本国憲法の適用を受けているのであろうか。それとも適用外に置かれているのであろうか。適用外

に置かれているが、そのことに気づいていないだけではないのであろうか。日本国憲法の適用を求めて私たちはハンセン病患者らのように闘っているのであろうか。ハンセン病問題が私たちに付きつけているのはこの点である。

私たちにとって人権とは

　ハンセン病問題は医学の問題にも増して人権の問題だといってよい。たとえ、医学的に全治が難しい病気だからといって、そのことで強制隔離や隔離施設内での人権侵害が正当化されるわけではないからである。ハンセン病問題について、医学的に全治し得る病気になっていたのに強制隔離を続けたのは過ちであった旨の記述に接することがある。不正確な記述だといえる。これでは全治し得ない病気の場合は強制隔離してもよいのだ、隔離施設での人権侵害も正当化し得るのだというような誤解を読者に与えてしまいかねない。なぜ、このことが重要かというと、まだ治療方法が見つかっていないような感染症が今後、発生するかもしれないからである。その場合にどうするのか。ハンセン病問題の教訓を活かすためにもハンセン病問題は優れて人権の問題だとしなければならない。

　それでは国の誤ったハンセン病強制隔離政策によって侵害された人権とはどのようなものだったのであろうか。「らい予防法」違憲国賠訴訟では「人生被害」と喩えられた。「生命」以外のすべてが奪われた被害といってよいであろう。しかし、これを理解することは実は意外と難しい。隔離の経験を持たない私たちには「人生被害」の本質がなかなかつかめないからである。これを理解するためには私たちが加害者の側に与（くみ）したことも含めて多くを学ぶ必要がある。たとえば、次のような事実もそのひとつである。

　敗戦後の混乱のなかで全患者隔離を維持するためには戦前以上に民間の協力を得ることが不可欠となった日本では、そのための啓蒙・啓発活

動が大々的に行われた。貞明皇后の遺金を基金に設立された藤楓協会(とうふう)もこの活動に取り組んだ。宗教団体も積極的に参加した。真宗大谷派の「光明会」は「第2次無らい県運動」（無らい県運動研究会『ハンセン病絶対隔離政策と日本社会 無らい県運動の研究』六花出版、2014年などを参照）でも重要な役割を果たした。マスメディアも重要な一翼を担った。講演会も各地で開催された。療養所所長らの専門医等が小学校や工場などを巡回し、ハンセン病の感染力の強さや難治性を強調した。運動のもう一つの柱となったのが患者の発見であった。隣人や自治会役員らによる「密告」が奨励された。患者の所在がわかると、専門医が診断を行い、患者だと確認されると療養所への入所を説得した。予防法の規定する「終生隔離」を秘匿(ひとく)して、入所すれば安心した生活保障の下に十分な治療が受けられ、完治すれば退所できるからといって説得するケースが一般的であった。収容に応じるまで執拗に消毒を繰り返したり、収容に応じなければ強制的に一番遠い離島の療養所へ送致すると脅したりするケースもあった。入所の確保には住民による「村八分」も威力を発揮した。家族を迫害から守るために、自ら療養所に入所する者も少なくなかった。

　この学びにおいて重要なことは強制隔離政策により患者・家族らが蒙(こうむ)った被害は決して過去形ではないという点である。現在進行形であり未来形でもある。人生をやり直すことができれば被害は回復されたといえるが、それは不可能に近い。まして入所者は高齢化している。社会での居場所を求めるよりは療養所を「終(つい)の棲家(すみか)」とする選択をせざるを得ない。2009（平成21）年10月に仙台市内で開催された第63回国立病院総合医学会では、「ハンセン病療養所とソーシャルワーカー」と題して次のような報告がなされた。

　　全国に13箇所ある国立ハンセン病療養所入所者数は2600名を切り、年々減少傾向にある。また入所者の平均年齢は80歳を超え、「終の棲家」の機能を求められる医療機関として、……国立療養所はその将来像を模索している。……これまでの不遇な歴史的背景から生

ハンセン病問題のいま　27

まれる偏見・差別等への心理社会的援助、外部委託診療の連絡調整、金銭管理支援等、入所者の長期療養生活の援助業務を担っていかなければならない。なかでも全療養所入所者の年間死亡者数が150名を超える状況のなかで、今後ますます彼らの「社会的な死」というものに向き合っていくことになる。家族関係の途切れがみられる入所者の最後を真摯に見護ることは、避けて通ることのできない現実でありまた課題となっている。

これが、国がハンセン病患者・家族を「非国民」としたことの最終的な結果である。「戦争」被害といってもよい。アウシュビッツ強制収容所での被害を想起させるものがある。今、日本では戦時体制の構築に向かっていろいろな人たちを「非国民」とする動きが強まっている。この動きに気をつけなければならない。「非国民」とすることを許してはならない。ハンセン病隔離政策の教訓を未来に活かすことは国の誤った政策に加担した私たちの責務である。

私たちにとって平等とは

ハンセン病問題という鏡が映しだすもののうち、患者・家族にとってもっとも大きいと考えられるのは不平等な日本の社会という姿である。患者・家族は国からだけではなく社会からも差別を受け続けた。社会からの差別のほうがより直接的でひどいものがあった。「ハンセン病療養所はどういうところですか」という検証会議からの質問に対し、入所者の約半数は「地獄だった」と回答され、残りの約半数は「天国だった」と回答された。「天国だった」との回答の奥に、貧しい療養所生活でさえも「天国」と感じるほどの社会でのすさまじい差別被害が伏在している。

なぜ、人々をこのようなひどい差別行動に走らせたかというと、「無らい県運動」が大々的に展開されるなかで、強い不安感が地域住民を襲

い、らい予防法から逸脱する言動さえも招くことになったからである。竜田寮事件もその一つであった。菊池恵楓園の入所者の「未感染」児童は熊本市黒髪町の竜田寮で寄宿生活を送っていた。小学生は寮内に開設された黒髪小学校分校で勉強していた。1953（昭和28）年11月、菊池恵楓園長が黒髪小学校長宛てに通学許可を求めたところ、校長として異存はないが決定はPTAの意向に従うほかなしという旨の回答があった。そこで園長はPTA会長宛てに本校通学についての意向を質すとともに、熊本地方法務局に本校通学を要望した。これが大きな問題に発展し、翌年2月には法務、厚生、文部三者の協議会がもたれた。PTAの通学反対派は「癩未発病児童黒髪校入学反対有志会」の名の下で集会し、校区町民大会も通学反対の決議をあげた。PTA総会でも「許可すれば同盟休校」が決議された。反対派は反対町民大会を開催し、市内をデモ行進した。反対派は竜田寮の閉鎖さえも決議し、来熊の厚生大臣に竜田寮の解消方を陳情するに及んだ。紆余曲折の末、熊本商科大学長や熊本大学長の調停もあって、1955（昭和30）年4月、熊本商科大学の施設に移った竜田寮の新1年生が1週間遅れで挙行された黒髪小学校の入学式に出席することになった。しかし、1957（昭和32）年3月、竜田寮は廃止され、建物は熊本市に譲渡された。寮児童は県内外の施設に分散された（熊本県『「無らい県運動」検証委員会報告書』2014年などを参照）。

　注意しなければならないことは「無らい県運動」などによって醸成されたハンセン病差別・偏見は今も続いているということである。それを示したのが2003（平成15）年に熊本県内で発生した温泉ホテル宿泊拒否事件であった。療養所入所者であることを知るとホテルは「他の客に不安を与えるから」という理由で宿泊を拒否した。この事実が報じられると社会の批判はホテルに向かった。しかし、形だけの謝罪で誠意が認められないとして入所者自治会がホテル側の謝罪を拒否すると事態は大きく転換した。社会の批判は自治会に向かった。ハンセン病回復者を誹謗・中傷する手紙、ファクス、電話などが自治会に殺到した。ハンセン病患者・家族をもって「より劣った者」とみなし、「保護の客体」とし

て「同情」を示す半面、その人たちが抗議の声を上げると「生意気だ」「誰のお陰で生活させてもらっているのだ」といった形で非難する。このような形の差別の存在が浮き彫りにされることになった。

　このような差別は何もハンセン病に限ったことではない。同種の差別は他の問題についても起こっている。現に自治会に対し誹謗・中傷の手紙を送った人は部落差別のビラなどを東京中心にばらまいていた。差別は連鎖する。この連鎖には二つのものがある。一つは世代間連鎖で、次世代へと差別・偏見が引き継がれていくということである。もう一つは課題間連鎖で、ハンセン病差別が部落差別に連鎖する、あるいは部落差別がハンセン病差別に連鎖するという現象である。差別禁止法等の制定を通じてこの二重の連鎖を断ち切ることが課題となる。

　差別の奥には差別者の抱える、たとえば、「落ちこぼれ」、貧困、失業、生活不安などといった深刻な社会問題が存することにも留意しなければならない。貧しい人が貧しいが故により貧しい人を差別するという構図である。これらの社会問題への対策を講じないと差別を真に解消することはできない。ハンセン病問題が映しだしているのはこの課題をいまだ達成し得ていない日本の姿である。

私たちにとって裁判とは

　ハンセン病問題が映しだしているのは裁判の重要さと他方におけるその限界である。日本国憲法は国民主権、基本的人権の尊重、平和主義を三大原理とし、基本的人権の尊重について多くの条項を設けた。そして、違憲立法審査権を裁判所に付与し、「憲法の番人」たる裁判所が違憲立法審査権の行使を通じて基本的人権の擁護に努めることとさせた。しかし、裁判所が裁判を始めるのは提訴があってからで、違憲立法審査権の性質も個別訴訟を通じて適用法上の違憲性を判断するという個別審査方式とされた。そこから、日本国憲法は国民に「裁判を受ける権利」を保障し、国民自らがこの「裁判を受ける権利」の行使を通じて裁判所に対

し「憲法の番人」たる役割を果たすことを求めるというようにされた。つまり、基本的人権の尊重の担保を国民の「裁判を受ける権利」の行使に委ねたのである。この制度にもとづいて違憲立法審査権が発動されたのが「らい予防法」違憲国賠訴訟であった。ハンセン病療養所入所者らは憲法の委ねた責務を見事に果たしたといえる。

　しかし、他方で考えなければならないことは、この「裁判を受ける権利」を行使することが私たちにとって、とりわけマイノリティにとっていかに難しいかということである。裁判には原告適格のある原告が必要である。被告を特定もしなければならない。人権侵害および違法・違憲を立証する証拠も集めなければならない。裁判のための費用と時間も必要となる。しかし、これらの問題に加えて、マイノリティの人たちが裁判を起こす場合にはさらに多くの問題がのしかかる。なかでも大きいのは社会の反響である。日本の社会は提訴に対して必ずしも好意的でないが、マイノリティの提訴の場合は「保護の客体」が提訴したということで社会的なバッシングに晒されることも少なくないからである。「あつかましい人たち」「身勝手な人たち」といったようなバッシングである。現に「らい予防法」違憲国賠訴訟の場合、提訴には療養所内外の多くの人たちが反対した。しかし、提訴は憲法で保障された「裁判を受ける権利」の行使である。提訴の内容いかんは別として、提訴自体はこれを受け入れる態度、できれば「質の民主主義」という観点からこれを支持する態度が私たちには求められる。

　裁判の限界を考えるうえでもう一つ重要なことは、裁判における被害の捉え方である。特定された加害者による特定の行為から生じる特定の個別被害のうち、証拠によって立証されたものだけが裁判では被害とされる。したがって、被害は生じているが加害者が特定されていない場合、あるいは特定された加害者による特定の行為から生じる特定の個別被害であっても証拠によって立証し得なかった場合、さらには非原告の被害は原則として裁判では被害として取り扱われないことになる。それは現在進行形の被害についても同様である。その結果、裁判上の被害につい

ては原告の主張がすべて認められたとしても原告には被害救済の面で不満足の部分が残ることになる。この残された被害をどのようにして救済するのか。ボールは再び立法や行政に返されることになる。「ハンセン病問題の解決の促進に関する法律」(「ハンセン病問題基本法」平成20年法律第82号)が制定されたのもそのためである。

　しかし、ハンセン病問題基本法によっても救済し得ない被害が今も続いていることを忘れてはならない。ハンセン病問題は決して解決していないのである。被害は今も続いているのである。ハンセン病問題の鏡が鮮明に映しだすのはこのことである。

私たちにとって家族とは

　日本の家族制度は今、危機にあるといってよい。新自由主義の影響の下で、核家族は崩壊しつつある。それを示すさまざまな兆候が見られる。保護者がその監護する児童(18歳未満)に対し、身体的虐待、性的虐待、ネグレクト(育児放棄)、心理的虐待を行う児童虐待の急増もその一つである。2011(平成23)年度の全国の児童相談所の児童虐待相談対応件数は約6万件で、新児童虐待防止法施行前の1999(平成11)年度の5.2倍に増加している。虐待死も50人を超えている。

　同居関係にある配偶者や内縁関係の間で起こる家庭内暴力(ドメスティック・バイオレンス)も、「配偶者からの暴力の防止及び被害者の保護に関する法律」(平成13年4月13日法律第31号)が2001(平成13)年から施行され、2007(平成19)年には保護命令の対象や内容を拡大するなどの法改正が行われるほど、深刻な状況にある。2012(平成24)年度に全国の配偶者暴力支援センターで扱った相談件数は8万9490件で、過去最高を記録している。

　また、警察庁が発表した犯罪情勢によると、2012(平成24)年の親族間殺人事件検挙件数は473件に及び、殺人事件検挙総数884件に占める割合は53.5％と半数に上っている。

2010（平成22）年の平均初婚年齢は男性30.5歳、女性28.8歳で、晩婚化の傾向もうかがえる。結婚しない人も増えている。出生率も2005（平成17）年には1.26という最低出生率を記録している（厚生労働省「人口動態統計月報」などを参照）。少子高齢化の大きな要因となっている。離婚率も2008（平成20）年31.8％、2009（平成21）年36.6％、2010（平成22）年35.5％、2011（平成23）年35.6％、2012（平成24）年35.1％となっている（厚生労働省「離婚に関する統計」などを参照）。一人暮らしも増えており、2010（平成22）年の国勢調査によると、一人暮らし世帯が全世帯の31.2％と最多となっている。

　まるで核家族から悲鳴が聞こえてくるかのようである。労働条件や貧困、福祉、医療、教育、子育て支援、ジェンダーなど、さまざまな問題のツケがまわされた結果、家族間の矛盾が高められ、求心力をはるかに上回る遠心力が働いて、家庭の形成・維持を困難なものにさせている。

　ハンセン病患者の場合、家族に働く遠心力は想像を超えるものがあった。社会による厳しい差別・偏見という負荷があまりにもかかりすぎた結果、患者の家族は患者を家族から切り捨てるという選択を余儀なくさせられた。家族崩壊を防ぐために自ら入所の道を選択した患者も少なくなかった。それは患者に複雑な心理を生じさせることになった。家族崩壊の原因を作った自己に対する贖罪（しょくざい）の感情もその一つである。国から賠償金を得た入所者の多くが故郷の家族に対し賠償金の一部を送金したのもこの贖罪の感情によるものといえようか。それ故に生じる家族願望も強いものがある。この家族願望は女性入所者の場合、より一層のものがある。家族願望からみて園内結婚がどうであったかという自問自答が今も続いている。園内結婚が「純粋な結婚」であったといえるのかという声が漏れ聞こえてくる。

　私たちの家族も今、危機にあるといえる。その処方箋はいかがであろうか。どうすれば家族崩壊を防ぎ得るのかという回答を用意し得ているのであろうか。否といわざるを得ない。それどころか、考えることさえも諦めているといえないか。ハンセン病問題が映しだしているのはこの

ような私たちの姿である。

私たちにとって社会とは

　傷ついたり、四肢をもがれたり、病気を抱えたり、職を失ったり、貧困にあえいだり、生きる意欲をなくしたり、そういった人たちのためにこそ、社会はある。真の障害は社会の側にあるのであって、弱者の側にあるのではない。ドイツ基本法（ドイツ連邦共和国憲法）は第1条第1項で「人間の尊厳は不可侵である」と規定しているが、弱者の尊厳こそが守られなければならない。現に侵害されているのは強者ではなく弱者の場合がほとんどだからである。それでは、日本の社会はこのような弱者の尊厳も守られている社会だといえるのであろうか。否といわざるを得ない。「貧困の連鎖」が世界で最もひどいといってもよい状況にあるからである。

　OECD（経済協力開発機構）の2014年12月の報告によると、「大半のOECD諸国では、過去30年で富裕層と貧困層の格差が最大になった。現在、OECD諸国では人口の上位10％の富裕層の所得が下位10％の貧困層の所得の9.5倍に達している。これに対し、1980年代には7倍だった」とされている。そして、同報告によると日本の格差は相対的貧困率もOECD国中、高位に属するとされている。なかでも大きいのは「子どもの貧困率」で、内閣府の発表によると「子どもの相対的貧困率は1990年代半ば頃からおおむね上昇傾向にあり、2009（平成21）年には15.7％となっている。子どもがいる現役世帯の相対的貧困率は14.6％であり、そのうち、大人が1人の世帯の相対的貧困率が50.8％と、大人が2人以上いる世帯に比べて非常に高い水準となっている」。「OECDによると、我が国の子どもの相対的貧困率はOECD加盟国34か国中10番目に高く、OECD平均を上回っている。子どもがいる現役世帯のうち大人が1人の世帯の相対的貧困率はOECD加盟国中最も高い」と分析されている。また、OECDによる社会調査によると「一般政府総支出に占める国内総生

産（GDP）に占める公財政教育支出の割合」は2008年でみると日本は9.4％でOECD平均の12.9％を大きく下回っており、OECD諸国中、最下位となっている。

　今、日本の社会は解体の危機にあるといっても過言ではない。ハンセン病問題が提起したのは「社会は何のためにあるのか」ということであったが、今の日本社会はかつてハンセン病患者・家族に対して行ったのと同様に、多くの子どもたちを社会から排除しようとしている。ハンセン病患者には断種・堕胎が強いられ、子ども、孫のいない入所者は少なくない。今の日本も「子どもの相対的貧困」により「子どものいない社会」に急速に移りつつある。子どものいない社会に未来はあるのであろうか。ハンセン病問題が突きつけているのはこのことである。差別・偏見を社会からなくすためにもこれ以上問題を放置できない。

私たちにとって当事者運動とは

　人権の発展にとって当事者運動が格別の意義を持つことは改めて詳述するまでもなかろう。21世紀の人権は「非当事者による非当事者のための非当事者の人権」ではなく「当事者による当事者のための当事者の人権」であるとされる。21世紀の人権条約を象徴するとされる障害者権利条約（2006年12月採択、2008年5月3日発効、日本も2014年2月19日発効）も当事者主導で制定された。そのために「障害」概念についても「医学モデル」から「社会モデル」への転換が図られた。ハンセン病療養所入所者の患者運動はそれを先取りするものであったといってよい。ハンセン病問題基本法でも第6条で「国は、ハンセン病問題に関する施策の策定及び実施に当たっては、ハンセン病の患者であった者等その他の関係者との協議の場を設ける等これらの者の意見を反映させるために必要な措置を講ずるものとする」と定められ、当事者参加が保障された。この当事者主権を他の人権問題にも広げていくことが課題となっている。

　その際、注意しなければならないことの一つは、当事者運動を社会が

容認し、法制化等に至るためには社会の側での擁護運動ないし支援運動が必要不可欠だという点である。ハンセン病問題基本法の制定にあたっても100万人近くの賛成署名が集まったことが大きかった。この擁護運動ないし支援運動を展開するにあたって重要なことは他人の人権を擁護することは自己の人権を擁護することでもあるという視点である。弱者を保護するといったパターナリズムは擁護運動ないし支援運動にはなじまない。人権を擁護するどころか人権を侵害しかねないからである。

　もう一つ注意しなければならないことは個々の当事者が語る個々の思いないし体験は相互に異なり得る。ときには対立、矛盾し得るという点である。ゾウの鼻に触った人と、ゾウの足に触った人と、ゾウの尻尾に触った人と、ゾウの胴体に触った人とでは、ゾウの印象が異なるのと近似している。この違いがなぜ、問題になるかというと、それが当事者運動の分裂の契機になりかねないからである。当事者運動の分裂を図る外部の力が働く場合はなおさらである。そうならないためには違う色の糸でひとつの織物を仕上げていく作業のように、個々の当事者の語る思いないし体験を全体図のなかに丁寧に織り込んでいく作業が重要となる。それは療養所を「天国」と語る思いと「地獄」と語る思いとの間に共通の何があるのかを探る作業でもある。

　もう一つ注意しなければならないことは当事者運動には原理論が欠かせないという点である。被害実態調査も、社会調査としての被害実態調査と立法論に結びつくものとしての被害実態調査とではその趣旨も調査の方法も調査結果のまとめ方もおのずから違いが生じるからである。

　この当事者主権および当事者運動と社会の側での擁護運動ないし支援運動と原理論は「3本の矢」に例えることができるかもしれない。幸いハンセン病問題の場合はこの「3本の矢」は満たされた。しかし、満たすことができない人権問題も少なくない。そのために大きな壁に突き当たっている当事者運動も散見される。ハンセン病問題の経験を他の人権問題にも拡げていかなければならない。このような視点にもとづいて当事者から多くのことを学んでいただければ幸いである。

当事者は語る

いのちと同時に人権も宿る

志村 康　国立療養所菊池恵楓園入所者自治会長

発病して

　私は、九州大学病院でハンセン病という診断をされて、その翌々日、ハンセン病療養所菊池恵楓園に入りました。昭和8（1933）年1月生まれで15歳、旧制中学3年の3学期でした。九州大学病院で「レプラ」という診断でした。はっきり「らい」とは言わないんです。

　それで父親が「悪い病気でしょうか」という聞き方をしたら「熊本にね、この専門の療養所があります。今は大変画期的な薬ができていますが、大学にはその薬が入ってきませんので、その専門の療養所に入られたほうが早くその薬が使用できます」と言いました。その時すでに、皮膚科学会で治療薬のことが発表されていました。それによると、今までの大風子油という治療薬とは格段に違った新しい薬ができたということだったんです。

　「プロミン」という名前までは言わなかった。「大変画期的な薬ができております。もし大学でその薬が手に入るんであればね、あなたを治験の対象として本当に効くかどうか注射をして様子を見てみたいんだけど、大学にその薬は入ってこない」、そういう言い方をしたんです。事実、ハンセン病療養所以外にはその治療薬はなかったのです。

　私が、この「レプラ」という名前の病気を知ったのは、旧制中学校3年生の時です。私の町内で天然痘の患者さんが出た。たまたま学校からの帰り道にその現場に出くわしたのですが、路地の両側をロープで囲んで、ロープの外側で警官が立って、その中を保健所の職員が手押しの噴霧器で消毒している。最後は真っ白くなるように路地に石灰をふってい

る。翌日学校に行ったら、生物の授業で今日は伝染病の授業をやろうということになり、みんな受験のために丸暗記した伝染病、たとえば、ペスト、コレラ、ジフテリアとか言ってたまたま私の隣の級友が「レプラ」と言った。「レプラ」なんて聞いたこともなかったし、みんなキョトンとしていた。クラスに50人いたけど、彼だけ「レプラ」を知っていた。たぶん医者の子だったのかもしれないと思うけどね。みんなキョトンとしていたものだから、生物の教師が、「おいちょっとまて。もしレプラにかかったら、瀬戸の小島に強制収容される。そしてなおかつ、男子は断種させられる」と言った。旧制中学は男子校ですから、断種と聞いて教室の中が大騒ぎになりました。

　私はすでに発病していたが、私の場合は、佐賀の県立病院で先天性の梅毒じゃないかという診断を受けて、そこでは本格的な治療はできないので今度はいわゆる皮梅科という、皮膚科と梅毒科ね、そこで博士号を持つ佐賀市内で非常に権威のある医者にかかった。ワッセルマン反応という血液検査をすると陽性判定が出、99％梅毒に間違いないという診断が出ているので本格的な治療を始めましょうということになった。本格的な治療というのは606号、サルバルサンという当時の特効薬です。そのあとはすぐ抗生剤とかサルファ剤とか出てくるのですが、それ以前は特効薬だったみたいです。これを初号、2、3、4、5、6と毎週、一つずつ打っていくのです。

　606号は初号から6号まであって、7週目にもう一度血液検査をする。ワッセルマン反応で抗体が下がっているかどうか検査し、下がってないと8週目からまた初号から始めるという治療です。最初の治療の時、5号まですると、私の場合眉毛が薄くなった。鏡を見てわかるくらいだからかなり薄くなり、それと同時に顔がちょっとむくんできた。これはちょっと治療法が違うんじゃないかということで、そこの病院の院長に九州大学病院への紹介状を書いてもらって父親と行った。九州大学に行ったら、米粒よりちょっと大きい赤い小豆のようなのができていたので、教授がメスで組織をスライドガラスに取って顕微鏡でのぞいてすぐ学生

に説明したなかで、「レプラ」という言葉がでてきた。生物の授業のことを思い出していたら、もう一回「レプラ」って。それで自分は「レプラ」だったんだと。その時の気持ちというのは、血の気が失せるといいますかね、頭の中が空っぽになった。それでも学生がいっぱいいるんで、これはぶっ倒れちゃアカンなあと足をちょっと開いて、足に力入れて、なんとか立っている。そういう記憶があります。

　「あなたはレプラ病です」とか「らいです」とは直接は言わないですね。熊本に専門の療養所がありますということだったんです。父親はハンセン病、「らい」じゃないかいうことはなんとなくわかったんだろうと思います。中学の生物の授業で、教室の中で騒いでいた時に、自分はすでに発病していたんです。その授業の時、私はもし自分が「レプラ」ということになれば、瀬戸の小島に強制収容される、なおかつ男子は断種されるということになる、とんでもない病気があるんだなと思った。その当時それは強力な伝染病と言われていたのです。各県には避病院という隔離病棟がありました。そこに入れられるよりも重い。ものすごい伝染力の強い病気だろうというのと同時に、断種という。これは「遺伝」もする病気なんだ、怖いなあ、こんな病気があるのか。自分がそうだったら自殺するだろうなあと思った。人に迷惑をかけるだろうということと、断種という二つで、自分はこの世に生きている価値も何の希望もないから、即死刑の宣告みたいなことで、話を受け止めたのです。

菊池恵楓園に入る

　父親は国鉄の職員だったんです。私がここ（菊池恵楓園）に入る少し前に国鉄を退職していたが、輸送に携わっていたからハンセン病患者の特別輸送列車「お召し列車」を知っていたんです。そういうことがあって、父親はもう尋ねても言わないわけです。私の家は、列車がホームに滑り込んでから踏切を抜けて行ってちょうど間に合うぐらいの近いところにあった。それで列車に飛び込んだほうがよいかなと思ったけど、は

っとしたのは、自分の轢(れき)死体を母親に見せるわけにはいかないと思い、熊本のハンセン病療養所菊池恵楓園に行ってから、どういう死に方になるかわからんけどそこで死のうって考えました。

　私は強制収容でなくて自分で菊池恵楓園に来たけど、父親は診断がおりたとき大学の教授に消毒はどうなりますかとか尋ねていた。「市販の消毒薬でいいから、家の内外を消毒してください」、同時に「息子さんの身の回りの品物は焼却をしてください。昼間に燃やしたりしたら近所の人が変に思うかもしれないんで、夜、暗くなってからでよいから息子さんの身の回りの品物は、焼却をしてください」と。それは具体的だった。そして、「この病気は法定伝染病じゃないけどもね、診断した医者が当該知事に報告するようになっていますので、私は今日の日付で診断書を書いて、佐賀県の知事に送ります」と。それから「保健所に通知が行って、家のほうに訪ねてくるのは一週間くらいはかかります。そこで、一日も早く療養所に行ってください。そして保健所がもし来たら、大学の教授の指示に従って、部屋の内外は消毒をしました。本人はすでに療養所に行っていると言ってください。石灰をまいたり保健所が来て消毒したり、そういうことはしなくてすむと思います」と。そういうことまで具体的に教えてくれる。それで私は、翌々日母親が下着なんぼかをどっからか仕入れてきて、ここへ来ました。

　療養所に行く前、父親は会社を休んで朝からいなくなった。実は近くの親戚全部にうちの息子が熊本の恵楓園というところで療養するようになったと言ったんじゃないかと思う。朝一番の列車に乗るので裏木戸から出たら5、6人の親戚が裏木戸から送ってくれたけど、普通は「はやく治って帰ってこいよ」と送りだすが、一言もなくただすすり泣きだけでした。でも私が療養所に来たとき、「今いっぱいだから帰っとってください」と言うのですよ。「帰っとってください」って言われて、もし自分が家に帰って、今度は保健所を通して強制収容という形になると、消毒は絶対ですよね。このことがあるからこれは帰ったらいかんと思い、倉庫の片隅でもよいから置かしてくれって言いました。

父親がやっていた乾物の卸会社は大きくなっていましたし、従業員もかなりいましたので、みんな路頭に迷うんじゃないかということが、父親としても最大の懸念だったんです。父親は乾物商に災いがないように、消毒もされないように、と大変気にしていました。

きょうだいに及んだ差別

　療養所では自然主義文学とか、川端康成とか芥川龍之介とかの本も読んで、最終的にはマルクス、資本論を読んだり、哲学書を読んだり、ヘーゲルとかカントとかも読みました。その後、父親が商売で、熊本あたりに来たらそのついでに面会に来てくれました。その時におふくろがちょっと参っているから手紙を書いてくれと。書くことがなくなったら今日の天気だけでも良いからと言う。心配せんようにと思ってせっせと手紙をいろいろ書いた。ずっと書いていたんですが、母親と会ったのはここに入って10年くらいしてからです。「らい」という言葉の響きそのものにおどろおどろしさがあり、おふくろ自身もだんだん精神的に混乱状態に陥って、10年くらいして面会した時に、きょうだいが5人おるんですが、あとの4人を道連れにして心中しようって思ったと話をしてくれました。
　一番下の妹が生まれてまだ4カ月くらいの時に私は来たんです。おふくろは、長崎に西海橋っていうのがありそこは自殺の名所で、潮の流れが早いんで遺体が上がらないと言うので、そこで入水自殺をやろうと、だんだんそっちのほうに覚悟が決まっていたみたいですね。
　一方でそういうことを考えながら、一番下の妹におっぱいをふくませていたら、ある時ふと、この子が生まれてからまだ4、5カ月しかならないのに、この子と一緒に自分は死のうとしている、この子がいったいどういう悪いことをしたのか、この子を道連れにするってことはこの子のいのちを絶つということに思い当たって、それで自殺は思いとどまったって言っていました。でも自殺するということを思い詰めるというこ

とは、後を引くんですね。繰り返し、繰り返しそういう思いがやってくる。弟たちとも会ったんです。兄貴は何でハガキや手紙をだすんだろう。届いたらそのハガキを握りしめて母親は夕ご飯も何にも作らない状況がずっと続いていたみたいで、弟や妹は、兄貴はなんで手紙を出すんだろうと思っていたと言っていた。こっちは父親から、おふくろがおかしいから手紙出せって言われるものだから。父親も家族を養っていくっていうのがあるから、商売で出歩くわけですよね。その間、おふくろにもしものことがあったらいかんというんで私に手紙を出せってことを言っていました。

　すぐ下の弟は私と４つ違いで、結婚するようになって実は菊池恵楓園に私の兄貴が入院していますという話をした。娘さんは両親に兄さんが菊池恵楓園というところに入院して、そこは「らい」の療養所であると言ったんですね。両親はかかりつけの医者に相談したら、医者は「らい」は「遺伝」であるからその結婚はやめたほうがよいですよと進言した。1960（昭和35）年です。親がそんなことを知りながら許すと、自分が他のきょうだいや親戚から村八分になるから勝手に結婚しろと言われて、結婚式は先方の両親ときょうだいだけを呼んでしたって言っていました。子どもを一人だけ産んだけど、その後ずいぶん堕胎をしたりそういうことをしていました。子どもが小学校に入ったかそれくらいの時、白血病でその嫁さんは死にました。

　今度は、同じ町内の女性と再婚するようになったらその時は、同じ町内だからみんなは知っているということで、私のことは話はしなかった。女性も知らなかった。女性と弟との間ではなんともなかったんだけど、周囲がけしからんという話になって弟が板挟みになったちょうどその時に、妊娠していることがわかってから弟は女性のほうの籍に入ってうまくいっているんです。それで私は弟とは一切きれました。1996年にらい予防法はなくなり、2001年に裁判で勝利したけれども、弟とは音信不通で関係は一向に修復ができていない。家族関係が修復できていないということは、今も何にも変わってないっていうことです。

弟のことがあったから私は妹だけはハンセン病の影響がなくて生活できるようにという思いから社会復帰しようと思いました。1962年の7月だったと思うんですが、医局から呼び出しがあって、医者が「おい、陰性になったから社会復帰の準備をしていい」って言ったんです。準備を始めたちょうどその頃に、妹の結納が整いましたっていう電話が来た。よかった、よかったと思っていたら1週間もせんうちに破談になった。いくら先方に理由を問うても絶対に言わない。それでどうしようもない。そうしている間に20年近く会ってなかった妹が電話をかけてきた。「兄ちゃん、朝、口ゆすごうとしたらね、口から水がもれるようになった」と言うのでこりゃいかん、とにかく早く来いって言って園長に診てもらったんですが、破談が原因で顔面麻痺。精神的な問題でハンセン病と関係ないということがわかり、1週間ほどして元に戻りました。

社会復帰

　私はその後、社会復帰し養女をもらって、養鶏をやっていた。その子が行く学校は、同和地区の真ん中にあるんです。周囲の人やすぐ隣の集落の人が、「娘さんは市内の私立の小学校に通わせなさるでしょう」と。「なんで」って言ったら、「なんでって言われたら困るんだけど、なんとなくわかりなさるでしょう」と。私は養鶏の仕事をする時に菊池恵楓園にいましたって言って養鶏をやっていたので差別問題の当事者で、まわりはみんな知っているはずですから同和地区にある小学校に娘をやりたいと言っていました。

　養鶏の仕事をやっていたら、あるとき、「おい、オヤジはおるか」って、近所とはそういうつきあいをやっていて、その人は同和地区の人で、「今から畑に行くんで、廃鶏を用意しとって。帰りに寄るから」と。その話を雇っていたパートのおばちゃんが聞いて「親方、今の人どこの人か知っとるですか」って。「どこの人とはなんですか。あの人うちのお客さんだろ。なんか言いたいことあるの」って言ったら、「いや、わかっと

るならよかです」って。初めて見る人に「あんたどちらから」って、普通はなんのことはない。だけど同和地区の人たちに対して同じ聞き方は絶対するなって。そういうことをしたら、差別に当たるから。お客さんでいこうと決めた。同時にね、自分たちは差別される側でありながら差別をするっていうことを気づかされた出来事でした。

　ハンセン病だって一緒ですね。ハンセン病というものが直接的じゃないけど、おふくろにしてみれば自分の息子のことがある意味離れないから自分も直接的に間接的に差別されている。そういうことからきょうだいであっても、やっぱりその話に加わることができないという疎外感を持つことがあると言っていました。

　実際に、ハンセン病の親がなんで貝の口を閉じたみたいなことで社会を狭くして生きているか、そのことでもってよくわかった。

黒川温泉ホテル宿泊拒否を通して

　2003年に黒川温泉の宿泊拒否事件を経験したなかで、菊池恵楓園にきたホテル側の人は、テレビカメラがたくさんきていたので、「ここにきてみて、まさかこんなことになっているとは思わなかった。みなさんにも大変ご迷惑をおかけしています。そのことについておわびします」と言ったんです。「ホテルに泊めないということについてはどう思っているのか」と聞けば、「ホテルのお客さんから、恵楓園の人がホテルに泊まってる、わたしはイヤだと言われたら対応の仕様がないから、断るのはあたりまえでしょ」と言うんです。ホテル側との話し合いで報道の側がそのやりとりだけを報道してしまったのです。ホテル側は謝罪、そして自治会は謝罪を拒否と。その後、おびただしい数の差別投書や電話がきました。

　最初に抗議がきたのは、差別ハガキ、手紙。千葉県、東京都、神奈川県など、関東からでした。電話でもいろいろなこと言ってくる人がいっぱいおりました。「お前たちは黙っておけばいいものを」とか、「黙って

静かにしておればよいんだ。人並みのことを言うな」というようなことです。電話で30分以上かけて説得した人もおりました。わかった人もおるけど、わからん人のほうが多かったです。

　この一連の連続差別投書や電話を経験して、差別っていうのは結局、法律的に対応できないんです。たとえば人権侵害で提訴できない。そこにあるのは人権侵害じゃなくて名誉毀損。名誉毀損では裁判できるんです。だけどわれわれは差別されたことを人権侵害で法的に裁こうったって裁けない。黒川温泉へは県の里帰り事業で行くことになっていたので、当時の潮谷義子熊本県知事が、これは人権侵害に当たるんじゃないか、法的に解決する方法はないかと熊本の法務局に尋ねた。法務局の回答は、人権侵害を裁く法律はありませんということで、旅館業法違反。最高の罰金で2万円です。

　その後いろんな励ましもあり、自分たちが啓発に出向いて私たちの話を聞いた子どもたちが懸命に「みなさんがんばってください。ホテルが言っていることが間違っていると思います」と小学生や中学生がそういう激励のハガキをくれた。結果としては、励ましのほうが若干多かったです。

おわりに

　2014年に福岡県内の小学校で起きた人権教育の問題では、「授業でハンセン病問題を取り上げて子どもたちがこういう感想文を書きましたので送ります。返事を求めておりますので、お手数ですが返事を書いていただけないでしょうか」という手紙がきたんです。読んでみてなんにも正確なことを教えていないと思った。教師自身これをほんとに読んで送ったのかどうかって疑わしく思いました。「ハンセン病は体がとける病気」「友達がハンセン病にかかったら、私は離れておきます」とかね。こういう感想文を書くような不十分な教え方をすると、子どもが長じて差別的な見方をしてしまう。だから、差別をなくす教育じゃなくて差別

の連鎖を実際垣間見たような気持ちがしました。

　差別はこういうふうにして世代間を越えて引き継がれていく。そのためには正しい教育というのがいかに必要かということを学びました。子どもたちに私はよく言っているんですが、「人権というのはどこからはじまるか。お母さんのお腹にいのちが宿ったその時、いのちと同時に人権も宿るんですよ。だから、いのちと人権というのは同じものです」と。

　　　　　　　　　（本稿は、志村康さんのインタビューを構成したものです）

自死(遺族)問題のいま

自死(遺族)問題とは

田中幸子 一般社団法人 全国自死遺族連絡会代表

　1998年以降、毎年3万人が自死で亡くなる日本。10代・20代の若者の死亡原因の上位を占める自死、そして自死遺族となる人たちも年間15万人ずつ増えています。しかし遺族当事者が受ける社会的制裁のような差別や偏見は知られていないのが現状です。

はじめに

　全国自死遺族連絡会は、2008年1月に発足した、自死遺族による自死遺族のためのネットワークで、現在約2900人の自死遺族個人を会員とする団体です。当連絡会では自死遺族からさまざまな相談およびその支援に取り組み、自死遺族の相互交流を深めることにより遺族自身がまず元気に生きていくことを目的とし、自死した私たちの大切な人のその命を無駄にすることなく、やさしい人がやさしいままで生きられる世の中に変えていくことを目指しています。

　＊本会の主な活動
1．自死遺族の相互交流を深めることの諸活動　　　「つながりあう」
2．自死遺族が運営する自助グループ活動についての情報交換
　　　　　　　　　　　　　　　　　　　　　　　　　「支えあう」
3．自死や自死遺族に関する情報発信と社会啓発活動　「経験を伝える」
4．自死遺族に関係する機関等との情報交流　　　　　「声をあげる」
5．自殺予防活動　　　　　　　　　　　　　　　「生きて、と願う」

　このような目標をたてて発足しなければならなかった理由は、自死へ

の差別と偏見が、国や地方自治体の自死遺族支援担当者たちにも根深くあったからです。例えば「自死は低階層に起こる」「自死は遺伝的要因がある」「自死遺族は精神疾患者である」「自死遺族は知識のない者たちである」「自死遺族は貧困階層である」「自死遺族は特殊な人たちである」という概念で自死遺族支援の指針は作られていました。2005年11月、息子が自死した半年後の2006年に自死遺族の自助グループとしてわかちあいの集い「藍の会」を立ち上げて活動をした瞬間、自死への差別と偏見の強烈な洗礼をうけたのが今から10年前、その後不条理な自死への差別是正のために「全国自死遺族連絡会」を立ち上げて活動を続けてきましたが、今も国や地方自治体の多くは、当事者抜きで作り上げた自死遺族という概念を変えようとしていません。

　国は2006年、自殺対策基本法を制定、翌2007年に「自殺総合対策大綱」を閣議決定、その中で「自殺の多くは、社会的に追い込まれた末の死である」とし、社会全体の問題として取り組んでいく問題であるとして、多額の税金の投入とともに専門機関を設置して取り組んでいますが、そのことがむしろ自死遺族の自助グループ活動への妨げとなり、差別と偏見の助長につながっています。

　同じ苦しみ、同じ悩み、同じ悲しみをともに「わかちあう」自助グループの集いの開催すらも認めず、遺族同士だけで集うのは危険であるから訓練を受けた支援者や保健師が遺族が集う会を作るべきであるとし、保健師が主催の会のなかには「個人面接」があり、遺族が集いに参加可能か否かの判断を受けている地域が多数あります。

「自殺」という言葉

　「自殺」「自殺者」「自殺者遺族」という言葉が一般的です。
　病死・事故死・交通事故死・不審死・孤独死・犯罪死・過労死と死の形はさまざまですが、「殺」という文字で死者を表現するのは「自殺」だけです。当連絡会は、2008年発足時から国やマスコミに対して要望を

だしつづけてきました。「自殺」という言葉は、「自らを殺す」と書きます。それは、「(生きたくても生きれない人がいるのに)命を粗末にした」「勝手に死んだ」などと、自由意志のもとで決定し逝った身勝手な行為であるとの誤解や偏見を与えています。そして、それは遺族が最も心を痛める言葉のひとつでもあります。当連絡会は、「悪いことをした罪ある死」と、まるで殺人者であるかのような「殺す」という文字の持つ印象を払拭(ふっしょく)することが必要であると考えています。そして、「自死(遺族)等への差別撤廃」運動においても、追い込まれて自ら命を絶つしかなかったという意味である「自死」という言葉に変える取り組みをしています。もちろん、「自殺」という言葉を単にタブー視するものではありません。しかし、自死の対策会議等では「自殺」という言葉が数百回を超えるほど発言されることも多く、遺族は体が震えるほどの嫌悪感に襲われ自責の念に苛(さいな)まれます。

　「自殺」という言葉から「自死」への変換は、自死遺族たちの切なる願いです。それは自死遺族等への差別的取扱い問題の是正への一歩でもあります。自死遺族支援の支援団体や自死の予防の専門家といわれる方面からの反対があることも事実です。「自死」という言葉に変えることで、自死へのハードルが下がるというのが大きな理由の一つのようですが、「自殺」という言葉を使い始めたのが明治時代、それから自死は増えてきましたが、「自死」という言葉が広がってきた、ここ4年間で自死はむしろ減ってきています。「自死」という言葉が広がることでどのような問題が起こるのかという議論の前に、理屈抜きの「遺族の心情への配慮」という観点からだけでも、できる限りの範囲で「自殺」ではなく、「自死」を使用する社会になってこそ、差別等の是正につながり、遺族が自死を隠さなくても生きられるようになると信じています。

賃貸不動産への損害賠償

　不動産に関わる事例としては不動産売買に関する事例もありますが、

そのほとんどが不動産賃貸借に関する事例です。この不動産賃貸借に関する事例において、自死に対する差別や偏見がどういう形で現れてくるのかですが、その多くは、次のような形となって発生します。

　賃貸物件内で自死が発生した場合、遺族が、自死がその物件内で行われたことによって損害をこうむったと主張する家主から相当多額の損害賠償を請求されるというもの。そして家主側が遺族に対して、強く倫理的に非難する発言をするケースがしばしばあります。

　自死した本人とは離れて住んで同居してもいなかった遺族に向かって、「この人を自殺させたことは、あなたたちに責任があるんだ」「謝罪しなさい」、あるいは「（家主の）家族が精神的ショックを受けたから、慰謝料を払え」とか。また家主からの主な請求内容は、物件内で自死が起きたことにより賃貸できなくなった、あるいは安くしか賃貸できなくなったとして、家賃の数年分あるいは極端な場合は10年分といった法外な請求をしてくることがあります。そして自死が起きた物件の改修費用として、その部屋の全面改修費用を請求してくることがあります。家主によっては「当該物件を全部買い取れ」と要求してくるといった極端な例すらあります。

　こうした法外な請求は、やはり自死に対する偏見・差別にもとづく「心理的瑕疵（かし）」という考え方に起因するものです。家主からの請求に対して、現状では裁判所は極めて安易に「心理的瑕疵」を認定しています。このように「心理的瑕疵」がいったん認定されてしまうと、「心理的瑕疵」を生じさせたのだから借主としての「善管注意義務違反」があり、遺族側には法的責任がある、さらにまた「心理的瑕疵」が生じているのだから家主側の不動産業者には、不動産業者に求められる告知義務が一定期間存在することになるから、一定期間賃貸できなくなったことによる賃料全額、または一定期間安く賃貸せざるを得なくなったことによる賃料差額の損害が発生する、といった短絡的な思考過程を経て、安易に相当額の損害賠償が認容されてしまうということになります。

自死（遺族）問題のいま　51

そもそも賃貸不動産の心理的瑕疵とは

- 「心理的瑕疵」というのは、判りにくい言葉ですが、しばしば判決に出てくる表現では「目的物の通常の用法に従って利用することが心理的に妨げられるような主観的な欠陥」、あるいは「その建物にまつわる嫌悪すべき歴史的背景など客観的な事情に属しない理由に起因する瑕疵」ということです。「心理的瑕疵」は自死、あるいは死や穢れに対する偏見や迷信に由来するものであり、自死を差別的に取り扱うことです。
- 民法の売買契約に関する瑕疵担保責任の規定（民法570条）に由来する概念。瑕疵は本来、物理的な瑕疵に限られるというのが一般的な理解ですが、これを心理的なものにまで広げようとする考え方です。
- もともと自死物件を売りつけたという不動産売買の事例に使われていましたが、最近は不動産賃貸借の事例にもしばしば使われるようになっています。

「善管注意義務」（善良な管理者の注意義務）とは

- 「債務者の職業、その属する社会的・経済的な地位などにおいて一般に要求されるだけの注意」「債務者の職業や社会的・経済的地位などにおいて、取引上当該場合に応じて平均人に一般に要求される程度の注意」のことをいいます。
- 賃貸借契約の借主も賃借物件に対して、この「善管注意義務」を負うものとされています。

請求金額が多額のため、弁護士に依頼した事案
具体例①

　YがX所有の賃貸物件（アパート）を借り、Yの娘が住んでいたが2009年、Yの娘が同室内で死亡していのが発見され、自死として処理された。家賃は月8万円。家主であるXが借主であるYを被告として、物件内でYの娘（履行補助者）が自死したことにより損害をこうむったとして損害

賠償を請求。

請求：合計284万1855円。内訳…原状回復費用：12万1905円（ユニットバス破損による全面改修費用）、逸失利益：244万8000円（本件事故後賃借人を募集、約7カ月後に賃貸借期間2009.10.21〜2015.10.20、賃料4万6000円という条件で新たな賃借人を見つけることができたので、減額分の3万4000円の72カ月〔6年〕分）、貸室内のクロスの張替、クリーニング費用：21万9450円、現場供養料：5万2500円。

一審判決（東京地裁 平成23年1月23日の認定）

　Yの債務不履行責任を認めた：「賃借すべき物件で過去に自殺があったとの歴史的事情は、当該不動産を賃借するか否かの意思決定をするに際して大きな影響を与えるとされており（中略）、そのため自殺者の生じた賃貸物件は、心理的瑕疵物件とて、相当期間成約できなかったり、賃料を大幅に減額しないと借り手がつかない」「当該賃貸物件内で自殺をするということは、上述のように当該賃貸物件の経済的価値を著しく損ねることになるので、賃借人としては用法義務違反ないし善管注意義務違反の責めを負うことになる」

認めた損害の範囲：合計160万7934円

内訳…原状回復費用（ユニットバスの改修費用）の2分の1：6万952円、逸失利益：127万5032円（①貸室の契約終了日から入居者が決まるまでの賃料相当分28万9032円、②新契約の契約当初の2年分〔2009.10.21〜2011.10.20〕およびその後学生の新規契約がピークとなる翌年3月20日までの5カ月間の賃料差3万4000円×29カ月分98万6000円）、貸室内のクロスの張替、クリーニング費用21万9450円、現場供養料：5万2500円

控訴審：H23.11.9　第4回・弁論準備（和解）……和解成立

和解条項の骨子：①和解金80万円、②長期分割払い

具体例②（京都地裁 平成24年3月7日判決）

請求：合計927万2656円。内訳…部屋の改装費用等：220万円。

　部屋に入居者がないことによる損害…部屋の家賃・共益費7万3700円

（家賃は６万5000円）の24カ月分176万8800円と、水道料金分担分２カ月当たり3297円の24カ月（２年分）３万9564円の合計180万8364円。隣室の701号室の賃借人が退居、その後701号室には入居者がないことによる損害。少なくとも１年間は入居者が決まらないことが高い確率で予測できるので、本件部屋の家賃７万3700円の12カ月分である88万4400円と、水道料金分担分２カ月当たり3297円の12カ月分１万9782円の合計90万4182円。本件マンションの305号室、405号室、602号室、605号室および805号室の５室につき、事故のあった2010年春に入居申し込みをした者がキャンセルし、その後入居者がいない状態が続いていることによる損害——この５部屋の家賃の12カ月（１年）分の合計426万1200円と５部屋の水道料金分担分の12カ月分９万8910円の合計436万110円。以上合計927万2656円。

判旨：改装費用等はＡの債務不履行（自死）と相当因果関係にある損害とは認められない。本件部屋に入居者がないことによる損害については、「実際にその部屋で自ら命を絶った人がいた事実は、不動産取引において、重要事項として告知義務の対象となる事実であると解され、その期間は11階建て全38戸という比較的多数の部屋数を有する大型マンションであること、学生等の比較的居住期間が短い入居者がほとんどを占め入居者同士及び入居者と近隣住民との交際は希薄であること、市内の中心部やや北寄りの表通り沿いには商店が多く、地下鉄の駅も近く、かつ御所も近く、観光客も訪れるような市街地の区域であることなど諸般の事情を考慮すると１年間程度と解される」として、家賃月額６万5000円の12カ月分の78万円を損害として認めた（共益費および水道代については、Ａの債務不履行と相当因果関係にある損害とは認められないとした）。701号室の入居者が退去し、その後入居者がないことによる原告の損失は、Ａの債務不履行と相当因果関係にある損害とは認められない（なお本件部屋以外の部屋については自殺者があったことは告知義務の対象とはならないとした）、その他の５室についても、Ａが自ら死亡したことは告知義務の対象とは解されないとして、Ａの債務不履行と相当因果関係の範囲内の損害と認

めることはできない。結果、78万円の損害の認定。

具体例③
請求：合計683万9275円。

　Mの娘がX所有のマンションの一室を賃借し、Mが連帯保証人、Mの娘がその部屋の風呂場で自死した（家賃は月9万5000円、期間2年間）。Xの当初の請求額・家賃補償：592万円。内訳…6年8カ月間の家賃補償（最初の2年8カ月間は満額9万5000円、次の2年間は約8割、最後の2年間は約5割）、部屋の改修費用見込額91万9275円（内訳は、ユニットバス改装工事費48万3000円、部屋の床面、壁、天井の張替の他、アコーディオンカーテン、網戸、インターホン、キッチンの照明の交換、室内清掃等43万6275円）：合計683万9275円）。合意した額：257万3000円（内訳は、家賃補償209万円〔2年間全額の228万円より2カ月分19万円を差し引いた額＊〕と、ユニットバス改装工事費48万3000円）。

　　　＊　依頼者が対象物件に本当に入居者が居ないかどうか確認するため、現地に行って確認したところ、入居者が居ることが判明し、このことを指摘して相手方代理人に問いただした結果、家主の親戚が経営している会社の新入社員が取りあえず住むところがないので、2カ月間だけ無償でその会社の社宅として提供していたことが判明した。これをふまえて2年間から入居者が現実に居た期間の2カ月分だけを控除させた。

具体例④
請求：合計884万6124円。

　Sの娘がX社所有のマンションの一室を賃借し、Sが連帯保証人となっていたが、Sの娘が元同僚（女性）とともにその部屋の風呂場で自死した（家賃は月6万7000円、共益費月2000円、期間2年間）。X社はSに対し、いずれ損害賠償請求をする旨の連絡をしてきたが、その後音沙汰はなく、事故の約1年後に事故後本件貸室には入居者がないので、とりあえず1年分の家賃相当分の損害を支払うよう請求するとともに、今後も空室状態が続けば本件貸室の全面改修工事をするのでその工事代金も請求するし、その後の家賃補償も請求する旨予告してきた。X社より提示された損害賠償額は、合計約1531万円（内訳は、9年分の賃料相当額と2年分ごと

の更新料相当額、本件発見時に警察が本件貸室に入るために破壊したサッシ代、浴室のユニットバス交換工事代金、本件マンションの他の9室の10年分の賃料の10％相当額など）。その後交渉をしたが、X社の姿勢は強硬であり埒が明かないので、民事調停を申し立てた。しかし調停においてもX社は「最低限」の要求として合計884万6124円（内訳は、10年分の家賃相当額、ユニットバス交換工事代金等、サッシ修理代）を要求して譲らなかったため、当方よりこれまた異例であるが、債務不存在確認請求訴訟を提起。

和解：328万1550円(内訳：3年分の賃料相当額、ユニットバス交換工事代金、割れたガラス修理代)。

生命保険と住宅ローン

　明治時代に策定した商法は「自殺は支払わなくてもよい」と記しています。保険法51条1号では、「自殺免責期間」を制定し「自殺の定義」を決めて、免責期間は他の死よりも長く設定されています（会社や保険の種類で違うが1年・3年・5年である。ちなみに他の死は90日から3カ月）。これは保険金目当ての自死を防ぐためという名目です。住宅ローンの場合、多くは団体生命保険に加入（死亡時には、生命保険で住宅ローンが一括支払い）、銀行の多くは10年を過ぎた頃に「住宅ローンの借り換え」を勧めますが、借り換えた時点で1カ月目となるので、支払い続けて11年目で自死しても死亡保険で支払いが行われず、遺族に一括請求が来ることになります。支払えない場合は競売にかけられ、実際に子どもを抱えた遺族が自宅を追い出された事例もあります。

未遂の場合の治療費（健康保険）

　2010年、生命維持装置につながれた未遂の息子の治療費が350万円、その後も一日10～35万円の請求が続き、包丁で刺して殺したという事件があり、一部健康保険が認められることになりました。

自死の場合の健康保険の給付については、健康保険の給付制限が行われています。

健康保険法に給付制限の条文・第116条

被保険者又は被保険者であった者が、自己の故意の犯罪行為により、又は故意に給付事由を生じさせたときは、当該給付事由に係る保険給付は行わない。

(この「自己の故意の犯罪行為」に自殺未遂が含まれていると解されています)

通達：自殺未遂による傷病に関しては、療養の給付等又は傷病手当金は、支給しない（昭1.1.9保規394号）。

ただし、次の場合には、制限は受けないとされています。

精神異常により自殺を企てたものと認められる場合においては、法116条の「故意」に該当せず、保険給付は為すべきものである（昭13.2.10社庶131号）。

自賠責保険

自死は故意の死であるという理由で適用外とされています。

宮城県において、息子が車で営業車に激突した例がありました。本人の遺書があったため、自賠責保険・対物保険の対象外といわれ、遺族に損害請求（営業車の補修費・営業補償・相手への補償金等）があり、調停により分割で支払いました。

戒名や葬儀

戒名を記した位牌に「自戒」という文字を入れた○○宗（禅宗）の寺。檀家に自死の葬儀はしないと拒否した寺、さらに同じ地域で他の寺でも拒否され、キリスト教の教会で葬儀した遺族。葬儀の依頼に行った遺族に「死に方が死に方だから、内々でやるべきだ」という住職。東日本大

震災の被災地で被災者支援をしている寺の住職は、「自殺は罪があるから浮かばれない。親を悲しませる自殺なんて暗闇から出られない」といい、また四十九日までは戒名はつけられないといわれた例もあります。一周忌にお墓で泣いていた遺族に、「自殺なんだから　泣いたらよけいに成仏しない」という住職もいます。

警察

捜索願い届の時に、「若い男とでも逃げたんだろ」「借金でもあったんじゃないの」といわれたり、遺体発見後の警察での事情聴取が長く、警察署で4時間半拘束されたり、伴侶が自死したケースでは葬儀にもきて、十数回、警察に連れて行かれ事情聴取、親族から「お前が殺した」といわれ続け、精神科病院に入院した遺族もいます。自宅での検死が終わって警察が引き上げた後に、娘が目にしたのは、服を脱がされて裸のままで放置された父親の遺体でした。また、警察署に駆けつけた遺族が最初に目にしたのはブルーシートに包まれて倉庫のようなコンクリートの床に置かれた裸の遺体であったことも多く報告されています。

遺族自身

「自死は恥である、迷惑である」という自死に関するある種の恥の意識（スティグマ）があります。このような意識は第三者が持つものと遺族自身が持つものがあります。自死遺族は遺族になる以前は自死に対して社会的偏見と差別を持って生きてきた他者でもあり、突然に遺族になっても自分が持っていた自死への恥と差別の意識から抜け出せず、「世間に悪いことをした」「親族の恥だ」「迷惑をかけた」という思いとなり、それまで自分が世間の目として見てきた自死への差別と偏見で自分のこともみられているという意識からも抜け出せず、世間の目を怖がり、自死遺族であることを隠して生きています。

その他の差別と偏見

　街頭で署名活動をしたとき、「自殺なんて気味が悪い。近寄るな！うつる！」と怒鳴られたり、講演会場の外で「自殺だって、嫌だね。気味が悪い」とささやく人たち。自死の対策会議で市の職員が「自殺という張り紙がある部屋に入るのは気味が悪くて、悪いことがおきそうでものすごく嫌だった」といったり、〇〇被害者団体から「好きで死んだんでしょ。死にたくなかった私たちと一緒にしないで！」といわれたり、「文書が読めますか？」とか、「ホームページが作れるんですか？」と行政の職員にいわれたり、「死にたい気持ち」という言葉が予防で使われたり（死にたい人が死ぬという認識）、枚挙にいとまがありません。

おわりに

　死にたい人はいません。死にたくないのに死ぬしかないと追い込まれた末の死が「自死」です。遺書のほとんどは「ごめんなさい」「ありがとう」「お世話になりました」「育ててくれて感謝しています」「幸せになってください」「申し訳ないです」「子供たちを、親をよろしくお願いします」「幸せでした……」の言葉です。やさしい人たちです。自死した人たちも十分苦しんで逝きました。遺族も苦しんで生きています。
　近い未来には、人が人を差別することのない社会が実現すると願ってこれからも活動を続けていきます。

当事者は語る

自死遺族としての現状を伝えることから自死に対する偏見や決めつけをなくしていきたい

竹井京子　自死遺族わかちあいの会・ふきのとうの会

中学生になって

　息子の大地は2005年10月末、19歳で亡くなりました。亡くなってから10年が過ぎました。

　大地が10歳ぐらいの時に離婚し、今も私が住む団地に母子で引っ越してきました。転校した小学校でも元気に過ごしていたのですが、中学校に入学してしばらくすると担任の先生の言動が気になり、しんどさを訴えるようになりました。子どもたちのプライドを傷つけるような物言いや態度をする先生で、それを見聞きするのがいやだったようです。

　担任教師への不満を訴える大地の言葉がどんどん激しくなり、これはいけないと教頭先生に伝えました。中1の秋、10月頃のことだったと記憶しております。日頃から「何か困ったことがあったらいつでもぼくにおっしゃってください」と言われていたので、信頼して相談しました。

　ところが話を聞いただけで放置されました。やがて登校したがらなくなりました。保健室登校をしても1時間もすると真っ青な顔で帰ってきたりして、とうとう登校できなくなりました。その1、2カ月後には「死にたい」「首を絞めてくれ」などと言い出すようになったんです。そんな状態の大地と日々向きあう私もしんどくなっていきました。大地と一緒に児童相談所や教育センター、カウンセリングなどに行きました。児童相談所で精神科の受診を勧められ、府立中宮病院（現・精神医療センター）の思春期外来への通院もしました。

　中学校ではほかの子どもたちも担任教師への不満を訴えていたようで、クラスの保護者が集まって校長や教頭と2回ほど話し合いをしまし

た。それでも大地以外のお子さんは泣きながらでも通学を続けたようですが、大地は2年に進級して担任が代わっても登校できませんでした。そして不登校のまま、中学を卒業しました。

　大地はおとなしい子でしたが、中学校へ行けなくなってから茶髪にしたり、学校へ行っても教室に入らずに塀の上で寝転がったりすることがありました。私は大地なりの自己主張だったと思うんですけど、一度、教室に入ろうとした大地を3、4人の先生が止めようとしたことがありました。何をするかわからないから、と。それを大地が振り払おうとして、1人の先生が軽いケガをしたと学校から電話がかかってきたことがありました。そして傷害罪で警察に通報したと言うんです。びっくりしました。警察には「様子をみましょう」と言われたそうです。

　信じられないようなことがいろいろあり、私も学校に対してすごい不信感が残りました。まさか学校が子どもを排除するなんて思いもしませんでした。後になって、私の学校に対する認識が甘かったと思い知りましたが、すでに遅しで取り返しのつかない結果になってしまいました。最初からもっと気にかけて、大地に寄り添ってやればよかったと自責の思いでいっぱいです。

居場所を求めてがんばった日々

　中学を卒業はしたものの、出席日数が足りないので公立高校への進学はできません。お金がないから私立高校は無理です。定時制高校に入学しましたが、1、2回行っただけでやめてしまいました。高校の先生たちは少しはつきあってくれるのかなと期待していました。でも「やめたいと言ってます」と連絡すると、すぐに退学手続きのための書類をもって来られてがっかりしました。

　それからは基本的には家にいる生活でした。フリースクールで子どもと遊んだりするボランティアは続いていました。あとはちょこちょこアルバイトをしては辞めて。

病院にもずっと通っていました。先生からは「そんなにしんどくない状態だから、アルバイトもやれるだけやってかまいませんよ」と言われていました。心理テストを受けても特に問題はありませんでした。そう言われると私も「早く社会に出てよ」という気持ちになり、「１日３、４時間のアルバイトでもいいから働いてよ」と彼のお尻をたたいていました。
　本人も努力はしていたんです。でも亡くなる２週間ぐらい前にまたパニックを起こして「ダメだ」と言い出しました。面接に行くと緊張して、訊かれたことや自分の意思をうまく話せなくなるということでした。私は「仕事ができないわけじゃない。今は自信をなくしているだけだから」と励ましました。
　それでまた自分で本屋さんのアルバイトを見つけてきたんです。亡くなる前の晩に面接を受けてきました。帰ってきた大地と一緒に遅い夕食を食べている時に「どうだった？」と訊きました。すると「面白いこと言われた」と、ひと言だけ答えました。私も「ああ、そう」で終わらせてしまって。いつもなら、どんな感じだったとか、落ちそうだとか受かりそうだとか、もう少ししゃべっていたのに。
　翌日は日曜日でした。フリースクールで一緒だった女の子のお家でハロウィンパーティーをするからと出かけていきました。そしてそのまま帰らなかったんです。
　夕方６時ごろ、大地から電話がかかってきました。もう外は暗くなっていました。「帰るの？」と訊いたら、「ちょっと寄り道して帰る」と。テンションがすごく高かったのを覚えています。すごく楽しそうでした。「晩ご飯はいるの？」と訊いたら「いらない」と答えました。
　私は一人で食事して、うたた寝してしまいました。目が覚めたら、まだ帰ってきていなくて胸騒ぎがしました。夜中の１時頃になって、警察とお邪魔していたお宅に電話しました。そこのお父さんがすぐに家まで来てくれました。「大地くんのことが気にはなっていました。ぼくも母子家庭で育ったので」と気にかけて、深夜にもかかわらず、家まで来て

くれました。家のまわりを探してくれましたが見つからなくて。

　結局、4日間見つかりませんでした。いてもたってもいられない、長くて苦しい時間でした。仕事には行っていました。正社員じゃないから休めません。

　5日後、警察から仕事場に電話がかかってきました。3時ぐらいだったかな。秋晴れの、お天気のいい日でした。すぐ近くの池に浮かんでいるのを発見されました。「どうも息

竹井京子さん

子さんらしいので確認に来てください」と言われました。大地の父親もすぐ近くに住んでいたので、連絡をして一緒に行ってもらいました。確認したのは父親で、私は写真しか見ていません。

　司法解剖で水死と判断されました。遺書はありませんでした。机の引き出しやパソコンにも。当日、ウエストポーチをしていたのですが、見つかった時には着けていませんでした。池のまわりはもちろん、どれほど探しても見つかりませんでした。

苦しい気持ちを誰にも話せない遺族

　大地が見つかるまでの時間も苦しかったですが、亡くなった後も苦しくて苦しくて。

　私は鹿児島出身で両親もすでにいませんし、自分の身内に支えてもらうこともなかったけれど、責められることもありませんでした。ただ、大地の父親の実家が（大阪府）寝屋川市で、向こうのきょうだいから「おばあちゃんが（自殺を）知ったらショックを受けるから、新聞には載らないようにして」と言われました。その半年後に亡くなりましたが、大

地が亡くなったことは最後まで言えませんでした。天国で再会して、びっくりしているかも。

お葬式もしないつもりでしたが、友だちが「ちゃんとお別れしないとだめだよ」と言ってくれて、団地の自治会でお世話をしてくれました。

自責の念はもちろんあります。親しかった友だちからは「(自死をしたのは) あんたの子育てのせいだ」って言われました。ほかの人からは「思春期の子どもは大変よね」とかも言われました。2007年5月「ふきのとうの会」をつくり、自死遺族をサポートする活動をするようになってから、まわりから責められ、あるいは人目が気になって外に出られないといった話をたくさん聞きました。それに比べれば、私は何度かいやな思いをしただけですみました。むしろ話を聞いてくれる人をつかまえてはしゃべりました。「こうすればよかった」「私が悪かった」「ああいうふうにしたから死んだの」と何十回、何百回も同じことを言うわけです。まわりの方々もよく聞いてくれたと思います。

職場は精神障害者の作業所です。20年以上働いています。活動を始めて自死遺族として新聞などで発言するようになってから、職員の1人に言われたことがありました。通所している人のおかあさんから苦情があったそうです。彼女もしんどいお子さんを抱えていて、「子どもが知ったらよくない影響を与えるから、外に出て活動するのはやめてくれ」と。その職員は、「でもぼくは、あなたの個人的な活動は作業所とは別ですから規制することはできませんと答えました」と言ってくれました。

大地が亡くなった後、友人知人がお見舞いに来てくれたのですが、なかには「うちの子も」「うちは未遂で」という人が何人かいて驚きました。身近にけっこういるのに、みんな黙ってるんだなと。もっと早く言ってちょうだいよと思いながら、でも言えないんだなあと。同じ経験をしたとわかって初めて話せるんです。その後、遺族の会に出るようになり、遺族の方たちとのおつきあいが始まり、そのことを改めて確認するようになります。

遺族のなかにもある偏見や恐れ

　病死と違って、自死が人に話しにくいのは「異常な死」「縁起が悪い」「怖い」という感覚、見方があると思います。自死であることを言わない人が多いのは、そういう目で見られたくないからということもあると思います。逆にいうと、自分もそう思っているから、思ってきたから。だからまわりもそう思うんじゃないかと考えてしまう。同情されるのもいやだという人もいます。家族のなかでも話さない、触れない。

　参加される遺族の方のほとんどは、「私が追いつめたから」「私の対応が悪かったから」「私の子育てがまちがっていたから」と訴えられます。なかには、「私が殺したんです」と言われるお母さんもいます。それだけ自責の念がきついのです。ご主人が車に乗ったまま電車に飛び込んで亡くなられた人がいます。ご主人のほうのきょうだいに「おまえのせいだ」と責められ、お葬式にも「来るな」と言われたそうです。苦しんで、何度か自殺未遂をされました。私たちも夜中に家まで訪ねていったことがあります。

　相手方の身内から責められるというのはよく聞きます。みんな原因を知りたいけど、わからない。「まわりはなぜ気がつかなかったのか」とよく言われますが、あれはきつい言葉です。「危ないな」と気づいていても止められないこともあるし、後になって「あの時にこうしていれば」と思うことばかりですけども。仮に「死にたい」と言ってたとしてもまさか本当に死ぬなんて思わないのです。

　また、ふきのとうの会は比較的、若い家族（子ども）を亡くされた人が多いです。すると「虐待してたんじゃないのか」などと見られるんですね。親はそうでなくても自責の念がありますから、「自分は虐待していたのか」と考えてしまうんです。私たちは仲間同士で「私たち、子どもをいじめてたわけじゃないよね」と確認しあったりしています。それでも「仕事しなさい」などと言ったことで追い詰めたんじゃないかとか、

まわりはそういう目で見てるんだろうなとか、いろいろ考えてしまいます。

　自死遺族としての思いを語り合う「わかちあいの会」では、「子どものことを言いたくない。でも言わなきゃいけないと思う。どうしよう」というのも多い話題です。なぜ言わなきゃいけないと思うのかというと、亡くなった人の存在そのものを隠しているみたいで子どもに申し訳ないからです。でも「子どもが死んだ」と言うと、理由を訊かれます。そんな時は「私はこうしたよ」と、話せる人に経験談を出してもらい、「どうするかはご自分で考えてください」という感じでやっています。

　自死した子どもの後を追う人もいました。ある人は離婚して、母子家庭でした。営業の仕事でものすごくがんばって、家も建てたという人です。一人息子だった子どもさんもすごく明るかったらしいんですが、思春期に学校へ行けない時期があって、それでも自衛隊に入ったり就職したりして。最終的に27歳で自死されました。そのおかあさんは「わかちあいの会」に３、４回参加してくれました。亡くなる５カ月ぐらい前に「うちに来ない？」と誘われて自宅を訪ねたんです。自分で編集したという子どもさんのビデオを大きいスクリーンで見せてくれました。すごく明るく元気でやさしそうな息子さんのようでした。

　会のメンバーの何人かは面識があったので、自死された時はショックでした。お葬式に出たい、無理だったらせめてお参りしたいと先方にお伝えしましたが、「お断りします」というメールがきたきりで、あとのことはわかりません。このことをきっかけに具合が悪くなった方もいます。

　うつ病になる人も多いです。あるおかあさんは、娘さんを自死で亡くして１年になりますが、娘さんが買ってくれたバッグをずっと抱えてお風呂にも入っていません。入れないんだそうです。

　自死遺族がその後どうなっているか、誰も調査していません。プライバシーの問題もありますし、遺族同士の出会いも少なくて、自分の気持ちを言える場もありません。ましてどれぐらいの遺族が後追いしたりう

つになってしまったり、どれほどしんどい思いをしているかというのはまったくわかりません。

遺族の側も一歩踏み出して語ろう

　私たちのような会の集まりにきたら、一人で抱えているよりは早く元気になれるのかもしれません。「身近なところでは話せない、ここではしゃべれるのがうれしい」と言われます。初めて参加された方はみなさん緊張して固まっておられますが、帰る時には表情も和み、なかには「笑ってしまったわ。いいのかしら」と亡き人に申し訳なくて、笑うことも自分に禁じてしまいます。でも自分は話したいのに、夫から「家の恥をよそでしゃべるな」と言われたという人もいます。ほかのきょうだいの結婚にさしさわると考えて、言わない人も多いです。

　いろいろ言う人も悪気があるわけじゃないんです。なぐさめたい、何か言ってあげたいと思うけど、重いことだからどう声をかけていいのかわからないんだと思います。実際、同じ言葉でも、自死遺族に言われるのと、そうじゃない人に言われるのとでは感じ方が違います。

　「ふきのとうの会」に来られるのは圧倒的に女性が多いです。男性は自分の感情を出すのが苦手ですね。一方で再婚される方もいます。同じように落ち込んでも、男性はまた次の人生を見つけやすいのかもしれません。でも母親はずっと引きずります。「自分のせいだ」と。

　私もずっと自責の念を持ち続けていますが、一方で「ずっと後ろめたい思いをしながら生きていかなあかんの？」「そんなのはいやだ。私は悪いことなんてしていない」とも思います。子どもに対しては悪かったと思うけど、世間に対しては思わない。自分が悪いとは思ってないです。そんなふうに思うのは子どもに対して失礼と思います。けれども、なかなかそうも思えなくて、自分を責めつづけます。

　私自身は遺族の側も変わってほしいと思います。偏見や同情の目で見られるかもと思っていても、一歩出てみたら案外そうじゃないかもしれ

ないし、自死のことも遺族の思いも言わないとわからないんです。「こんなに苦しむんだよ」ともっと話していかないと、いつまでたっても偏見が消えないと思うんです。

　自死は単純な話ではありません。原因や因果関係や動機なんてわからない。わからないから、会社や学校や……社会全体が責任をとりたくないから、本人や親のせいにしたいのではないでしょうか。精神障害者の作業所で働いていることもあって、体が丈夫な人もいれば弱い人がいるように、心も強い人と弱い人がいます。同じ出来事でも乗り越えられる人とできない人もいる。それは体と同じようにもって生まれたものだから、本人の責任ではありません。でも、「弱い」「努力が足りない」と責めるのが日本の社会です。「それは違うよ」と思います。自死は特別な死ではありません。誰でも何かふとしたことで心を病んだり、自死へと追いつめられることもあります。そのようなことも発信していけたらと考えています。

　(本稿は、ライターの社納葉子さんによる竹井京子さんの取材原稿に、ご本人が加筆修正したものです)

LGBT問題の
いま

セクシュアルマイノリティの人権
「ありのままのわたしを生きる」ために

土肥いつき セクシュアルマイノリティ教職員ネットワーク

セクシュアリティとは

　「性」という言葉には、一般的には「生殖」というイメージがつきまとっているのではないでしょうか。しかし、例えば、私たちが人生や生活を語る時、「女性／男性」というキーワードを抜きに語ることはできません。このように、「性」を「生」と一体となったものとしてとらえていこうという考え方を「セクシュアリティ」といいます。そして、私たちは誰もがセクシュアリティの「当事者」なのです。

　とはいえ、しょせん世の中には「女性」と「男性」の2種類しかなくて、「男と女の間には深くて暗い河がある」。つまり、同じ人間だけど、なかなかわかりあえない存在だと、世間では思っているのじゃないでしょうか。しかし現在では、性に関する研究をしている人たちは「性というのは、単純に男・女のふたつにわかれるんじゃなくて、いくつかの要素にわけて考える必要があるんだよ」と言っています。

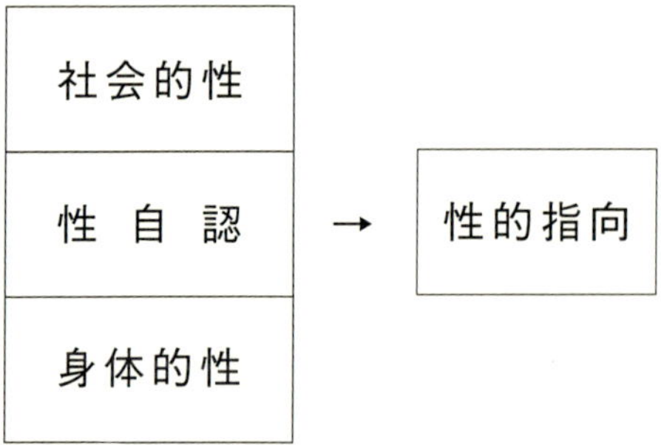

　人間の性の要素をいくつでとらえるかということについてはいろいろな考え方があるのですが、私は4つの要素で考えています（図1）。

図1　セクシュアリティの多重構造

社会的性	
性自認	→ 性的指向
身体的性	

　まず、①「身体の性」（sex＝セックス）、すなわち身体がどのような性別であるのかです。従来は、身体が女だった

ら女、男だったら男といわれていたのですが、最近ではそれとは別に②「性自認」(gender identity＝ジェンダーアイデンティティ) というのがあるといわれています。性自認とは、自分自身の性別をどのように認識しているのかということです。この性自認は、身体の性別とは別の要素となります。

そして③「社会的性」(gender role＝ジェンダーロール) です。ジェンダーロールといいますと、男女共同参画とかフェミニズムというイメージがあると思いますが、私はもう少し広くゆるく考えます。私たちは日常、生活をしているときに自分自身の性別情報を発信しながら生きていると考えるのです。性別情報の発信とは、例えば服装や、しぐさ、髪型。他にもいっぱいありますね。そういう性別情報は、時代によっても違いますし、社会によっても違います。

そしてもうひとつが、④「性的指向」(sexual orientation＝セクシュアルオリエンテーション) です。要は好きになる相手の性別がどのようなものかということです。これもまた、他の3つとは別個にあると考えられています。

そうしますと、いろんなパターンがありますね。それぞれの要素が単純に「女性／男性」と考えても、全部で2^4＝16通りになります。さらに、好きになる対象の性別も単純に「女／男」とはいえず、「身体・心・社会」を持っています。そうすると、全部で2^6＝64通りということになります(図2)。実はそれぐらい「性」というのは多様なのだということです。

みなさんも、一度ご自分のセクシュアリティがどうであるか、考えてみてはいかがでしょうか？

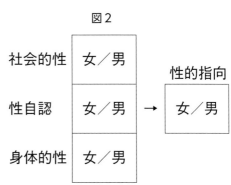

図2

ほんとは長い長い自己紹介

　では、今から私のセクシュアリティを紹介したいと思います。しかし、それはそう簡単に語れるものではありません。まずは、私の生い立ちを紹介することにします。

小学校の頃の私

　私は1960年代に京都市内で生まれました。まだまだ近所には田んぼや小川があって、そこでよく遊んでいました。小学校時代をひと言でいうと、ごく普通の目立たない生徒でした。成績は真ん中、仲よし友だちは2～3人。先生からほめられもしませんけども、怒られもしません。でも、非常に平和な、いい小学校時代でした。

　ところが、小学校の低学年か中学年ぐらいの時に、自分の中に秘密があることに気づきました。ひとつは、女の人の服を着たいという気持ちです。ところが、うちは家族構成が悪かった。父親と母親と私と弟の4人家族、姉がいればよかったのですけど、いなかった。家の中にある女性の服は母親のものだけです。小学生の私が母親の服を着たいかと言ったら、はっきり言って着たくない。かと言って親にスカートを買ってほしいとは言えない。どうするかというと、自分でつくるんです。バスタオルを腰に巻いたらスカートですから簡単でした。あのころ一世を風靡したのが、ルーマニアの体操選手でコマネチ。「白いレオタード、かわいいなあ、着たいなあ」と思うのですが、親に「買って」と言えない。これもつくるんです。そうやってつくったスカートやレオタードを自分の部屋で着ていました。

　他にもありました。女の人の体に興味があったんです。自分でもスケベだと思いました。でも、なぜ興味があったかというと、女の人の体のパーツを自分の体につけたい、簡単に言うとおっぱいがほしかったんですね。でも、これ、親に言えるかというと言えない。弟にも言えない。

友だちにも言えない。先生に言えるかというと論外ですよね。近所の人に言うてもしゃあないですよね。今も昔も子どもの世界って、親ときょうだいと友だちと先生と近所の人ぐらいです。この5者に言えないということは、世界の誰にも言えないということです。隠そうと思いました。

でも、隠すのは簡単でした。心の中に箱をひとつ準備して、例えばスカートをはきたいな、おっぱいほしいな、自分の気持ちをこの箱の中にポイポイポイと放り込みまして、パタンとフタをします。そうすると、ものすごく簡単に隠せるのです。「そんな隠しごとしてたらしんどかったんちゃうん」と思われるかもしれませんけども、これがあるのが私なんです。あるのがあたりまえなんです。あたりまえのことはしんどいとは認識しない。しんどいと認識しないことはしんどくないんです。しかも24時間365日、これがずっとあります。すると、あることに慣れます。慣れてしまうと、忘れる。忘れちゃうとごく普通の小学生でした。ただちょっと秘密がある。そんな感じで小学校時代を過ごしてました。

高校の頃の私

やがて中学校に入りますが、中学校時代を話すと長くなるのでパスして、高校時代のことを紹介します。

高校では合唱クラブに入りました。そのクラブにめっちゃかわいい子がいて、いっぺんに好きになりました。好きになるんですけど、やがて自分の中に別の気持ちがわきあがってくるのに気がつくのです。それは「ええなぁ。あんなふうになりたいなぁ」という気持ちでした。でも、すぐに「無理」ってわかります。だって、あの子は女の子で私は男の子。「なれるわけないやん」と思うわけです。そしたら、また別の感情がわいてきます。それは「それってずるい」という気持ちです。やがてその気持ちは、その子の存在に対する嫉妬心になるんです。じゃ、嫉妬心があるから嫌いになるかというと、そうはならない。やっぱり見たらドキドキするんです。すごく複雑な気持ちでした。

実は私、いまだに「人を好きになる」っていうことがわからないんで

す。その人みたいになりたいから好きになるのか、違うのか。なぜわからないかというと、友だちと話をしていないんです。まして高校時代のことです。「オレ、あの子、好きやねん」「あの子めっちゃ競争率高いで」「かまへんねん、片思いで。オレ言うたんやからお前言えや」「オレ、あんなんタイプと違うねん。あの子のほうがええわ」。こんな話、友だちとしますよね。その後に、「君もあの子みたいになりたいの？」と言えたらよかったのですが、なんかヤバそうな気がしました。そこで「あの子みたいになりたいの？」という言葉を、さっきの箱の中にポイと放り込んで、その手前で終わる。すると、会話は成立するのです。じゃあ高校時代はしんどかったか。こんな会話は年に一回あるかどうかですから、普段は忘れてるのです。ですから、しんどかったという思い出はないんです。逆に、本当に楽しい高校時代でした。そしてなにより、私がいま高校教員をしているのは、その時出会った先生のおかげなんです。

高校教員になって

　高校の教員になったのは1985年です。京都の高校は2000年ぐらいまでは、「地域の学校」でした。私の勤務校の校区には大きな部落があります。あるいは、在日韓国・朝鮮人の方々も地縁血縁はないものの、たくさん住んでおられます。ですから、担任をすると、部落や在日の子どもが必ずクラスの中にいました。

　そんな部落や在日の子の中には、さまざまな紆余曲折の末に、クラスの友だちに向かって「私は部落の人間やねん」「私の本当の名前は〇〇やねん」と語る子もいました。そういう子どもたち同士の出会い直しの場所に、リアルタイムでずっと一緒にいられる経験は、私にとっては楽しくて楽しくて、たまらないものでした。

　しかし、今まで何百人という在日の子、部落の子と出会ってきたけれど、ほとんどの子は自分の話をしません。ある在日の子に、私は3年間「自分の一番の友だちに自分の話、してみ。絶対その子は受け入れてくれるから」と言いました。でも「先生、やっぱり言えへんわ」と言いな

がらその子は卒業していきました。そんな子らが圧倒的多数です。私はそんな子らに、「そうやなあ、やっぱりしんどいもんな」とか、いろんな言葉かけをしてきました。でも、どんな言葉かけをしたか、実は覚えていないのです。覚えているのはまったく別の言葉です。それは「なんで言えへんねん」という言葉でした。これ、冷たい言葉ですよね。なぜ、こんな言葉が自分の奥底からわきあがってきたのか。それはきっと「心の中の箱」だったんだと思います。

　私、クラスの子らに「自分の話をしよう」と言う限りは、当然自分の話を洗いざらいします。それこそ、昨日のパートナーとのケンカの中身から家の中のビールの本数まで全部話します。自分では100％話をしているつもりでした。でも、ほんとうは100％じゃなくて、99.9％だったんですね。0.1％だけ話していないことがあったんです。でも、きっとそのせいだったんだと思います。きっと限界が来ていたんだと思います。

　その時に、私は一冊の本と出会うんですね。

自分のことに気がついて

　1997年のことです。10年間一緒に勤務していたある同僚が「ぼく、男性同性愛者なんだ」と打ちあけてくれました。すごくうれしかったです。「そんな大事なこと話してくれてありがとう」と握手をしながら、「ちょうど同性愛について勉強したかったんや。何か本はないか？」とたずねました。すると彼は、一冊の本を貸してくれました。今でこそ本屋にセクシュアリティについての本は並んでいますけど、97年当時はなかったのです。

　その本を、私は貪るように読みました。「同性愛ってこんなことやったんや」「部落の子や在日の子らと同じ冷たい風を、同性愛の子らもずっと感じながら生きてたのかもしれへんな」と思いながら読んでいたのです。ところが、あるページを開いた時に、そのページに目が釘づけになりました。そこに、ひとつの言葉が書いてあったのです。それは「トランスジェンダー」という言葉でした。

「トランス」とはある境界線を越える、「ジェンダー」は性別ですから、「性別を越境する」ということです。つまり、生まれ持った性別とは反対の性別で生きようとする、「そういう人たちをトランスジェンダーと言います」と書いてあったのです。それを読んだ瞬間、「これは自分のことだ」と直感しました。「自分はトランスジェンダーだったんだ」と。自分の中でバラバラだったパズルのピースがパチパチパチンとはまったような気がしたのです。それまで私は自分のことをずっと「変態」と思っていました。ちなみに、今は自分のことは（プライドを持って）「変態」と思っています。しかし、当時の私はそうは思えませんでした。すると、例えば部落や在日の子が自分のことを言えない時、「でも、部落や在日の問題は人権問題。たしかにしんどいかもしれない。でも、自分の話は変態の問題。人権問題でも何でもない。これは恥ずかしい話なんや。それに比べて、『なんで言えへんねん』」と思っていたのです。
　そんな私でしたが、「トランスジェンダー」という言葉に出会って、そこから少しずつ変わっていったのです。
　私はずっと「変態」という言葉で「心の中の箱」のフタに重石をしていました。ところが、たまに中からの圧力でこのフタが吹き飛ぶように開くのです。今でも覚えています。初めて開いたのは、テレビでカルーセル麻紀さんを見たときです。「性転換手術って受けられるんや、女になれるんや」と思いました。だけどモロッコみたいな遠い異国の地で手術を受けて、帰ってきた人はブラウン管の向こう側の人です。「小学生の自分にはなれるわけないわ」と閉めるのです。1980年代から90年代、ニューハーフブームの時代です。テレビをつけるときれいなお姉さんがずらっと並んでいる。それを見たら、「東京へ行ってニューハーフになりたい」と思うんです。でも、ニューハーフさんって、親もきょうだいも友だちも、自分の過去も捨ててなるんです。なれるわけないと思って、閉めるのです。
　フタが開くとしんどいんです。やがて、どういう時に開くのか、だんだんわかってくるんです。情報に触れると開く。情報に触れなかったら

開かないんです。私は知らず知らずのうちに自分から情報を遠ざけていました。そうするとフタは開かない。開かなかったらすごく平穏無事なんですね。ところが、全然情報が入ってきませんから、「こんな変態は世界でたったひとりだ」と思うのです。もちろん、カルーセルさんやニューハーフの人がいるのはわかっています。でも、みんな「あちらの世界」の人なんです。「こっちの世界には、こんな変態はひとりや」と思っているのです。そうすると、例えば部落の子とか在日の子が仲間と出会い直す姿を見ると、めっちゃ楽しいけど、めっちゃうらやましいんです。やっぱり限界が来ていたと思います。

トランスジェンダーという言葉が出会わせてくれたもの

そんな私でしたが、トランスジェンダーという言葉に出会った時に、とりあえず変態という重石を横において、トランスジェンダーという言葉でフタに重石をしたのです。そうするとこれは案外軽いんです。自分でプシュってガス抜きをしてコントロールしながらフタを開けると、「せやせや、昔レオタードつくったわ」とか、「おっぱいほしかったやん」とか、自分で封印し続けてきた自分自身の過去と出会い直した気がしました。トランスジェンダーという言葉は、私を私自身と出会わせてくれた言葉だと思いました。

トランスジェンダーという言葉は、私にもうひとつの出会いをくれました。それは、仲間でした。私はずっと世界でひとりだと思っていました。でもトランスジェンダーという言葉に出会った時、自分はひとりじゃないと思いました。言葉があるということは人がいるということです。その人は、すなわち「仲間」なんです。その時から仲間探しがはじまりました。1997年、時はインターネット時代の幕開けです。「女装」で検索をかけたら、いっぱい出てくるんですね。「お姉さんたち、どこにいたん！」と思いました。でも、インターネットじゃダメなんです。リアルの人と会いたいんです。そして、いろんなグループに行くなかで、玖伊屋というグループに出会い、そこで生まれて初めて「この人が仲間な

んだ」と思える人に出会えました。そして、その出会いをきっかけに、どんどん出会いを広げていきました。気がついたら私、今たぶん、日本全国に何百人という仲間がいます。実は、そのほとんどはトランスジェンダーではないんです。圧倒的多数は女性です。それもジェンダーで傷つき、でもジェンダーと闘う女性たちです。男性もいます。そんな女性たちと連帯し、あるいは部落問題・在日問題を闘う人たちです。そんな仲間たちに囲まれて、今私は幸せです。でも、トランスジェンダーという言葉に出会っていなかったら、その仲間たちと出会えてなかったのです。

　トランスジェンダーという言葉は、私を私自身と出会わせてくれ、仲間と出会わせてくれ、そしてもうひとつ出会わせてくれたのが知識なんです。

ここでちょっと基礎知識　セクシュアリティのバリエーションを知るため

　最初にお話しした、性を考えるとき4つの要素に分けられるというのも、その時習ったのですが、それだけじゃなくて、それぞれの要素にもバリエーションがあることも知りました。

「身体の性」におけるバリエーション

　もしかしたら、「え？　体が男/女じゃない人もいるの？」と思われるかもしれません。でも、考えてみたらわかると思うのです。例えば、私は腕とか、けっこうすべすべなんで女っぽいかなと思う。喉仏がとんがってて出ているのですけど、ここは男っぽいかなと思う。私自身の体のなかで女っぽい部分もあれば男っぽい部分もある。それは私だけではなくて、誰もが女っぽい部分と男っぽい部分をもっていて、そのバランスの上にあります。ということは、当然その延長線上に非典型的とされる身体があるのはあたりまえですよね。正確には「一般的に女性/男性とされる身体とは一部異なる発達を遂げた状態で生まれた人」となりま

す。そういう状態のことを私たちは「DSDs (Differences of Sex Development)」とか「性分化疾患」といっています。ちなみに、DSDsの人たちが後で述べる「心の性別」を「あいまい」と思っているかというと、これは違うということも知っておいていただきたいと思います。逆に「女性／男性の身体も多様なんだ」ということなんです。DSDsの人たちはだいたい2000人に1人、あるいは500人に1人という説もあります。

「身体の性別」と「性自認／社会の性別」の関係における バリエーション

次は、「身体の性別」と「性自認」「社会の性別」の関係です。もちろん、誰もが「性自認」や「社会の性別」には幅があると思うのですが、真ん中を越して大幅に食い違っている場合がトランスジェンダーです。

「身体の性」と「性自認」が違うのだから性同一性障害かと思われるかもしれませんが、「うーん」という感じなんです。では、性同一性障害とは何か。まずは人数です。2013年に日本精神神経学会が調査をおこない、全国で約17000人いると推定されるとしました。ちなみに、2007年には全国にだいたい7000人、2003年頃には3000人といわれていました。どんどん増えています。性同一性障害には感染性があるっていわれています。もちろん冗談ですが、感染源はわかっています。「3年B組金八先生」と「ラストフレンズ」です。というのも冗談です。実はこれ、ジェンダークリニックの受診者数なのです。2003年頃と2007年、そして現在では、受診できる病院の数が圧倒的に違います。ですから受診者数が増えている。単にそういうからくりです。「性同一性障害者の性別の取扱いの特例に関する法律」（2003年成立、2004年施行）という法律があります。この法律の適用を受けた人は6021人（2015年12月31日現在）です。あの法律ができたとき、「これで性同一性障害の人は救われた」って言われましたけど、実は約3分の1なんですね。

私は、ジェンダークリニックに通っていて、いちおう診断書も持って

います。ですから、17000人の中に入っているのですが、6021人の中には入れない。6021人の中に入るためには５つの要件をクリアしないと、申し立てをしても却下される。そのひとつに「現に婚姻をしていないこと」というのがあります。私は女性のパートナーと結婚しています。私が男性から女性に性別変更しますと、女性同士の結婚になります。現在日本の法律では同性婚を認めていない。だからだめなんです。つまり、その人が性別変更しても社会の枠組みそのものは変わらない、そういうような人は、「まあ病気やし、かわいそうやから、特別に変えましょう」という法律なのです。

　もちろん、私にはこの6021人の中に何人も友だちがいます。ある時「やっと性別変更しました。生まれて初めて何の躊躇（ちゅうちょ）もなく履歴書を出せました。やっと望みの仕事につけました」というメールがきました。すぐに「本当によかったね。特例法のおかげで、やっと自分の人生が歩めるんだね」って返事を書きました。心の底からそう思っています。一人ひとりの人生には本当に大きな意味をもっている法律だと思っています。でも、法律って線引きをするものなんです。つまり、17000人の中に内と外の壁をつくった。法律によって課題を解決するということが、はたしていいことか悪いことか。法律には光の面と影の面があります。その両方を見ないといけない。私はそう考えています。これが性同一性障害をめぐる話です。

　ではトランスジェンダーはといいますと、これは調査がされていないので、正確な数値ではありませんが、印象としては圧倒的に多い。2003年頃には性別に何らかのこだわりをもって生きている人は1000人に１人という人がいました。しかし現在は500人に１人、あるいは「弱い性別違和をもつ人は100人に１人くらいいるのでは」という人もいます。この人たちのこだわりはさまざまです。もちろん、みんながみんな「性同一性障害」という「病気」なわけではない。でも、「病気」ではない「トランスジェンダー」で生きるよりも、「病気」の「性同一性障害」のほうが生きやすい社会なんですね。なぜなら「病気」だったら、みんな「し

かたないよね」「かわいそうだよね」って認めてくれるからです。「病気」じゃなかったら「それはお前のわがままだ」でおしまいなんです。でも、病気のほうが生きやすい社会って、なんだか変だと思います。ほんとうは、さまざまなこだわりがあって、そのままで生きられるほうがずっといいと思うのです。これがトランスジェンダーをめぐる話です。

「性的指向」のバリエーション

　次に、好きになる対象の話です。これは、まず「性自認」をベースにします。自分のことを男と思っている人が女を好きになったり、あるいは自分のことを女だと思っている人が男を好きになる。この人たちを「異性愛者」（ヘテロセクシュアル）といいます。「それ、普通の人のことちゃうん？」。いや、これはひとつのパターン、ひとつのバリエーションなんです。それに対して、女性が女性を好き、レズビアンですね。男性が男性を好き、ゲイです。あるいは性別以外のことがキーになるバイセクシュアル、あるいは性的欲望を持たないAセクシュアルなど、人を好きになる／好きにならないにもいろんなパターンがあって、そしてこれらはすべてバリエーションなんです。どれかが正常でどれかが異常というわけじゃない。ただしアンバランスがあります。それは人数です。『世界がもし100人の村だったら』という本の中の3番目に出てきます。そこには「90人が異性愛者で10人が同性愛者です」とあります。少なく見積もっても5％です。40人のクラスであれば、2人〜4人、同性愛者の子どもがいるということになります。最近「クラスに3人」などと新聞報道などでいわれますが、そのほとんどは「性別違和のある子ども」ではなく同性愛者の子どもたちです。だから、私は授業しながら、いつも「ここにもいる」と思っています。そして、私はクラスの中にきっといるであろう、その同性を好きになる子どもたちに伝えたいと思っている言葉があります。それは、「ここにいてくれてありがとう」です。クラスの中に2人〜4人の人は、いてあたりまえの人なんです。その2人〜4人の同性を好きになる子どもがいるから、そのクラスはあたりまえの

空間になるのです。もしもその2人〜4人がいないとしたら、そのクラスは「いてあたりまえの子どもを排除して成り立ついびつな空間だ」ということなんです。だから、「あなたがいるおかげで、ここがあたりまえの空間になった」。だから「ありがとう」と思っているんです。5％〜10％の意味はそういうことなんです。でもなかなか出会えない。なぜか。それは、私の高校時代の話です。「誰が好きやねん」「オレ、あの子。オレ言うたんやから、お前も言えや」「オレ、女ちゃうねん。男がええねん」。こんな友だちと出会えていたら、きっと同性愛の子らといっぱい出会えていたんだろうなぁと思います。でも、言ってくれる人はいなかった。なぜか。それは、私が言わせていなかったんだと思います。これが5％〜10％という数字の持つ意味です。

ここで練習問題をひとつ

　先ほど、性同一性障害は17000人と述べました。日本の人口を1億2000万人とすると、だいたい1万人に1.4人です。この数字は、国際的にいわれている1万人に1人よりは多いものの、それほど大きな差はないと考えられます。しかし、トランスジェンダーの人数は、先ほど述べたように、どんどん増えています。これはいったいなぜなのか。
　例えば、こんな子どもがいたとします。「身体の性」は「女」。小さい時からスカートは大嫌いで木登り大好き。将来の夢はサッカー選手。「社会の性」は「男」。そして、好きな相手は「女」。問題は、この子の「性自認」はいったいなにかということです。実は、「性自認」というものは、考えれば考えるほどわからなくなるものです。「心が男」の「男」とは何か。「心が女」とはどういう気持ちなのか。でも、この子が自分のことを説明するためには、「性自認」を決めなければなりません。もしも「男」を選んだなら「トランス男性の異性愛者」です。もしも「女」を選んだら「ボーイッシュなレズビアン」です。では、確率的にはどちらが多いか。言うまでもなく圧倒的に後者の「ボーイッシュなレズビアン」です。

では、どちらが選択しやすいか。それは、圧倒的に少ない前者の「トランス男性の異性愛者」です。なぜなら、トランスジェンダーについては、文部科学省も「特別の配慮をせよ」という通知を出しているし、法律も整備されている。しかし、同性愛者についてはなにもない。最近、ようやく地方自治体レベルでは「同性パートナー制度」をつくるところが出てきました。しかし一方、同性愛者へのヘイトスピーチも各所にあります。そして、学校のカリキュラムも異性愛であることを前提につくられている。このような状態で、はたして「レズビアン」を選択できるでしょうか。

　その子どもがどちらの「性自認」を選択するか。それは本人が決めることです。しかし、そこに選びやすさがあってはいけない。私はそう思います。ですから、同性愛についての肯定的な情報が、学校の中にも社会の中にももっともっとあふれ、法的にも保障される状況でないといけないと思っています。

　2015年4月、文部科学省は「性同一性障害に係る児童生徒に対するきめ細かな対応の実施等について」という通知を全国の教育委員会などの関係機関に向けて出しました。その中で、診断のあるなしにかかわらず性同一性障害に係る児童生徒に対して「特別な配慮」を求めるとともに、教職員に対して性的マイノリティの子どもたちのよき理解者となり、悩みや不安を受けとめることの必要性を求めました。この通知は、性的マイノリティの子どもたちへの支援を教育上の課題として求める画期的なものです。

　しかしながら、私にはこの「特別な配慮」が引っかかるのです。なぜなら、「特別な配慮」とは、学校や社会の枠組みそのものを問わないものであると考えるからです。では、「特別な配慮」でなければなんでしょうか。それは、「障害者権利条約」の中で示された「合理的配慮」です。つまり、生まれた時の性別で生き、ひとりの異性を好きになる人向けにデザインされたこの社会のありようそのものが、そのような生き方をしない／できない人に困難を与えているということなのです。ですから、

そのような社会をデザインし直すことこそが大切なんです。「『特別な配慮』ではなく『合理的配慮』を」ということを、ここでは提起したいと思います。

おわりに

　では、なぜL／G／B／Tなどの多様な人が生まれてくるのか。その答えはハワイ大学のミルトン・ダイヤモンドという方がすでに言っておられます。とっても簡単で、とってもきれいな言葉なんです。ダイヤモンドさんはこう言います。「自然は多様性を好む」。つまり、多様なことこそが自然なのです。多様であることはあたりまえのことなんです。ところがこの言葉はさらにこう続きます。「しかし、社会はそれを嫌う」。

　多様性ということは、「普通の私たちがいて、いろんな多様性をもっている人たちがいる」ではない。ここにいる私たち一人ひとりが多様性というパレットの上に、「私ならではの場所を一人ひとりが持っている」ということだと思うのです。では「社会はそれを嫌う」というのはなにか。そんな多様な存在である私たちを、特定の特徴でもって線引きをし、分け隔てをし、そこに格差をつける。あるいは特定の特徴で排除する。その行き着く先が2016年7月にあった相模原における惨劇です。「自然は多様性を好む。しかし、社会はそれを嫌う」。私はそういうことだと思っています。

　さあ、いよいよ最後です。ここまで述べて、ようやく私のセクシュアリティに印をつけることができます。最初の図とは違い、女／男の間には線があります（図3）。

　まずは「身体の性」です。私は生まれた時の身体は男で

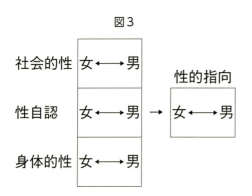

図3

すが、もとからちょっと女っぽい部分があるので、男からちょっと女寄り。ちなみに私は現在、女性ホルモンを投与しています。そのおかげで、もう少し身体が女性化したので、印ももう少し女寄りに移動させましょうか。

「性自認」。さっきも述べましたが、とても難しいです。10年間考えてきたけど、いまだにわかりません。いろいろな言葉を探してたのですけど、考えれば考えるほどよくわからなくなります。でも、とりあえずひとつだけわかるのは、「男ではない」ということです。男にカテゴライズされることに対しては「それは違う」と、これははっきりわかる。どちらかというと女にカテゴライズされるほうが楽なのです。でも、そういう言葉がないのですよ、非常に厄介なのです。

「社会の性別」。私はあんまりぴらぴらした服は好きじゃないんです。どちらかというと、スレンダーな服が好きなんです。でも、ぜったいにレディスしか着ません。ですから「ユニセックスちょい女寄り」くらいですかね。

好きになる相手。基本的に私は女性が好きなんですよ。ですから、いちおう私を女性とカテゴライズするならば、私は女性で女性が好きですから、女性同性愛者ですね。レズビアンなんです。実は、トランスジェンダーであることがわかったと同時に、「自分はレズビアンやったんや」とわかって、気持ちがすとんと落ちたんですよ。ですから、世界の中から男性がすべて消えてしまっても、私はまったく不自由しません。でも、友だちと「観賞用に2〜3人いてもいいか」みたいな話をすることもあります。まぁ、「男」のところに「点」を打つ感じでしょうか。

セクシュアリティって、こんな感じのものなんだと思います。

さあ、いよいよ最後です。私、自分の場所を考えるのに10年くらいかかりました。でも昨日この点だったと言って、今日同じ点か、それはわからないです。明日もわからないです。みなさんも、ゆっくりとご自分の身体を見つめ、心を見つめ、人生を見つめながら、自分の場所に印を打ってもらえたらうれしいなと思うのです。もしかしたら、線上には印

を打てないかもしれません
ね。あるいは、線がジャマで、
いっぱい文字を書きたくなる
かもしれない（図4）。それ
ってステキなことですよね。
何も考えなければ、「女／男」
しか書けない。自分の身体を
見つめ、自分の心を見つめ、
自分の人生を見つめたからこ

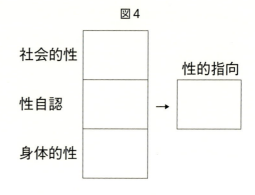

図4

そ、そこに文字が書ける。そして、そうやってつくったみなさんのセクシュアリティを、できれば誰かと見せあいっこしてもらえたらうれしいなと思うのです。もちろん見せなくちゃならないわけではありません。でも、見せあいっこしてもらえたらうれしいな。

　他人のセクシュアリティを勝手に盗み見して、そしてそれを誰かにばらすことを、私たちの世界では「アウティング」といいます。時として死につながる危険な行為です。でも「私のセクシュアリティな、こんなんやねん」「へえ、あんた、そんなんやってんや。私こんなんやで」。こんなふうに、新しい私と出会い、新しいあなたと出会い、そこから新しい関係をつくりだしていく、こういう営みのことを私たちは「カムアウト」と呼んでいます。そういうカムアウトができる社会というのが、私たちの友だち関係あるいは地域、職場、社会の中へ、少しずつ広がっていったら、それは、セクシュアルマイノリティあるいはLGBTといわれる人たちが生きやすいだけじゃなくて、誰もが生きやすい社会をつくっていく、そのひとつのきっかけになるんじゃないかなと考えています。

（本稿は、『部落解放・人権入門2013』（解放出版社、2013年1月）所収の同タイトルの原稿に、筆者が加筆修正したものです。なお、元原稿は「第43回部落解放・人権夏期講座」（2012年8月）における講演の要約です）

当事者は語る

同性愛者に対する差別について

南 和行 弁護士

同性愛者であることを公にしている弁護士として

　私は自分が同性愛者（ゲイ）であることを隠していない。ただ隠していないだけでなく、「私は同性愛者です」と人に話をし、あるいは本に書き積極的に公にしている。私は2011年に男性と結婚式を挙げたが、「夫」も弁護士だ。2013年には二人で大阪の南森町に「なんもり法律事務所」を立ち上げた。私たちの事務所のホームページには、私たちが結婚している夫夫であることが書いてあり、結婚式での二人の写真も掲載してある。そんなだから、私がいちいち「同性愛者です」と言わずとも、仕事で接する相手が私のことを同性愛者だとあらかじめ知っていることは多い。

裁判所のエレベーターホールで

　訟務検事という仕事がある。国を訴える裁判をしたとき、国は弁護士を雇うのではなく、公務員である検事に訴訟の手続をさせるのだが、それを訟務検事という。私は在留資格や入管法の行政訴訟も取り扱うが、被告の国として法廷にやってくるのは訟務検事だ。私が担当している退去強制令書発布の取り消しを求める行政訴訟の裁判期日、法廷を出たそばのエレベーターホールで、さっきまで法廷で私と相対していた女性の訟務検事が、一緒に来ていた事務方の職員に話している声が聞こえた。
　「ホームページを見たら、二人で"私らシアワセですぅ"みたいな写真を載せてはるんやんかぁ。やっぱり私としては、"どっちが男役？　女

南 和行さん

役?"とか思うわけやん」。そういう内容だった。笑いながら楽しそうに話していた。私がそばにいることにその訟務検事は気づいていなかった。私の名前は出ていなかったが、それが私のことだというのはわかった。訟務検事と一緒にいた事務方の職員が私を見とがめ、ギョッとしつつも困惑した顔をしていた。

訟務検事が言ったホームページの写真というのは、事務所のホームページに掲載してある私たちの結婚式の写真のことだろう。そして「どっちが男役？　女役？」というのは性生活における「役割」のことを話している雰囲気だった。

私はその訟務検事とこの裁判の法廷でしか会ったことがなく、知り合いという間柄ではない。なのになぜこの訟務検事は、裁判所のエレベーターホールで誰もが聞こえるように、親しい間柄にもない私のことを性生活まで言及し笑い飛ばしたのだろうか。

それは私が同性愛者だからだ。その訟務検事にとって同性愛者は性生活に結びつけて笑い飛ばしてもいい存在という認識なのだ。その訟務検事にとって私という存在は、仕事で相対している弁護士であるより先に、性生活のことをからかって笑い飛ばしてもいい同性愛者という存在なのだ。

そのとき「私のことですか？」と話しかけることが一瞬だけ頭をよぎった。しかし結局、何もできなかった。そのまま別の方向の廊下をサッと歩いて立ち去るしかできなかった。考えた末の「大人の対応」ではない。何が恥ずかしいのか自分でもわからなかったが、私の顔は紅潮していた。エレベーターホールに居合わせたすべての人から笑われているように錯覚した。私は逃げるようにその場を立ち去った。

自分自身に向けられる差別の実感

「これが差別なんだ」と、「私はまさに差別を受けていたのだ」と裁判所から事務所に帰る道すがら、ようやく理解できた。同性愛者であることが恥ずかしくないことは頭で理解している。だから私は同性愛者であることを隠さずに暮らしている。そして同性愛者の存在に気づかない人たちが「同性愛者は不幸な人たちだ」「同性愛者は何か問題がある人たちだ」という偏見を抱くのであれば、少しでもそれがなくなるようになればいいと思い、私は自分が同性愛者であることを積極的に公にしている。人前で話をして、本も書いている。

ところがどうだろう。私はホームページに掲載している自分たちの結婚式の写真を訟務検事にからかわれただけで、顔を紅潮させてその場から逃げ出してしまった。その場で訟務検事に「今、あなたが私の性生活をからかって笑い話をすることは差別ですよ」と言えなかった自分のことを情けなく思った。同性愛者であることを積極的に公にして生きる私の覚悟はその程度だったのだろうか。私には差別と向き合う信念はないのだろうか。

実はこれが初めてではなかった。人権をテーマにした市民講座で講師として、同性愛者として体験した家族との葛藤を話したときも来場者から、「あなたは親不孝を自慢げに話して親に申し訳ないと思わないのか！」と言われたり、「子孫を残さない同性愛であることの社会的責任を述べろ」と詰問されたりしたこともあった。憲法を守ろうという趣旨の学習会で講師をしたとき、「同性愛者なのですが」とポロッと話したら、学習会のあとで参加者から「アンタのような憲法違反の存在が憲法の話をするな」と問い詰められたこともあった。

それもこれも訟務検事の話と同じく私に向けられた差別だ。だけど私はその場で取っ組み合いのケンカどころか、膝を突き合わせた議論もすることができず、ただその場を取り繕うような対応しかできなかった。

その場では自分に向けられた言葉がズキンと胸に突き刺さり言葉が出なかった。あとになって言い返せなかったことを後悔する。私に言葉を向けてきた人からすれば、「同性愛者の弁護士をやっつけてやったぜ」ということになってしまう。
　訟務検事にエレベーターホールで笑い飛ばされた日、事務所に帰って夫に私は自分の情けなさを話した。夫は「目の前でそんなことをいきなり言われて立ちすくむのは当たり前だよ。落ち込むことはない」と言ってくれた。夫も悔しかったろう。次の裁判の日は夫が出頭したのだが、夫は法廷の外で訟務検事に「ホームページの写真を見てくださっているそうですね」と声をかけたそうだ。訟務検事は「え、ええっ」とバツの悪そうな顔をしていたとのことだ。
　差別というのは刃物と同じで、そのまま人を傷つける。差別に対する覚悟があるから傷つかないということはない。刃物だから傷は付く。そして傷は痛い。そして傷つくことがわかっているから、できるだけ傷つかないように生きていきたい。できることなら自分が同性愛者であることは言わずにいたい、そうなるのは当然だ。たしかに私が受けた差別体験は、私がわざわざ同性愛者であることを積極的に公にしているからこそ身に降りかかったことだ。

｜テレビのオネエタレントブームに

　私は同性愛者であることを積極的に公にしている。だから差別を実感する言動を直接向けられることもある。しかし特定の個人に向けられた言説ではなくとも、生活の中でふと触れる情報などから、自分が同性愛者であることが特に悪いことのように意識させられて心が傷つくことがある。人からどのように見られているのか不安に襲われることがある。それは社会にたちこめた差別ではないか。
　何気なくテレビをつけたとき人気のバラエティ番組が放送されている。オネエタレントと呼ばれる芸能人が出ている。世の中のことを面白

おかしく表現して楽しい内容だ。私も一緒に笑ってそれを見ている。

そんなところで司会者のお笑いタレントがオネエタレントに言う。「ほら、オマエらみたいに、オカマはやっぱりさぁ……」。するとオネエタレントが答える「そうよっ。私たちオネエは、半分はオンナの気持ちがわかるんだからぁん……」。あぁ、やっぱりそういうオチになった。

オネエタレントと呼ばれる芸能人は、テレビのバラエティ番組では欠かせない人気者だ。それぞれに個性があってユーモアもある。私も特に好きなオネエタレントがいて、その人の番組を録画して視聴することもある。でもオネエタレントについてのテレビ番組での過剰な演出、例えば「女性でも男性でもないオカシイ存在」と表現されることは見るたびに複雑な気持ちになる。

オネエタレントと呼ばれる芸能人の中には、産まれた時に割り当てられた性別は「男性」であるが、今は「女性」として社会生活を送っているトランスジェンダーの人もいる。いっぽうでオネエタレントの中には「男性」として社会生活を送り、恋愛や性の関心や方向が「男性」に向く私と同じ同性愛者の人もいる。テレビではトランスジェンダーか同性愛かはともかく、「オネエ」という言葉でもって「普通の男性ではない少しオカシイ男性」を表す。そしてオネエタレントは、髪型や服装や化粧そして言葉遣いについて過剰な演出がされる。

オネエタレントの演出だけではない。ネタ番組の漫才やコントの中でも「男の人が男の人に性的魅力を感じる」「男の人が男の人に恋心を打ち明ける」というシチュエーションが、手の甲を裏返してほっぺたにあてがい「そっち系か！」とツッコミを入れられたり、ネタのオチに使われたりすることも多い。

男性の同性愛者である私の存在はテレビでいう「オネエ」という言葉で表される存在なのだろうか。あるいは「そっち系」なんて言われてネタのオチにされたり、ツッコミを入れられたりする存在なのだろうか。私にとって同性愛者であることは、特別ではない自分自身の当たり前だ。しかし私以外の人たち、社会からすれば同性愛者である私は、過剰な演

出を期待されたり、からかわれてもいい存在なのだろうか。そういえば実際にバラエティ番組のテレビ制作会社から「そちらに同性愛者の弁護士さんがいると聞いたのですが」と電話がかかってきたことがあった。「え？　女装していないのですか？　オネエ言葉じゃないんですか？」「あぁ、じゃあいいです」となって電話は終わった。

　私が同性愛者であるというだけを捉えて、特別な期待やイメージを抱かれることは、私がどういう個人であるかが無視されるようなものである。この社会の中で私には「同性愛者という少し変わり者」としての居場所しかないのかなと、社会に混ざれない不安が浮かぶ。そして自分が同性愛者であることが、とても悪いことであるかのように感じられて傷つく。社会の中で差別される存在なのだとそういうときに思う。

　オネエタレントブームや、漫才やコントの「ホモネタ」は、テレビの中の限られた演出かもしれない。そこに差別を感じる私が過敏すぎるのだろうか。

公の場でされる「同性愛者は異常」という発言

　昨年（2015年）末、地方自治体の議員が「同性愛者は異常だ」という趣旨の発言を公式な会議やインターネット上でしたことがニュースになった。地方議会の議員だけでなく私と同じ大阪弁護士会所属の弁護士もツイッターで「同性愛者は異常だ」と発言した。「同性愛者は異常」という発言は「同性愛者を社会から排除しよう！」と呼びかけているのと同じだ。特に公職にある人の「同性愛者は異常だ」という発言は「同性愛者は生きづらさを甘んじて受け入れるべきである」「法律や予算での配慮は必要ない」「異常な同性愛者をそうでない者と対等に扱う必要はない」という、同性愛者を社会制度から排除することを肯定する趣旨となる。

　公職にある人の「同性愛者は異常」という発言のニュースを知って、インターネット上で飛び交うそれを肯定するたくさんの投稿を読んで、

「私はいつか本当に社会から排除されたり、迫害を受けたりするのではないか」と独りではとても抗えない恐怖と不安を感じた。

　これらの発言は同性愛者への直接的な加害にほかならない。同性愛者に対して「あなたたちは異常だから社会から排除されるのだ」と言いつのり、反論するしないではなく、まずは心を深くえぐって傷つける加害行為だ。

カミングアウトできない社会を下支えする差別

　訟務検事や市民講座の出席者が私に向けた発言、テレビのオネエタレントブーム、そして地方自治体議員などの「同性愛者は異常だ」という発言。私はこれをいずれも差別だと考える。しかしこれらはいずれも、同性愛者という属性だけに注目して人を笑いものにしたり否定したり、あるいは異常だと言ったりする内容だ。同性愛者であるというだけで恥ずかしい思いを受け、社会から排除される不安に陥れられる。なぜそんないやな気持ちを味わわなければならないのか。それは同性愛者である自分自身が悪いからなのか。同性愛者は「異常」な存在だから、いやな気持ちも甘受しなければならないのか。

　私のように同性愛者であることを積極的に公にしている人はごく少数だ。むしろ同性愛者であることを、ごくごく限られた人にしか言わず、いや限られた人にも言わず、自分自身の大切な秘密として隠している人のほうが圧倒的に多い。

　なぜ同性愛者であることを家族や身近な友人にすら言えないのだろうか。それは同性愛者だと知られることで傷つくからだ。同性愛者であることが知られれば、それだけで笑いものにされたり、人との関係で排除されたりする不安がある。家族から「異常だ」と強く否定されるかもしれない。

　同性愛者であることは、自分自身の根っこの部分であるけれど、だからといって同性愛者であることだけで自分自身のすべてが決まるわけで

はない。それを言葉にして伝えようと理解しようとしても、言葉が口から出るより先に、笑いものにされたり排除されたり否定されたりして、差別されて居場所がなくなってからだともうすべてが台なしだ。それならいやな思いをするよりも、自分のことは語らず明かさず生きていくほうがいい。

　私と夫の事務所には、同性愛者であることが家族に知られて交流を絶たれたという相談もあるし、同性愛者であることが職場や学校に知られて居場所がなくなり自殺してしまった方のご遺族からの相談もある。このような実情を目の当たりにすると、同性愛者に対する差別は私の思い込みではなく、現に社会に存在している問題だと実感する。

　葛藤を乗り越えて自分自身のことを告白することをカミングアウトという。同性愛者であることをカミングアウトする必要のない社会の到来は理想だ。同性愛者であることが何らの特別な意味を持たない社会は理想だ。

　しかし理想の社会への道は遠い。まず必要なのは安心してカミングアウトできる社会だ。同性愛者の存在が無視され、そして否定される社会では、自分のことを人に知ってもらいたいと思ってもカミングアウトなどとうていできない。自分が同性愛者であることを隠して生きる人が多数であるという現実は、多くの人が自分が社会から無視されたり否定されたりしている実情の裏返しともいえる。そしてその現実を下支えしているのは、社会で飛び交う同性愛者に対するさまざまな差別的言説と、それを容認する同性愛者でない人の差別意識ではないか。私は、まず差別がない社会が実現され、それによって安心してカミングアウトできる社会であらゆる人が暮らせることを強く思う。

外国人問題のいま

外国人差別の実態

文公輝　ムン・ゴンフィ／NPO法人多民族共生人権教育センター事務局次長

はじめに

　日本における外国人に対する差別問題の歴史的なルーツのなかで大きな位置を占めるのは、近代以降に日本が支配した植民地において行われた差別待遇、それと不可分に結びつき形成された蔑視、偏見、憎悪である。戦後、日本に在留を続けた旧植民地出身者のなかでも、ずば抜けて人口が多い朝鮮人に対して植民地期にとられた処遇が、現在の日本の外国人差別に多大な影響を与えているといってよい。

植民地期、朝鮮人の法的処遇と差別

　朝鮮が日本の植民地となったことであらたに「大日本帝国臣民」とされた朝鮮人は、「内地」の日本人とは異なる差別的待遇を受けた。日本人とは異なる「朝鮮戸籍」に登録され管理された。朝鮮戸籍から内地の戸籍への転籍は婚姻を除いては原則不可であった。国民登録制度においても、朝鮮人と日本人が法的に区別されていたのだ。そのもとで、朝鮮人は日本人と比較して差別的な処遇を受けることを強いられた。その一例が、「渡航証明書」（「旅行証明書」といわれた時期もあった）制度である。これは、「内地」に渡航することを希望する朝鮮人に対して、実質的なパスポートにあたる証明書を警察署が発行するものだった。治安状況や経済状況によって恣意的に発給される証明書であり、朝鮮人は自由な移動すら制限されていたのだ。

　朝鮮人の政治参加も極めて制限されていた。植民地朝鮮には帝国議会

の選挙区はおかれず、朝鮮人は自分たちの代表を国政に送り出すことができなかった。地方政治に関しては、1920年以降、徐々に地方自治制度が拡大していき、地方議会に相当する団体の選挙が行われるようになった。しかし「内地」では25年に男性普通選挙が行われていたにもかかわらず、朝鮮で選挙権・被選挙権が与えられたのは一定以上の税金を納めた男性に限られていた。日本による植民地支配体制によって利益を得る、ほんの一握りの層にしか参政権を与えなかったのだ。さらに、朝鮮におかれた各地方団体には「内地」の地方議会にはあった発案権は与えられていなかった。例外として、日本（内地）在住の朝鮮籍者には1925年実施の限定普通選挙から参政権が与えられていた。

　植民地朝鮮は、「内地」においてまがりなりにも存在した立憲主義や三権分立が存在しない状態で支配され、朝鮮人は法制度的にも不平等な差別待遇を受けていたのだ。それに加え、差別待遇を作り出した大元である植民地という政治的支配構造のなかで、日本人の朝鮮人に対する蔑視と偏見が強まっていった。さらには抗日義兵闘争や植民地独立運動を闘う朝鮮人に対して、「恩を仇で返す」といったような倒錯した憎悪・恐怖が生まれていった。それらが一気に爆発したのが、1923年の関東大震災時に発生した朝鮮人虐殺である。

　植民地期の「内地」では、日常的にも朝鮮人に対する差別的な侮辱、就職差別、入居差別などが蔓延する状況であった。戦時下において皇民化政策が強化され、国策としての差別解消が謳われる時期もあったが、所詮は戦争協力との引き替えに過ぎない人権擁護の声は敗戦によって霧消した。

占領期に固定化された外国人＝朝鮮人差別

　1946年12月に行われた衆議院議員選挙法改正では、植民地下の例外として存在していた在日朝鮮人の参政権が、彼／彼女らはいまだ日本国籍を有していたにもかかわらず、剥奪された。朝鮮人を排除して行われた

衆議院議員選挙で当選した議員からなる帝国議会が、日本国憲法を審議した。その過程で、当初連合国軍最高司令官司令部（GHQ）が示した草案にあった、基本的人権の享有主体を「すべて自然人は」とする条文が「すべて国民は」と書き換えられた。やはり草案に存在していた外国人の人権保障条項は削除された。重要原則の一つである基本的人権の尊重の対象から、意図的に外国人を排除して成立した日本国憲法は46年11月に公布され、47年5月3日より施行された。

　日本国憲法が施行される前日の47年5月2日、外国人登録令が昭和天皇最後の勅令として公布され、即日施行された。この勅令は文字どおり「外国人」を登録する法律であったにもかかわらず、付則に朝鮮人、台湾人を「外国人とみなす」とする規定を設けて、日本国籍者である朝鮮人、台湾人を登録対象とした。外国人登録令の対象となった「外国人」の9割以上は朝鮮人であり、外国人登録令は、実態としては「朝鮮人登録令」であった。GHQによる占領期の段階で、日本が国家主権を回復し、植民地に関する法的な処理がなされた後、日本に在留する「外国人」の9割以上が朝鮮人であることを見越したうえで、あからさまな差別・排外主義にもとづく憲法、法律が準備されていったのだ。

　そして1952年4月28日、「日本国との平和条約」（いわゆるサンフランシスコ講和条約）が発効し、日本は国家主権を回復した。同時に在日朝鮮人の日本国籍は一片の通達によって剥奪され、外国籍（朝鮮籍）を持つ者とされた。これ以降、日本で社会制度の根拠法にはことごとく国籍条項が設けられ、外国籍者（その大半が韓国・朝鮮籍者）を排除した。1958年の国民健康保険法、59年の国民年金法、71年の児童手当法などが代表例といえよう。これら社会制度から国籍条項が最終的に撤廃されるのは、1982年に国連難民条約が発効するまで待たなければならなかった。

　戦後、日本は基本的人権が尊重される民主的な社会として再建されたという建前とは裏腹に、理不尽かつ不公正な差別待遇が公然と、公的、法的に行われ続けてきたといってよい。当然のことながら、一般的な日本人の朝鮮人に対する意識は、戦前／植民地期のそれと大差ないままで

あった。

公的国籍差別

前述したような歴史的経緯から、日本では国籍の違いを理由とした法的、制度的な差別が行われている。このことは他の差別・人権問題と異を大きくするところである。公益財団法人自由人権協会（JCLU）は、2013年8月に「JCLU 公的な国籍差別の撤廃を求める意見書」（以下、「意見書」）を発表している。そこで取り上げられている外国人に対する公的差別は次のとおりである。

1　法令撤廃・見直しが必要な公的差別

「意見書」は撤廃見直しが必要な公的差別として、①行政手続法及び行政不服審査法における入管行政等の適用除外、②住民記録における外国人差別、③シベリア特措法の国籍条項、④大学の外国人教員の処遇における差別を指摘している。

①は、行政手続法3条1項10号において「外国人の出入国、難民の認定又は帰化に関する処分及び行政指導」が、行政不服審査法4条1項10号で「外国人の出入国又は帰化に関する処分」が適用除外となっていることである。②は2012年7月の外国人登録法廃止にともない、外国人にも住民基本台帳法が適用されることになったことに関わる事案である。住所変更届出義務違反があった場合、誰であっても住基法にもとづき「20万円以下の罰金」の対象となり、外国人も例外ではない。しかし外国人の場合、住基法にもとづく処罰に加えて出入国管理及び難民認定法にもとづいて「20万円以下の罰金」、さらには「在留資格取消し」もありうるという三重の刑罰の対象とされてしまうのである。③は、2010年6月制定の「戦後強制抑留者に係る問題に関する特別措置法」の国籍条項の撤廃と所要の経過措置を指摘している。④は1982年制定の「国立又は公立の大学における外国人教員の任用等に関する特別措置法」に、97年制

定の「大学の教員等の任期に関する法律」同様、任期を定めて教員を採用する場合には「当該任用される者の同意」を必要とする規定を加えるべきと指摘するものである。

2　法令上の根拠がない公的差別

次に「意見書」は法令上の明文の根拠なく区別するものとして、①国民年金法の「国籍条項」削除後も残る差別、②生活保護における外国人差別、③保障されない外国人の「教育を受ける権利」、以上３点を指摘している。①は1982年の国連難民条約批准にともなう国民年金法の国籍条項が撤廃された際、必要な経過措置がとられなかったため、老齢年金、障害年金が無年金の状態にあったり、支給額が低額な状態にある人びとに対する救済措置の必要性を指摘している。②は1954年の厚生省社会局長通知にもとづき、行政措置として外国人生活困窮者にも適用されている生活保護法が、法令上の国籍条項を根拠に外国人の不服申し立てを認めていないことを是正すべきであると指摘している。③は今もなお行政実務上「外国人は就学義務を負わない」とされ、外国人の日本学校への就学が「恩恵」として扱われている実態の是正を求めている。

3　公務就任権――国家公務員

「意見書」は最後に外国人の公務就任権を公的な国籍差別として挙げている。現在、1953年の内閣法制局第一部長回答によって示された「当然の法理」、すなわち「公権力の行使又は国家意思の参画に携わる公務員には、日本国籍を必要とする」という政府見解にもとづき、一定の公務員への外国人の任用が制約されている。しかし、これらの行政措置には法的根拠が示されていない場合が多い。各制約について法的根拠を問い、個別公務に対する制約の合理性を検討するべきであると求めている。

具体的には、撤廃、見直しが必要な公務就任に関する制約については、国家公務員関係では法令上の明文化された根拠なく行われている外国人への排除として、国家公務員一般職採用試験、民事・家事調停員、司法

委員、日本学術会議会員などを挙げている。

　人権擁護委員、民生委員及び児童委員については、国籍条項が法令上明文化されているものの、これらは「公権力公使」をともなう公務員には該当せず、過度な制約であるため改善することを求めている。

4　公務就任権——地方公務員

　次に地方公務員関係においても、法令上明文化されないまま「当然の法理」にもとづき消防吏員等の公務員への任用が制限され、国籍条項が撤廃された自治体においても行政職員、教育公務員ともに特定職種への就任、管理職への昇任が制限されていることについて、憲法14条1項の平等の原則保障、国籍を理由とした差別的取扱いを禁じ平等取扱の原則を示した労働基準法3条、地方公務員法58条3項への抵触を理由に根本的見直しを求めている。法令上明文で外国人を排除している教育委員会委員、都道府県公安委員会委員についても、各任務内容を鑑みて日本国籍者に限定する積極的理由はないとしている。

　以下は「意見書」では触れられていない情報であるが、2000年に在日本大韓民国民団が行った調査によると、全47都道府県のうち、職員採用の国籍条項を撤廃しているのはわずか9府県、1741ある市区町村のうち、市区町村職員の国籍条項を撤廃しているのは260に留まっている。すべての都道府県では約80％、市区町村では約85％の自治体において、いまだに外国籍であるという理由のみで、生まれ育った街の公務員採用試験の受験資格すら与えられていないのである。また、地方参政権も「当然」のごとく与えられていない。

　観光や商用を目的として短期滞在する外国人と、二世、三世、それ以降の世代にもなる、日本で生まれ育った外国籍住民を十把一絡げに扱い、住民として当然の権利を保障せず、国籍の違いのみを理由に、なんら合理的理由を示すことなく実質的な二級市民として公的に処遇し続けているのだ。このことが、「外国人に対する差別待遇は当然」「外国人には何をやってもかまわない」とする社会の蔑視と偏見を助長し、後述する私

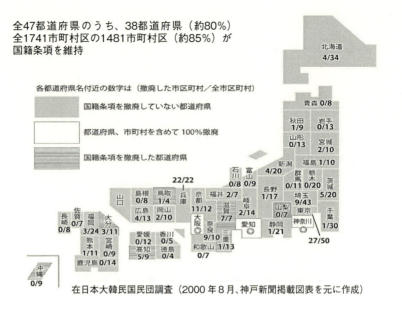

在日本大韓民国民団調査（2000年8月、神戸新聞掲載図表を元に作成）

人間の差別を下支えしているといえるだろう。

私人間の差別

1　入居差別

　外国人に対する入居差別は後を絶たない。外国人に対する入居差別について、ここ20年余りの間、複数の訴訟がおこされているが、提訴された事件はむしろ氷山の一角といえるだろう。入居差別を問う裁判で最も古いものは、1989年に大阪地裁に提訴された、在日韓国人二世による訴訟である。中学校への進学を控えた子どもの学習環境を整えるために希望した賃貸マンションへの入居を、不動産仲介業者との間で合意して内金まで支払ったにもかかわらず、家主から入居を拒否された。このことに対して、家主および不動産業者らによる差別的入居条件の作成および入居拒否が不法行為にあたるとして、損害賠償を求めたものだ。同時に、大阪府に対して宅地建物取引業法等にもとづく監督義務違反による損害

賠償を求めた。1993年、大阪地裁は家主に対して慰謝料20万円を含む26万円の損害賠償を支払うことを命じた。一方で不動産仲介業者、大阪府への請求は棄却された。原告、被告とも上告を行わなかったため、本判決は判例として確定した。

「外国籍OK」を謳う入居物件広告

　国籍を理由とした入居差別が明確に法違反であるとされたにもかかわらず、この後も2003年神戸地裁尼崎支部、2005年京都地裁、2005年大阪地裁で、在日韓国人が原告となり入居差別を不法行為として訴え、損害賠償を求める訴訟がおこされている。これらの裁判は、いずれも原告勝訴もしくは和解による解決金支払いという結果となっている。

　入居差別は在日コリアンだけの問題ではない。2001年、インド国籍をもつ人が住宅賃貸仲介会社に入居物件について電話で問い合わせたところ、「肌の色は何色」「普通の色であるか」などの侮辱的発言を受けた。被害者は精神的損害に対する慰謝料の請求を、さいたま地裁に提訴した。被告となったのは当該従業員および仲介会社、宅地建物取引業法にもとづき監督権限を有する埼玉県であった。県への請求は棄却されたが、会社および従業員に対して40万円の慰謝料を含む損害賠償50万円を支払うことを命じる判決が下された。

　さらに近年、多民族共生人権教育センター（以下、センター）は賃貸契約保障会社による入居差別事件を相次いで把握した。従来、賃貸住宅への入居契約にあたっての当事者は家主、不動産業者、借り主、管理会社であった。ところが近年、ここに賃貸契約保障会社なる企業が介在するようになり、今や不可欠の存在となっている。賃貸契約保障会社とは本

来、住宅への入居が困難な単身者、障害者、外国人、高齢者などに対して、対価を受け取ることで連帯保証人となり、入居を促進することを大義名分とした企業である。そのため、行政などと提携を行い、入居困難者支援を行っていることを宣伝に謳う企業も少なくない。この企業が、入居差別を繰り返しているのだ。

　センターに相談があった事例を紹介しよう。2013年6月中旬、大阪市内に民族名／本名で暮らす在日コリアン三世のAさんが、親元を離れてひとり暮らしをするための賃貸住宅物件を探し、大阪市都島区の不動産仲介業者を訪れた。同区内のワンルームマンションを紹介され入居の意向を固めたAさんは、不動産仲介業者より契約の一環として、家賃保証・賃貸保証サービスを提供する会社との「賃貸保証委託申込書」の記入を求められた。その申込書のなかに、緊急連絡先の記入欄があり「入居者以外のお身内の方で、かならずご記入をお願いいたします」との但し書きが添えられていた。そこでAさんは、母であり、やはり民族名／本名を使用するBさんの名前、続柄、携帯電話番号等を記入して提出した。ところが、その日のうちに保証サービス会社より「緊急連絡先を日本人に書き直すこと」「外登証の両面コピーを提出すること」との連絡が入った。Aさん、Bさんは差別であると抗議したが、従わなければ入居できないとの強硬な姿勢を前にして、まずは入居することを優先して、不本意ながらすべての指示に従った。そしてAさんの入居後、Bさんは賃貸契約保障会社に電話連絡を行い、今回の経緯を説明したうえで民族差別であると抗議、会社の責任者との話し合いを求めた。しかし、最初に電話対応した社員は、「緊急連絡先を日本人にしてもらうことは会社規定にもとづく行為。差別ではない。合理的な理由があるが、その理由は審査に関わることであり説明できない」との説明を繰り返した。その後、Bさんの粘り強い抗議に対して、上司にあたる人物2人が相次いで電話応対したが、同じ主張を繰り返すばかりだった。本件は、結果として入居を断っているものではないが、なんら合理的理由も示されないまま、入居のために民族名の母の名前を消して日本人の友人の名前に書き直さ

なければならなかったAさんの気持ちはいかばかりであっただろうか。また、センシティブな個人情報が多く記載されている外国人登録証明書のコピーの提出を求めた行為は、日本人以上に厳格な身分証明を求める不当なことだ。入居差別以外の何ものでもない。

　本事件に取り組むなかで、別の賃貸契約保障会社が、一般永住者の在留資格を持つ親が保証人となることを拒否して、日本人の保証人をつけるように要求していた事例も明らかになった。賃貸契約保障会社に対しては、国、地方自治体ともに規制法、監督官庁や部署が明確に定まっていない現状である。センターは本件を差別事象として大阪府・市に相談したが指導権限が明確でないことを理由に、行政は対応に苦慮している状況である。住居という、人間にとって最も基本的な権利が脅かされているにもかかわらず、行政が無策であることが許されるはずがない。一刻も早く、業界に対するルールを定めることが求められている。

2　入店・利用差別

　2014年3月に、某Jリーグチームのサポーターがスタジアムの観客席へ通じる通路に「JAPANESE ONLY」と書かれた横断幕を掲示し、その後当該サポーターに対して無期限の入場禁止措置がとられ、当該チームがJリーグより無観客試合を命じられた事件は記憶に新しいところだ。しかし、「JAPANESE ONLY」を掲げた飲食店、小売店等の店舗が国籍や人種の違いを理由に入店や利用を拒否する差別事件が相次いでいる。人種差別撤廃条約第1条が定義する人種差別そのものの行為が、法規制もなされないまま横行しているのだ。過去20年のあいだに訴訟となった事件だけでも以下のとおりである。これらはあくまで氷山の一角であり、訴訟とならず被害者が泣き寝入りした事件が日常的にどれほど多発しているのか、想像に難くないだろう。

　（1）浜松宝石店入店拒否事件（1999年提訴）は、日系ブラジル人の原告が浜松市内の宝石店に入店したところ、原告が外国人であることに気づいた店主が、両腕を広げて原告を追い出すような動作をし、「この店

は外国人立ち入り禁止だ」と告げた。さらに店内に掲示された「只今入場制限中　お客様が5人以上になりますと混雑しますので、その節はよろしくお願いします。尚外国人の入店は固くお断りします」と日本語で書かれた貼り紙を指さし、くわえて、やはり店内に掲示してあった、浜松中央警察署作成の「出店荒らしにご用心」と書かれたチラシを外して原告の顔前に突き出した。

　(2)　小樽入浴拒否事件（2002年提訴）は、ドイツ国籍、アメリカ国籍、日本国籍（元アメリカ国籍）をもつ原告らが、小樽市内の公衆浴場に入浴しようとしたところ、外国人であることを理由に入浴を拒否された。

　(3)　東京飲食店入店拒否事件（2004年提訴）では、2003年、中国出身で日本の大学に入学・卒業後日本国籍を取得した原告が、東京都内の飲食店に入店したところ、外国人ないし外国生まれであることを理由に入店を拒否された。

　(4)　大東眼鏡店入店拒否事件（2006年）では、2004年、アフリカ系アメリカ人の原告が視力検査と眼鏡の値段を尋ねようと大阪府大東市の眼鏡店の入り口に目を向けたところ、店主が店外に出てきて「出て行って。黒人きらい。ドア触らない。ショーウィンドウ触らない。邪魔。無理」などと怒鳴り、両手の甲で何度も払うような仕草を行った。

　これらの裁判はいずれも1審で原告側が勝訴し、被告らに損害賠償の支払いを命じる判決が下されている。なお、浜松宝石店入店拒否事件の判決は、当時日本が加入して間もなかった人種差別撤廃条約が、被告らの不法行為を解釈する基準となることを示した点で画期的なものであった。小樽入浴拒否事件の判決文では、被告らの行為が日本国憲法第14条違反であることが認定された。同条項が定める法の下の平等は「権利の性質上日本国民をその対象としていると解されるものを除き、わが国に在留する外国人に対しても等しく及ぶ」ものであり、被告らの行為が同条項に違反していると断じているのだ。さらに被告の行為が、国際人権規約B規約（自由権規約）第26条、ならびに人種差別撤廃条約第5条に

違反していることも認定した。

3　クレジットローン契約差別

　外国籍であることを理由に、信販会社からクレジット契約を拒否される事件は、古くから相次いでいたが、1970年代以降の民族差別撤廃運動の高揚とともに、それらの行為が糾弾の対象となることで露骨な差別的扱いは影を潜めてきた。しかし、近年においても外国籍者であることを理由に、日本人よりも厳格な本人確認書類の提出が求められるなどの差別待遇が続いている。

　センターが2013年に相談を受けた事例は、次のとおりである。同年5月、大阪市北区の大手小売店でショッピングローン（限度額300万円、24回、無利子、期間限定）の申し込みを、民族名の在日コリアン二世のCさんが行った。店舗従業員の勧めに応じてのことだった。その際、身分証明書として運転免許証を提示した。店舗従業員は、申込書類とともに運転免許証の情報を、ローン契約を委託している信販会社に照会した。すると信販会社から運転免許証ではなく外国人登録証明書のコピーを提出するように指示があった。店舗従業員はその旨をCさんに伝えたが、Cさんは運転免許証でこと足りるはずだと拒否した。2012年7月の外国人登録法廃止と同時に、Cさんを含む特別永住者は、外国人登録証明書・特別永住者証明書の常時携帯義務を免除されている。同ショッピングローンは、即日決済、即日商品持ち帰りを謳うものだったが、Cさんは結局その場では契約ができず、商品を購入できないまま帰宅することを余儀なくされた。その後、信販会社との話し合いを続けた結果、外国人との契約であっても外国人登録証明書、在留カード、特別永住者証明書の提示を必須としない旨が確認できた。ところで当該信販会社は、この事件の数年前にも同様の事件を起こしており、その時にも今後は契約時の外国人登録証明書のコピーの提出を求めないことを約束していた。問題を、単なる契約上の手続きミス程度の軽い認識で済ませていたことが、事件の再発を招いたと考えられる。合理的な理由がないままに、外国人に対

して日本国籍を持つ者より厳格な本人確認を求める行為が人権侵害であり、差別行為であるという認識を深めていっていただけるよう、話し合いを行った結果、問題について深く理解していただき、再発防止のための実効性の強い措置をとることを約束していただけた。

4　就職差別

　大阪府教育委員会が1995年度から98年度まで実施した「在日外国人生徒進路追跡調査」は、府立高等学校に在籍する外国籍生徒の在学中、ならびに卒業後の専修学校、短大、四年制大学等の進路を経た後の就職活動を対象として行った調査である。計5275人が対象となり、回答総数は2024人であった。回答した外国籍生徒のうち、97.7％が韓国・朝鮮籍だった。これによると、140人、9.8％の外国籍生徒が就職活動の過程で就職差別もしくは就職差別と思われる事象を体験している。具体的な事例を記入した項目には、「（面接で）履歴書に外国籍とあるのを見て、そのまま放っておかれた。説明しようとしたが、全く聞き入れてもらえず、『外国籍の人はダメです』の一言で帰された。くやしかった」「日本人に帰化するなら採用を考えるといわれたが国籍を変えてまで就職するつもりはなかったのでそのままの国籍で面接を受けたが不採用だった」「履歴書を提出して国籍がわかるとそのあとの案内が少ない」「お金を扱うのでちゃんとした家庭の方を求めていますと言われた」「採用されなかった会社の中で、韓国籍を書いた履歴書を見せると面接官の態度が変わった」「老人施設で戦争体験者も居るのでいざこざの元になると困るという理由で不採用」などの露骨な就職差別が数多く記入されており、問題の深刻さを改めて浮き彫りにしている。

　一方、2007年に雇用促進法が改正され、すべての事業主は外国人の雇い入れと離職の状況について最寄りのハローワークに届け出ることが義務づけられた。違反すると30万円以下の罰金が科せられる。この外国人就労届出制度は、法律上、中長期在留の外国人を対象とした制度であり、「特別永住者」の在留資格をもつ在日コリアンは対象ではない。しかし、

在日コリアンを雇い入れる事業所が、外国人登録証明書やパスポートの提出を求めたりする不適切な事例が後を絶たない。あるいは中長期在留者に対しても、提出された外登証や在留カード、パスポートのコピーを本来は必要ないにもかかわらず、取って保存・管理するという、過剰に個人情報を収集する不適切な事例も続出している。

　センターにも、本制度のもとで発生した就職差別事件の相談が寄せられた。2013年4月中旬、大阪市内に民族名で暮らす在日コリアン三世のDさんが、大阪市北区のレストランチェーン店のアルバイト募集に応募した。数日後、レストランの店長代理より採用決定の旨の電話連絡があったが、在留資格確認のための必要書類として外登証の両面、およびパスポートのコピーの提出を求められた。Dさんは、自分が特別永住者であり、そのような書類は不要ではないかと訴えたが、採用担当者の態度は変わらず、翌日になってDさんは各コピーを提出し、4月末より勤務を開始した。結果的に職を得ることができたものの、その過程において法的にも不要とされている不合理な身分証明を求められることは就職差別に他ならない。同時に、外国人就労届出制度を運用するうえで厚生労働省が定めている細則において、特別永住者があたかも全員通称名／日本名を使用しているかのような定義を行っていることが事業所に混乱を持ち込んでいることも否めない。センターでは2013年から厚生労働省と意見交換の場を持ち、事業所向けパンフレットの文言の改善などを実現してきた。しかし、名前をめぐる問題については現在も協議中である。

　また、中長期在留の外国籍者に対しても、法令上は国籍、在留資格を確認することが求められているに過ぎず、コピーを取って保管する必要性はどこにも示されていない。中長期在留者は、2015年7月で制度上は全員在留カードへの切り替えが終了したことになっている。しかし、それ以前に外登証やパスポート等のコピーを取って保存している場合、その行為は「出生地」「家族の氏名」といった、本来必要のない個人情報を企業が過剰に収集・保管していることに他ならない。日本国籍を持つ者に対しては個人情報保護の観点から絶対に行わない雑な扱いを、外国

人に対しては平然と行っているのだ。これはまさしく外国人差別以外の何ものでもない。

5　ヘイトスピーチ

　「在日特権を許さない市民の会」（在特会）をはじめとする、「行動する保守運動」を自称する団体等によるヘイトスピーチが深刻な社会問題となっている。センターが事務所をおく、大阪市生野区は日本最大の在日コリアン集住地域であり、2013年以来、大規模なヘイトスピーチデモ、街頭宣伝が繰り返されてきた。2013年2月24日には、「韓国国交断絶国民大行進・街宣」と称して100名を超える規模のデモ隊が生野区内を行進し、その後はJR鶴橋駅高架下での街頭宣伝を行った。そこで行われたヘイトスピーチは、「殺せ殺せ朝鮮人」「ゴキブリ朝鮮人を叩き出せ」「鶴橋大虐殺を実行しますよ」、韓国・朝鮮人に対する「チョンコ」「チョン」などの蔑称の連呼など、聞くに堪えないものだった。その後も、2013年3月31日には「神鷲皇國會Presents 特亜殲滅カーニバル in 大阪鶴橋」と称するデモと街頭宣伝が再度行われた。2014年4月19〜25日には、元在特会副会長KによるJR鶴橋駅高架下での街頭宣伝が予告された（結局中止）。しかし5月17、18、22日の3日間にわたってKほか数名による街宣が行われた。Kは7月、9月にも街宣やデモを予告しては中止することを繰り返した。10月には、人種差別扇動を歌詞とする楽曲を多く発表しているバンドが、鶴橋市場内を示威行進する様子をゲリラ撮影、その様子をミュージックビデオに使用して公開した。12月にはKほか数人が鶴橋市場商店街や周辺住宅地で、「防犯パトロール」無届けデモを行った。その際、「朝鮮人犯罪に気を付けましょう」という発言や、在日コリアンに対する蔑称である「チョンコ」を連呼する参加者が確認された。2015年5月にも、KはJR鶴橋駅高架下での街宣を行っている。執拗に繰り返される生野区でのヘイトスピーチに対して、その都度カウンターが呼びかけられ、現場での抗議が行われたが、被害を完全に食い止めることは到底できない。

センターでは、あいつぐ生野区内でのヘイトスピーチによる被害実態を明らかにするために2014年9月から15年1月にかけて生野区在住・在勤の在日コリアン100名を対象にアンケート調査を行った。「ヘイトスピーチのデモや街頭宣伝を見たり聞いたりしたことがありますか」（複数回答可）という質問の回答には、実に49％の在日コリアンがヘイトスピーチを直接見聞きしたという驚くべき結果が現れていた。

　次に、「その時どう思いましたか」という質問に対しては、ほぼすべての人が、ヘイトスピーチによって「怒り」「悲しみ」「恐怖」「軽蔑」「驚き」「絶望」などの否定的な感情を抱いたと回答している。

　さらに、この質問に関連した自由記入欄には予想を超えて多くの方に

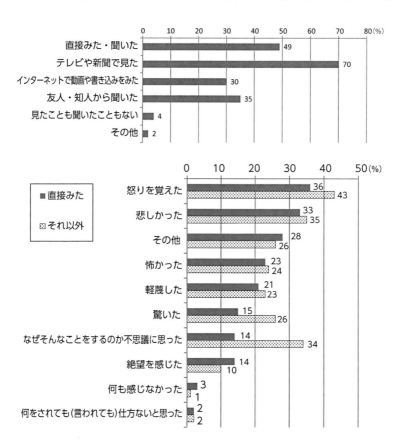

思いを綴っていただいた。その一部を紹介すると次のようなものである。

- 体がふるえて、長くその場には居られなかった。
- 自分の家に誰か来るのか心配になった。
- 自宅に居たら昼頃外から「チョーセン人出て行け」と聞こえた。あまりにも口汚いのでびっくりした。「アメリカや中国にいる日本人がこのように攻撃されたらどう思うだろうか！」という想像力がないのだろうか！と感じた。又これは今まで日本の社会や政治が温存してきた差別意識がインターネットで急拡散したことで表にでてきたものと感じた。
- 一番最初に感じたのは恐怖。怖かったし、とてもその場にいることが出来なかった。日本でこのまま住み続けることに恐怖を覚えた。
- 自分の心の中の大事に思っている部分を踏みにじられるような気分だった。ただひたすら悔しいと思った。
- 2013年2月、3月の鶴橋では呆然とした。住民が抗議の意志表示することすら許されなかった。いつでも逮捕するとばかりの威圧を感じて不気味だった。
- 鶴橋駅前でみました。当時息子は大阪朝鮮高校3年生、私と息子はその団体の中をくぐり抜けJR中央改札口へ向かいました。男の子なので制服はブレザーでしたが、これが女子の場合（チマ・チョゴリ）どうなっていたでしょうか？
- 本名で生きていく子供が心配です。
- 日常が壊されているという感覚を覚えて、恐ろしかった。
- 自分が在日であることをプロフィールに書いたことで全く知らない匿名の人からSNS上で「チョンを殺したい」「震災の被災地で鮮人が火事場泥棒しているとかいわれることが増えた。話して理解する気のある相手ではなく、困惑した。
- 公共の場でそれを見たり聞いたりしている日本の人達の多くにも根底には同じような考えを持っているのでは？と感じ、あらためて日本人

の排他的な空気感にがっかりしました。
- 在日の人権など日本人には興味がない。
- テレビや新聞では著名人が無知に基づいて差別的な発言を堂々としているのをよく見かけるようになった。その影響力を考えると袋叩きにされるような絶望感を覚えた。またツイッターなどの匿名メディアでは毎日毎日友人たちが、匿名の差別的な発言で粘着質に侮辱してくるアカウントに苦しめられている。それらを見ていても、自分はスパム報告（これも数が多すぎて手に負えないが）くらいしかできず、無力感でいっぱいになって自分のツイッターアカウントを消してしまった。
- 私は７歳の時に帰化した三世です。通名でなく本名を名乗り、在日コリアンとして生活をする人々は逃れられないのに自分は世間を欺き、まんまと逃げおおせ隠れている卑怯者なのだと苦しくなりました。自分は一部の良心的な日本人がするのと同じ様な「他者への同情」を彼等に向けるのか、ヘイトスピーチに感じた恐怖と痛みを被害者として表明してはならないのでは、と考えては「差別さえ無かったら」とこれまで一度も在りもしなかった世を想います。恐ろしさを振り切り私がヘイトへの対抗の意思表示として在日を名乗れば日本人の夫も標的になるかもしれません。実はほとんど縁を切ったとはいえ家族にもそれは及ぶかもしれませんし母方の親戚に至るような事があったら二重の苦痛を与える事になります。ヘイトスピーチは殺意や憎悪の恐ろしさの他に彼等の意図とは別の意味で私に自分を恥じさせ、孤独に追いやりました。
- 正視しておられず、悲しくて涙が出そうになるのと気分が悪くなった。見たその日の仕事からの帰りに電車の乗客たちでさえ恐ろしくなった。（この人たちの誰かがコリアンに対して在特会のような思いを持っていたら……。私がコリアンとわかったら……。とか考えてしまい）

　以上の自由記入欄の記述からは、ヘイトスピーチを見聞きすることによって気分が悪くなった、体がふるえたなど、身体的変調を訴える人も

少なくないことがわかる。ヘイトスピーチが単なる表現にとどまらず、物理的な暴力同様の被害を与えていることを裏付けている。また、ヘイトスピーチによる被害が、その場、その時に留まらず、PTSD（心的外傷後ストレス障害）のように、その後も継続していることもわかる。それまで安心・安全を感じていた日常が破壊され、元には戻らなくなってしまっているのだ。さらに結果から読み取れるのは、ヘイトスピーチが国や行政によって放置され、規制されることなく行われていることで、在日コリアンのなかで日本社会、日本人に対する信頼が揺らぎつつあるということだ。

　これら深刻かつ重大な被害が発生しているにもかかわらず、当センターをはじめいくつかの民間団体が被害実態調査を行ったのみで、国はおろか地方自治体による実態調査はまったく行われなかった。公的にはこれらの被害は「なかった」ことにされてしまってきたのだ。ヘイトスピーチに対して早急な対策を講じるためにも、国や地方自治体はヘイトスピーチをはじめとする人種差別による被害実態調査を一刻も早く行うべきである。ヘイトスピーチに対してなんら対策を行わず、被害実態を把握しようともしない国や自治体の姿勢が、ヘイトスピーチが社会的に容認されているという、誤ったメッセージとなり、差別扇動を後押ししてしまったといえよう。

　被害の側面からは、自分たちを非人間化し、誹謗中傷し、暴力と排斥を煽るヘイトスピーチデモや街頭宣伝を警察が許可し、行政がそのための施設利用を許可している。結果として、被害者である在日コリアンは、警察や行政がヘイトスピーチを容認し後援しているものと受けとめざるを得ない。一部の極端な人たちによる差別扇動ではなく、それを警察や行政が容認していることに、いっそうの恐怖や絶望を感じるのだ。アンケート調査には「ヘイトスピーチを常習的におこなう人物や団体が、警察や行政の許可を受けてデモ行進や街頭宣伝をおこない、公共施設での集会等をおこなっています。このことについて、どう思いますか。」という質問項目があるが、87％が「許可すべきでない」と応えている。「仕

方ない」が3％、無回答が7％であり、はっきりと「許可すべき」と回答したのは3％にすぎない。ヘイトスピーチを法律・条例によって禁止することを強く望む被害者感情があることは明らかである。

　2015年末から16年3月にかけて、法務省はようやくヘイトスピーチに関する発生状況や被害実態に関する聞き取り調査を行い、その結果を3月末に公表している。

6　ヘイトスピーチ解消法、対処条例の制定と今後の課題

　2016年1月、センターが事務局をつとめる市民団体などが強く求めてきた、「大阪市ヘイトスピーチへの対処に関する条例」（大阪市ヘイトスピーチ対処条例）が施行された。また6月には、「本法外出身者に対する不当な差別的言動の解消に向けた取組の推進に関する法律」（ヘイトスピーチ解消法）が施行された。

　それぞれに、内容についての不十分な点が指摘されているが、まずは国と自治体がヘイトスピーチを許さない、抑止するという立場を表明し、法律や条例を作ったことに大きな意義がある。理念法とはいえ、自治体や警察がヘイトスピーチを規制、抑止するための根拠法令として援用されるという実際的な効果もすでに生まれている。ヘイトスピーチ解消法成立直後、神奈川県川崎市の在日コリアン集住地域である桜本をターゲットに十数回にわたってヘイトデモを繰り返してきた団体に対して、川崎市がデモ行進前の集会開催目的での公園利用許可を取り消した。また神奈川地裁川崎支部は、桜本で在日コリアンが中心となって設立された社会福祉法人が訴えた、法人施設周辺でのデモや街宣を禁じる仮処分を下した。その理由として、ヘイトスピーチデモや街宣が法律にもとづく不法行為であることを理由の一つとしてあげている。この仮処分決定を受けて、ヘイトデモ主催者は、集合地点とコースを変えてデモ行進を再度申請した。警察はデモ行進の許可を取り消すことはなかったため、一時は失望が広がった。しかし、法律を根拠に現場での警察の警備方針はまったく異なるものに変化した。路上でヘイトスピーチに抗議し、シッ

トイン（路上に座り込んだり、寝転んだりすること）でデモ隊の出発を止めようとしたカウンターを、警察は従前のように排除しなかった。また、警察はプラカードや横断幕などに記された露骨なヘイトスピーチを指して「違法デモ」であるとして、主催者に中止を強く促した。結果的にヘイトデモは10メートルも進まないうちに中止された。

　これらのことは、少なくとも過去10年近くにわたって、大阪市生野区鶴橋、新宿区新大久保、川崎市桜本などの在日コリアンの集住地域を執拗にデモや街宣で襲撃してきた団体や個人に対して、行政は同様の目的のための公共施設（公園）利用を許可しない方針をとり得るという、あらたな可能性を示している。また警察がデモを事前規制して不許可とすることは難しいが、露骨なヘイトスピーチが行われた時点で中止を促し、カウンターを行う市民が協力することで、デモを中止させることができるという可能性を示した点でも大きな意味がある。

　一方で、在日コリアン集住地域以外の繁華街等、そしてインターネット空間で行われているヘイトスピーチ解消のための道筋は不透明で、今後の課題となってくるだろう。その点で、大阪市が制定したヘイトスピーチ対処条例は、行政がヘイトスピーチの拡散防止措置をとることを定めている。インターネット上のヘイトスピーチを削除するよう、サービス提供者に要請するなどの積極的な措置が期待されるところだ。さらに大阪市ヘイトスピーチ対処条例には、ヘイトスピーチに対する認識およびヘイトスピーチを行った個人や団体の名前を公表するという、一種の「制裁」が定められている。匿名性を盾にヘイトスピーチを繰り返す者に対する抑止効果が大いに期待できる。また実名を晒しながらヘイトスピーチを行う「確信犯」たちに対しては、公的に差別主義者であるとのレッテルを貼ることで、その社会的信用を一気に下げることができるだろう。ヘイトスピーチ解消法も活用しながら「不法行為」を行う人物、団体であるという「実績」を積み上げていくことで、施設利用、デモや街宣の許可などについて、異なる判断が生じる可能性もある。

　法律や条例という法的根拠を活用しながら、国、自治体、警察、市民

が総がかりで露骨な差別扇動主義者たちを包囲する。日本におけるヘイトスピーチとの闘いは、新たな段階に入った。

7　さいごに

　ヘイトスピーチは、あくまでも日本に存在する人種差別のひとつである。ヘイトスピーチは、人種差別構造のなかで効果を発揮して被害者を傷つけ、差別を扇動する。制定されたヘイトスピーチ解消法は当初、超党派の野党が提出した人種差別撤廃施策推進法案の審議からはじまり、与党側から提出された対案が実を結んだものだ。被害が拡大し、国際的な非難が強まるヘイトスピーチに対して、まずは法的な対応がとられたわけだが、人種差別全般を禁止し、解消するための法的対応の必要性が、そのことでなくなったわけではない。

　法務省は、2020年の東京オリンピック・パラリンピックの開催に向けて「ユニバーサル社会の実現に向けた『新たな人権擁護施策の推進』」事業を2016年度から5カ年計画で進めている。これはオリンピック・パラリンピックを契機に「人種、障害の有無など違いを理解し、自然に受入れ、互いに認め合う共生社会（ユニバーサル社会）の実現を目指し、人権状況の向上を図る」ことを目的としたものだ。

　特筆すべきなのは、最初の2016年度に「外国人の人権状況に関する調査」を外国籍住民を対象に行うことが明記されていることだ。これは日本初の人種差別全般に関わる公的な全国調査である。ヘイトスピーチに関する実態調査をうけて解消法が制定されたように、この実態調査が行われることで、「なかった」ことにされ続けてきた日本の人種差別が明らかにされ、それを解消するための立法がなされることを大いに期待したい。

当事者は語る

「日本で働く」ということ

Betty（仮名）　1990年生まれ。10歳の時に台湾から渡日。小学校は大阪中華学校に通い、日本語と中国語を学ぶ。中学校からは日本の学校に通う。大阪府在住

　外国人が日本で働くことについて、日本人は大変っていうことを知っているようで知らない。自分の母国を離れ、他国で働くことは誰にとってもどこか大変なことが起こります。例えば、言葉が分からなかったり、差別されることがあったりと人それぞれ感じる大変さがあります。そのなか、いくつか私が経験したことを紹介します。

高校生――アルバイトで受けた差別

　高校生だった時、某大手コンビニに面接が決まりました。後日、履歴書を持って面接しに行きましたら、担当者の方が名前を見るなり、私に「ごめんなさい、本社は外国人を雇っていません」って言い、面接もせずにそのまま帰されました。呆然として、後から気持ちがすごくイライラしました。この大手コンビニの他支店には、外国人が働いているところを何カ所も見てきました。なのに、そんなことを言われるとは思いもしなかったです。面接もせずにそのまま帰すのは、人の中身を見ず、ただ単に外国人を差別しているとしか思えませんでした。

　3年前、専門学校生の時に、尖閣諸島の問題によって、アルバイトを探すのも大変でした。やっと見つけたアルバイト先では、私がやっていないことを調べもせず、私がやったように決めつけ、あげ句に私にとっては脅迫とも思えるような言い方で「警察に通報するぞ！」と言われたことがありました。私はやっていないので、別に通報されても、困りもしないですけど、疑われながら働くことは、どうしても気分はよくなかったです。相談する人もいないうえに、疑われながら働くことに我慢ができず、結局辞めました。

職場で受けた理不尽な扱い

　卒業後、無事難なく就職が決まりました。しかし、ここも2カ月で辞めることになりました。
　私は調理師として、給食の会社に入りました。私を含め、同期の子は6人いました。栄養士は4人、調理師は私を含め2人。新人6人にそれぞれの担当教育者がついていっしょに働いて、仕事内容を学んでいくというシステムでした。同期の5人はそれぞれみんな1カ所で集中して学んでいるようで、なぜか私1人は同時に3カ所を回って仕事を覚えないといけない環境でした。同じ場所でとりあえず仕事を覚えたい気持ちがあっても、それはできなかったです。それを相談したくても、相談できるような人がいませんでした。仕事場が変われば、仕事内容も変わる。それを覚える時間が少ないうえに、調理師とは違う、栄養士の仕事をやらされました。もう1人の調理師は、ちゃんとした調理に関する仕事をしていたので、おかしいとしか思えないのです。約1カ月ぐらい経った時に、私が覚えが悪いという理由で、2カ所で仕事することが決まりました。ちょっと自分の中で消化できない気持ちもありましたが、もう少し我慢することを決め、頑張りました。
　しかし、ある先輩が中国人が嫌いという理由で、私が作業している時に、後ろからわざと押したり、ちょっとした間違いで蹴られたり、いろいろやなことをしてきました。教育係に相談しても、「あなたが間違ってるから、蹴られるんやろ！」って言われました。相談した意味がない感じでした。さらに上の人に相談したら、その場所で仕事するのを辞めさせてくれました。しかし、さらに家から遠い場所に配属されるようになって、それ以外の1カ所では、ずっと栄養士の仕事をしていました。私はもう我慢の限界でした。辞めると教育係に相談したら、「なんでそんなに我慢弱いわけ？　親はどんな教育してるの？」と言われました。親と関係ないのに、親が悪く言われてるようで、もう本当にいやでした。

日本で働く外国人の背景や思いを知ってほしい

　母も台湾人です。台湾で台湾人と結婚して兄と私を産んで、離婚しました。その後、日本人と結婚して渡日し、苦労して私たち兄妹を育ててくれました。母国を離れ日本まで連れて来ました。日本語もそんなに上手じゃないし、今の父と喧嘩もいっぱいしてきて、離婚しかねない時期もありましたが、我慢してる母を隣で見てきました。私は誰よりもつらいし、親にできるだけ迷惑はかけたくないと思っています。他人には分からないですけど、こんな親を知らない人につべこべ悪く言われるのが一番気分が悪くなります。絶対許したくなかったです！
　私が経験した仕事の中でこれらが一番許せなかったことです。
　私が一番嫌いなのは、「外国人差別」「人種差別」です。
　ここは日本です。日本人は時に外国人であることを理由に好き勝手に言っていますが、仕事している外国人は多少ながら我慢をしています。仕事の不満について言いたいけど、言えないこともあります。日本が私たちに不満を持つように、私たちもどこか日本に不満を持っています。もちろんどの国にもありますけど、会社は外国人を雇う際、もう少しその外国人のことを知ってほしいです。例えば、その人の母国の文化、習慣などを少しでもいいので、知ろうとする姿勢があれば、もっとよい仕事場を作れると思います。そして、何より相談できる相手や場所を作ってほしいです。私たちは日本に来て、勉強して、仕事して、日本の文化、習慣などをすべて分かっているわけではないです。
　月に一度匿名でアンケートを取ることなどして、私たちの思っていることを少しでも知ってほしいです。相談できる人に面談するとか、もうちょっと工夫をしていただけたら、日本で働く外国人も気持よく働き、会社によい利益をもたらすと思っています。

(本稿は、「第14回 2014多民族共生人権研究集会 報告資料」掲載の文章を本人の許可を得て転載したものです)

京都朝鮮学校襲撃事件
心に傷、差別の罪、その回復の歩み

朴貞任 パク・チョンイム／旧京都朝鮮第一初級学校オモニ会会長

　私は京都で生まれ育った在日三世です。事件当時、京都朝鮮第一初級学校オモニ（＝母親）会会長でした。私たちは学校を、私たちの学校＝ウリハッキョと呼びます。2002年の拉致問題以降、ウリハッキョをめぐる環境はとりわけ厳しくなりました。オモニ会は補助金の停止・減額、高校無償化除外などの是正と見直しを求める前面に立ち、子どもたちの学ぶ権利を求めて闘ってきました。

踏みにじられた日常

　2009年11月下旬、「在特会」（在日特権を許さない市民の会）と名乗る集団が第一初級学校に来るとネットを通じて予告がありました。そして12月4日、京都・滋賀の学生が交流会を行っている最中、「在特会」は拡声器で教職員や子どもたちにむけ、1時間もの間、聞くに堪えない暴言、罵声を浴びせに来たのです。学校が大変なことになっていると電話を受け、私はすぐに車に乗り込みました。学校の近くに来ると、拡声器を使った怒号のような声が聞こえてきました。怒りにハンドルを握る手が震え、胸苦しさで涙があふれてきました。知らせを聞いて集まった父兄や卒業生はみな呆然としていました。学校現場はとても混乱し、まさに緊急事態でした。

　事件以降、子どもたちの様子に不安がありました。あるオモニは子どもから「朝鮮人って悪い言葉なん？」と聞かれ愕然としたそうです。尖らせた鉛筆を「在特会と闘うため」に持ち続けていた男の子もいました。親たちは子どもに携帯GPSを持たせ、制服を隠すためにコートを着させ、「電車に乗る時は私語を慎みなさい」と注意しました。私も街で娘に「オ

ンマ」と呼ばれた時、思わず娘の口を覆いたくなるまでに追い詰められていました。オモニたちは連日、通学路に見守りに立ち、アボジたちや先生も休み時間に公園に繰り出す子どもたちの警備に立ちました。それは社会に対する信頼の崩壊でした。

繰り返された襲撃

　翌年1月14日の襲撃の時、私は必死に警察にデモをやめさせるように訴えましたが、勢いづいたデモ隊は解散せず、装甲車や機動隊も動く様子がありません。勝ち誇ったように、「朝鮮人は保健所で処分してもらいましょう」という声が聞こえ、ぞっとして全身の血が引いていくのを感じました。

　この頃からネットではおぞましい書き込みや脅迫まがいのコメントが飛び交い、事件の動画閲覧数は10万回を超えました。膨大な数の在特会への賞賛コメントは、何万人もの人々が背後にいることを想像させ、私たちは心身ともに極限状態でした。そして3月28日、三度目のデモが決行され、地域で大きな騒動となりました。朝鮮学校があるから、このような騒ぎになると思われてしまえば、私たちが築いてきた近隣地域との信頼関係が崩れてしまいます。「在特会」により私たちの恐れていたことが現実に起こってしまったのです。

　ウリハッキョは子どもたちのかけがえのない学び舎であり、何世代もの地域同朋が集う大切なコミュニティです。子どもたちはこの場で文化を受け継ぎ、自分の出自が朝鮮半島にあることを自然に大切に思い、自信を持ってこそ、日本の人と社会に対して対等な立場で、お互いを理解し尊重できるのです。ウリハッキョは在特会のいう反日教育の場であるはずなく、未来の日本と本国をつなぐ夢を生み出す場所です。子どもたちや在日コリアンが日本社会で暮らせるのは社会に対する信頼があるからです。「朝鮮人を殺せ」という言葉は、世の中にそのような言葉を発してよい、差別をしてもよいというメッセージになるのです。

法廷闘争

　2009年12月、私たちは「在特会」を刑事告訴しました。民事裁判では類をみない98名もの大弁護団で５年もの裁判を闘い抜きました。民族の尊厳を取り戻す闘いの真摯(しんし)な姿を記憶してほしい、全国のウリハッキョの未来のためにも歴史に恥じる選択をしてはいけないとの思いを支えに走ってきました。そして何よりも失った日常を回復したかったのです。

　2013年10月７日、京都地方裁判所は「在特会」らのヘイトスピーチは「人種差別撤廃条約」に反する深刻な人種差別行為であると断罪し、２審大阪高等裁判所も「在特会」側の控訴を棄却、1226万円の賠償を明示した京都地裁判決を維持しました。民族教育を行う「学校法人としての人格的価値を侵害され」「社会的環境も損なわれた」として、子どもたちの明るい未来を法的に保護する画期的な判決が下されたのです。そして先ほど、この判決を不服とした「在特会」の上告を最高裁は棄却しました。20回近い裁判傍聴に駆けつけ、「この地で子どもたちを立派なチョソンサラム（朝鮮人）に育てたい」と訴え続けてきたオモニたちの想いは、これまでかたくなに拒絶され続けた司法の場に届き、多くの日本の良心を動かしたのです。

広がりつつある連帯の絆

　裁判闘争を乗り越えられたのは、共に闘い抜いてくださった弁護団の方々、裁判を支える会の「こるむ」の方々、そして傍聴席を埋め尽くし、支援集会に駆けつけてくださった方々の支援のおかげです。日本社会に傷つけられた私たちですが、日本の方々に支えられ、痛みを伴う得難い経験を共に乗り越えたことで、かけがえのない絆を築けました。

　京都の朝鮮学校支援は今、多くの有志たちが民族的に多様な日本社会の実現に向けて楽しく新しい取り組みを展開しています。私はすべての

差別が許されない、差別に苦しむ人に手を差し出してくれる人がたくさんいる世の中になればと思います。無償化裁判、補助金裁判などまだまだ続きますが、闘い抜きたいと思います。

(本稿は、「世界人権宣言大阪連絡会議ニュース」№361（2015年2月10日発行）掲載の、世界人権宣言66周年記念集会（2014年12月10日）報告記録を本人の許可を得て転載したものです)

HIV問題のいま

HIV陽性者のいま

高久陽介　NPO法人日本HIV陽性者ネットワーク・ジャンププラス代表理事

エイズ差別はこうして生まれた

エイズの登場と過熱する報道

　1981年、アメリカのゲイ男性が、原因不明の免疫不全による日和見感染症（のちにAIDSと定義される症状）を発症した。1982年には、同じくアメリカで、血友病患者が相次いでAIDSを発症した。これにより「新たな血液由来の感染症ではないか」との予測が立てられ、1983年にはこうした症状の原因となるウイルスであるHIV（正確にはHIV-1と呼ばれるタイプのウイルス）がフランスで発見された。

　日本では、1980年代に多くのマスメディアによって「エイズ（AIDS）」がセンセーショナルに取り上げられていた。当時はまだ、ウイルスを抑制する治療法が発見されていなかったこともあり、AIDSを発症して痩せ細って死にゆく患者の姿は、多くの人々に「エイズ＝死の病」のイメージを植え付けた。

　また、アメリカのゲイ男性や麻薬常用者の間で特に感染が広がっている事実が報じられると、もともと根底にあったこれらの人々に対する嫌悪感と相まって、エイズに罹患した人々を感染源とみなす差別や排除の意識を、さらに刺激していった。もっとも、こうした意識を別の角度から見れば、「エイズはあくまでゲイ男性や麻薬常習者がかかる病気であって、自分たちは関係ないだろう」という、いわば"他人事"感覚とも裏表であったのかもしれない。

　しかし、1985年に日本で初めてのAIDS患者が認定されると、多くの人々にとって"他人事"だったエイズに対する意識は、徐々に変化してい

く。日本でもHIV検査が開始されるようになり、翌86年には、長野県松本市でフィリピン人女性のHIV陽性が判明した。この女性に売春の経歴があることが報道されると、外国人女性（とりわけ風俗に従事する外国人女性）に対する差別と排除が始まり、具体的に「商業施設で入店を拒否される」「医療機関の受診を拒否される」といった事例も起きるようになった。

そして1987年、神戸で日本人初の女性のHIV感染例が報告されると、いよいよ日本でも、エイズについての認識が「遠い海外で広がっている死の病」や「ゲイや麻薬常習者、血友病患者だけがかかる病」から「誰もが感染するかもしれない病」へと変化せざるを得なくなった。そうした恐怖によるパニックから、この神戸の日本人女性に関しては「売春をしていた」という誤った情報が報道されたり、死後に実名を報道されたりといった、はなはだしい人権侵害が起きた。マスメディアがニュースを求めて新たな感染者探しをするようになる一方で、「自分も感染しているのではないか」と不安になった多くの人々が相談や検査に殺到した。のちに「エイズ・パニック」と呼ばれる状況に、日本中が陥ったのである。

エイズ・パニックから学ぶべきこと

振り返ると、1980年代におけるエイズに関する多くの報道の問題点は、予防や医療といった健康課題、あるいは社会的受容といった人権としての文脈よりも、むしろ「HIV感染者をいかに早く見つけて、隔離ないし排除するか」といった風潮を助長してしまった点にあるといえるだろう。感染すればほぼ確実に死に至るという治療上の限界があったとはいえ、感染経路が限られるウイルスであることは当時もわかっていた。それにもかかわらず、ハンセン病問題などにも通底する「感染症＝社会的脅威＝排除」という差別・偏見の歴史を繰り返してしまった。

また、ここまでエイズ報道を過熱させてしまった背景には、単に感染症に対する脅威という以外にも、「セックス」「売買春」「同性愛」とい

った性の問題に対する世間一般の差別意識やタブー感が存在していたことも、指摘しておかなければならない。そういう意味では、これは報道する側だけの問題ではなく、報道を受け止める側もまたエイズ・パニックに加担してしまったのだということを、忘れてはいけない。

　いずれにしても、いまなお根強く残るHIV・AIDSに対する恐怖のイメージやHIV陽性者に対する差別意識の多くは、この時期に形成されたものである。新型インフルエンザやジカ熱など、新しい感染症が毎年のように登場しているが、そうした報道を私たち自身がまず冷静かつ慎重に受け止め、そして感染当事者の社会的排除につながらないように努めなければならない、と筆者は考える。

疾患としてのHIV・AIDS

HIVとAIDS（エイズ）の違い

　差別偏見の解消のために、HIV感染症に関する基本的な理解が必要である。まずは、本文で使用するHIV・AIDSに関する用語について簡単に触れておきたい[*1]。

HIV	・ヒト免疫不全ウイルス（Human Immunodeficiency Virus）の略称。 ・性行為による感染、母子感染、薬物使用時の注射針の使い回しによる感染、血液非加熱製剤による感染が主な感染経路である。日本では性行為による感染が大半を占めるが、性感染はコンドームの使用、感染者自身の抗HIV薬治療によって他者への感染を予防できる。また母子感染については母親の抗HIV薬治療によって、注射については針の交換によって、それぞれ感染を防ぐことが可能である。 ・チンパンジーに免疫不全を起こすウイルスがヒトへの感染性を獲得したものがHIVの起源とされている。

AIDS (エイズ)	・後天性免疫不全症候群（Acquired Immune Deficiency Syndrome）の略称。 ・HIV感染後、抗HIV薬による治療が施されない場合、おおむね1〜10年の潜伏期間を経て、サイトメガロウイルス感染症、非定型抗酸菌症、中枢神経系の悪性リンパ腫など、普通の免疫状態ではほとんど見られない日和見感染症や悪性腫瘍を発症する。これらの症状を「AIDS」と称する。
HIV陽性者	・HIV検査を受けて、自らのHIV感染を知った人（検査結果が陽性だった人）、または人々。
HIV感染者	・上記HIV陽性者のほか、HIVに感染しているがいまだ検査を受けておらず、感染の事実を知らない人、または人々を含む。

　本稿は"当事者"の立場からHIV・AIDSに関する問題、特にHIV陽性者に対する差別について記述する趣旨であることから、一般的な報道などでしばしば用いられる「HIV感染者」とは区別して「HIV陽性者」と記述することがある。その旨、あらかじめご了解いただきたい。

HIV感染とAIDS発症のしくみ

　HIVは、感染者の血液・精液・膣液に存在する。これら体液と粘膜の接触によってHIVに感染すると、感染者の血中にある免疫細胞に取りついて破壊しながら、自らのコピーを増殖させていく。これが繰り返され免疫力が低下していくと、HIV（ヒト免疫不全ウイルス）感染に起因して発症する日和見感染症や悪性腫瘍等、すなわち「エイズ」を引き起こす。また食欲低下、下痢、低栄養状態、衰弱などの症状もあらわれる（図1・2）。

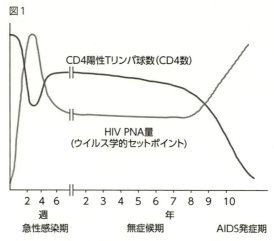

引用元：2016年3月「抗HIV治療ガイドライン」*2

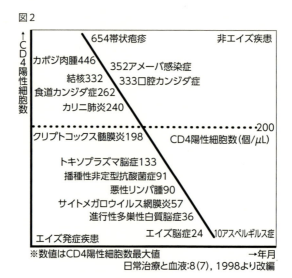

引用元：冊子「My Choice and My Life」

　HIVに感染してからAIDSを発症するまでの期間は、おおむね1〜10年である（個人差がある）。この期間は、基本的に症状があらわれない。感染初期には発熱などの症状が見られる場合もあるのだが、HIV・エイズが身近とはいえない日本では多くの人が「風邪かな？」などと誤認し

がちである。

このため、感染の有無を知るためには血液検査を受ける必要がある。感染リスクのある行為があってから1〜3カ月経過後（検査方法により異なる）に検査を受けることで、感染の有無を判定することができる。HIV検査は、全国の保健所や医療機関で受検可能である[*3]。

HIVの感染力はきわめて弱い

HIVは空気との接触や加熱に弱く、血液・精液・膣液と粘膜の濃密な接触によってのみ感染する。ウイルスとしては感染力がかなり弱い部類であり、日常生活をともに送るなかで他者に感染することはまずあり得ない。例えば、トイレや風呂を共用する、食事で同じ皿のものを食べる、握手やハグといった皮膚どうしの接触などでは感染しないし、ペットや蚊から感染することもない。

また、HIVと同じく血液・精液・膣液に存在するウイルスであるB型肝炎ウイルスと比べても、HIVの感染リスクはその50〜100分の1程度であるといわれている。

さらに最新の研究によれば、抗HIV薬の服薬によってHIVの血中量が一定以下になっている場合、性行為による他者への感染リスクでさえも、ほとんどなくなることも明らかになっている。

日本における感染動向

厚生労働省エイズ動向委員会の報告（図3）によれば、ここ10年は、毎年約1,500人が新たにHIV陽性と判明している。統計を取り始めた1985年以降を累計すると、現在、日本には約25,000人のHIV陽性者が暮らしていることになる（ただし、この統計には死亡者数が含まれていないため、正確な人数は定かではない）。

毎年の新規感染者報告の約7割は男性同性間での性的接触による感染であり、日本のHIV陽性者の大半がゲイ・バイセクシュアル男性であると考えられる。その要因や背景については後述する。

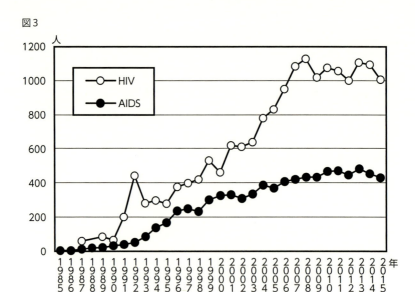

図3

引用元：平成27年エイズ発生動向年報*

　なお、HIVに感染しているがいまだ検査を受けていない潜在的な感染者は、この数倍存在するのではないか、との推計もある。

治療の現状

　1980年代から1990年代前半は、HIVに対する有効な治療法がなく「エイズ＝死の病」であったが、1996年にHAART療法（Highly Active Anti-Retroviral Therapy）と呼ばれるHIVの働きを抑制する薬による抗HIV療法（図4）が発明されて以降、現在までにHIV・エイズの治療は飛躍的な進歩を遂げている。

　HAART療法の登場時における治療法は、大量の錠剤を一日に何度も服用することを必要とし、かつ副作用も強いものであったが、現在では、一日に一回、一錠の服薬で済む抗HIV薬も処方されており、副作用もかつてに比べてかなり少なくなっている。多くのHIV陽性者は、少なくとも身体的健康という面では、非感染者と変わらない日常生活を送ることができる状態にあると考えて差し支えない。

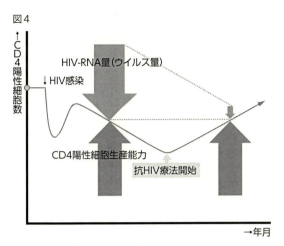

引用元：冊子「My Choice and My Life」[*5]

　しかし、このように治療が進歩した現在においても、HIV陽性者にとっては治療上の困難がないわけではない。それは薬の治療効果や飲みづらさ、副作用といった治療そのものの課題よりも、むしろ「いかに周囲にバレないように服薬するか」といった社会生活を送るうえでの課題である。

　図5は、HIV陽性者を対象に行ったアンケート（回答者1,095名、分析対象913名）において、「HIV陽性であることをこれまで伝えた相手」を尋ねたものである。HIV・エイズ特有の被差別不安ゆえに、自身がHIV陽性であることを同居する家族や職場の同僚などに伝えていないケースは多い。そのため、薬を隠れて飲んだり、薬を保管する場所に苦悩したり、違う病気の薬だと偽らなければならなかったり、といったさまざまな苦労をしながら生活している実情がある。

医療体制

　現在、日本では「エイズ治療拠点病院」（以下、拠点病院）が定められ、全国約400件の病院でHIV陽性者が治療を受けられることになっている[*7]。もっとも、HIV専門医の不足や制度上のさまざまな問題があり、実際に

図5

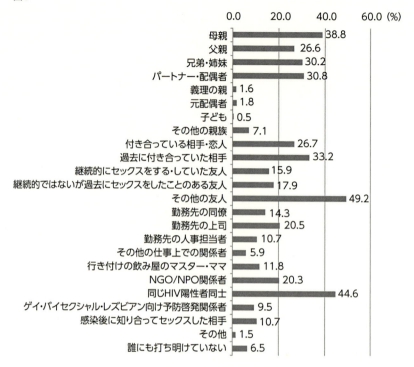

引用元：HIV Futures Japan プロジェクト「全国のHIV陽性者を対象とした『HIV陽性者のためのウェブ調査』調査結果サマリー（概要）WEB版」[*6]

HIV陽性者が受診して適切な治療を受けられる医療機関は、全体の約半分程度にとどまる。拠点病院以外では、都市部の数件のクリニックを除き、HIV診療は行われていない。

抗HIV薬の治療を受けるHIV陽性者は、身体障害者の認定を受けることができる。身体障害者手帳の交付を受けて自立支援医療制度を利用することが可能となり、医療費の自己負担額が1割となるほか、自己負担の上限が月額0円～2万円（前年の所得による）となる。

HIV陽性者に広がる深刻なメンタルヘルス悪化

いまHIV陽性者の多くは、メンタルヘルスに深刻な課題を抱えている

(図6)。ここまで治療が進歩した現在において、半数以上のHIV陽性者が不安障害やうつを患っている要因は、治療上の困難というよりも、むしろHIV・エイズに対する社会の無理解による差別・偏見、あるいは差別・偏見に対する不安や恐れから生じる自主規制、生きづらさがあると考えられる。実際に、HIV陽性であることを伝えたことによって、家族との関係が疎遠になったり、職場で不当な扱いを受けたりするケースはいまなお多いし、その裏返しとして、HIV陽性者自身もできるだけHIV陽性であることを他者に伝えないように、バレないように努力して生きている。その結果として、家族や友人、職場の同僚など周囲の人を頼りづらい、社会的な支援リソースを利用できないといった問題を抱えている。したがって、もちろんHIV陽性者のメンタルヘルスへのケア(精神科、心療内科との連携やカウンセラーの活用など)も必要であるが、それだけでは十分とはいえず、やはり日本の社会全般におけるHIV・エイズに対する理解の推進が必要なのである。しかし、行政が行うエイズ対策の多くは、コンドーム使用などHIV感染予防の呼びかけや、HIV検査の呼びかけといった社会防衛的な視点にもとづく公衆衛生の取り組みが多くを占

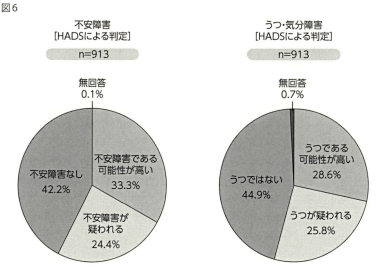

図6

引用元:HIV Futures Japan プロジェクト冊子「グラフで見る　Futures Japan 調査結果」[*6]

めているのが実情であり、HIV陽性者が受けている差別の問題など人権に関する取り組みはあまり行われていない。

性感染症としてのHIV

ゲイ男性らの間で集中的に流行

　日本におけるHIVの感染経路は、大半が性行為（セックス）による感染であり、そのうち約7割は男性同性間での感染である[*4]。

　広く日本人男性を対象に行った調査によれば、日本人男性の約3％がゲイ・バイセクシュアル男性であり、ゲイ・バイセクシュアル男性のうち約1％がHIV陽性と判明している、と推計されている[*8]。これは2009年時点の数値であるから、2016年の現在においては、少なくともゲイ・バイセクシュアル男性の50人に1人はHIV陽性であると推測される。さらに、この推測値には潜在的な感染者数（未検査のHIV感染者）は含まれていない。世界的に俯瞰して見た場合は、日本はHIVについては低流行国であるといわれているが、実際には「ゲイ・バイセクシュアル男性の間で集中的に流行している」と考えなければならない。

学校における性教育とエイズの取り扱い

　ゲイ・バイセクシュアル男性を対象に行った調査によれば、回答者のうち76.1％が、これまでの学校教育（授業など）において同性愛についての情報を「一切習っていない」と回答している[*9]。これを裏付けるように、教職員を対象に行ったアンケートによれば、回答者の77.5％が「LGBT」（レズビアン、ゲイ、バイセクシュアル、トランスジェンダーの総称）について、「授業に取り入れた経験があるか」との問いに「ない」と回答している（図7）。

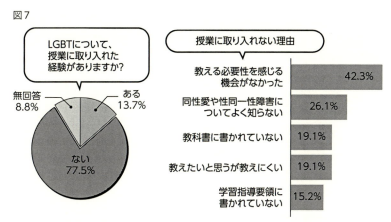

図7

引用元：平成24・25年度厚生労働科学研究費補助金　エイズ対策研究事業「感染予防対策の個別施策層を対象にしたインターネットによるモニタリング調査・認知行動理論による予防介入と多職種対人援助職による支援体制構築に関する研究」[*10]

　多くの教育の現場では、おそらくゲイ・バイセクシュアル男性を含むセクシュアルマイノリティの存在自体、いないかのように扱われていることは容易に想像できる。HIV・エイズを含む性感染症に関する教育は、必然的に男女間での性行為に限定したものとして子どもたちに教えられるのだろう。そして、HIV感染予防のために必要な教育を一切受けなかったゲイ・バイセクシュアル男性の子どもたちが、そのまま大人になり、他の男性と出会い性的な関係を持っているのが現状なのである。

なぜゲイ男性らの間で感染が広がるのか

　まず、男女間の性交渉においては「避妊」という動機が働くため、コンドームを使用しようという意識になりやすいが、男性同性間ではそのような動機は生じない。先述のとおり、特に若年層においては、「男性同性間の性行為にも性感染症のリスクがある」「特に男性同性間の性行為ではHIV感染のリスクが高い」といったことは学んでいないから、感染予防に有効なコンドームの使用にはなかなか至らないだろうと考えられる。実際に、ゲイ・バイセクシュアル男性を対象としたアンケート調査によれば、20代のコンドーム使用率は30代、40代と比べて低い[*11]。

また、男性同士での性行為では、しばしば肛門性交（アナルセックス）が行われる。肛門の内部は膣よりも傷つきやすい粘膜であるため、ペニスの出し入れや内部での射精によってHIVに感染してしまうリスクは高まる。このため、ゲイコミュニティ向けの予防啓発活動においても「コンドームを使おう」とのメッセージが継続的に発信されているが、ゲイ男性らの間でのコンドーム常用割合は依然として50％前後にとどまっており[*11]、この状況は10年近く変化が見られない。HIVに対するリアリティという意味では、日本社会一般よりもゲイコミュニティ内のほうがより身近に感じられているとは思うが、快楽と結びついて定着化してしまった性行動を啓発活動などの介入によって変化させることは容易ではない。

　さらに、多くのHIV陽性者を含むゲイ男性全般が置かれている社会的環境も考慮しなければならない。ゲイ・バイセクシュアル男性を対象としたアンケート調査によれば、多くの人が「結婚のプレッシャーを感じた経験がある」「男性とのセックスの後に罪悪感を覚えたことがある」「『ホモ・おかま・おとこおんな』といった性的指向に関する言葉の暴力を受けた経験がある」と回答しており[*12]、自らのセクシュアリティを肯定的に受け止めて生きていくことは難しい。実際、ゲイ男性らの中には「長生きしたくない」と思っていたり、自殺願望を抱いた経験があったりする人も少なくなく、「HIV・エイズに感染してもいいや」というような、自分を大切にできない心理状態で性行為に没頭してしまうケースもある（もっとも、現実には、エイズは簡単には死ねない病気であるが）。いまの日本では、同性どうしで結婚して家族を築くこともできず、また子どもを作る（養子を迎える）ことができるわけでもなく、同性愛者にとっては明るい未来を描きづらい。経済的には先進国でありながら、セクシュアルマイノリティの人権においては後進国だといえる。

　また、セクシュアリティによってイジメを受けていたり、家族にも先生にも友人にも相談できず自己否定の気持ちを抱えていたりする成育歴の影響として、自分と同じゲイ男性との人間関係において「愛されたい」

「断れない」といった心理状態になりやすいという側面もあるだろう。アンケート調査によれば、ゲイ・バイセクシュアル男性の約4割が「相手が生で（＝コンドームを使わない性行為の俗称）セックスすることを望んだら、コンドームをつけようと言いにくい」と感じているというデータもある[*11]。

感染抑止対策に求められる当事者参画

　現実的に考えて、セックスによるHIVの感染拡大を防ぐための方策は2つある。1つはコンドームの使用を普及すること、そしてもう1つは、感染者が自ら検査を受け、早期に治療を受けてもらうことでウイルス量を減らしていき、他者へのさらなる感染リスクを下げることである[*13]。このためには、HIV陽性者はもちろんのこと、HIV感染リスクが高いとされるゲイ・バイセクシュアル男性、薬物使用者、性産業従事者といった人々の、自発的かつ積極的な参加が必要不可欠である。

　しかし日本では、これらの人々に対する差別と偏見があり、あるいは法的な問題が障壁となって、社会的受容は十分とはいえない。そのことが、これらの可視化されにくく社会的立場も弱い人々への予防介入が進まない要因になっている。紙幅の関係で本稿では詳しく触れなかったが、ゲイ・バイセクシュアル男性を含むセクシュアルマイノリティ、薬物使用者、性産業従事者に対しても、社会の理解を促進することは重要である。

　近年では「LGBT」といった言葉も一般に認知されつつあり、一部の自治体では同性パートナーシップを認める制度もできつつあるが、その具体的な効果は極めて限定的である。こうした動きが決してブームに終わることなく、セクシュアルマイノリティに対する社会の理解そのものが進むことが重要である。特に思春期におけるセクシュアリティの悩みは孤独かつ切実なものであり、教育の場でセックスやセクシュアリティについて正面から取り扱われるようにならなければ、この先もHIVの感染拡大を止めることは難しいだろう。

差別の実態

就労における差別

　先述のとおり、HIVは日常生活を共に送るうえで感染することは、まずあり得ない。しかしながら、日本社会におけるこうした基本的な理解は十分とはいえず、例えば職場や就職活動の場では、HIV陽性者に対する差別事例が起きている現状がある。

> **就労・就学に関する差別事例**[*14]
> ・日和見感染が多数出たため、無期限出社停止処分を受けた。理由は「他人に感染させる」というものであり退社した。（女性／40代／契約社員）
> ・直接、人と接触しない部門に配属になった。（男性／40代／公務員）
> ・職場でHIVの話になると、皆「気持ち悪い」と口をそろえて言う。絶対に隠し続けなければならないと思った。（男性／40代／正社員）
> ・前勤務先の産業医より、人事部長と社長には陽性である旨を知ってもらう必要があると高圧的に伝えられた。（男性／40代／自営業）
> ・学生時代に退学を勧められた。医療系の専門学校だったため。（男性／30代／正社員）
> ・面接時など、ひどい企業は感染経路まで聞かれ不愉快だった。（男性／30代／自営業）
> ・障害者面談会でHIVと解った後、相手の態度が変わって話を聞いてくれなかった。（男性／40代／無職）

　こうした課題に対して、厚生労働省では平成7年2月20日付で「職場におけるエイズ問題に関するガイドラインについて」（基発第75号・職発第97号）を通達している。

> 2　職場におけるエイズ対策の基本的考え方
> （エイズ教育）
> （1）事業者は、職場において労働者に対しエイズ教育を行い、エイズに関する正しい知識を提供すること。

（2）事業者は、エイズ教育や相談等の企画、実施に当たって産業医に中心的役割を担わせること。
(HIV検査)
（3）職場におけるHIV感染の有無を調べる検査（以下「HIV検査」という。）は、労働衛生管理上の必要性に乏しく、また、エイズに対する理解が一般には未だ不十分である現状を踏まえると職場に不安を招くおそれのあることから、事業者は労働者に対してHIV検査を行わないこと。
（4）事業者は、労働者の採用選考を行うに当たって、HIV検査を行わないこと。
（5）労働者が事業場の病院や診療所で本人の意思に基づいてHIV検査を受ける場合には、検査実施者は秘密の保持を徹底するとともに、検査前及び結果通知の際に十分な説明及びカウンセリングを行うこと。
(HIV感染の有無に関する秘密の保持)
（6）事業者は、HIV感染の有無に関する労働者の健康情報については、その秘密の保持を徹底すること。
(雇用管理等)
（7）事業者は職場において、HIVに感染していても健康状態が良好である労働者については、その処遇において他の健康な労働者と同様に扱うこと。また、エイズを含むエイズ関連症候群に罹患している労働者についても、それ以外の病気を有する労働者の場合と同様に扱うこと。
（8）HIVに感染していることそれ自体によって、労働安全衛生法第68条の病者の就業禁止に該当することはないこと。
（9）HIVに感染していることそれ自体は解雇の理由とならないこと。
(不慮の出血事故等における感染の予防)
（10）事業者は、職場における労働者等の不慮の出血事故の際の労働者へのHIV感染の予防のため、労働者に対する応急手当の方法の教育、ゴム手袋の備付け等の必要な措置を講ずること。

　このガイドラインに照らせばHIV感染を理由とした解雇や出勤停止は不当な扱いということになるため、職場におけるHIV陽性者への差別に関して一定の抑止力になっていると思われる。しかし現実には、このような対応を受けたHIV陽性者は泣き寝入りをするか、理解のない他の同

僚や上司などへの対応に疲弊してしまい、自ら退職してしまうことがほとんどである。また近年では非正規雇用も多くなっているため、契約期間の終了とともに雇い止めとなってしまうリスクもあり得る。

実際、HIV陽性者を対象としたアンケートの結果によれば、HIV陽性者の多くは、勤務先の同僚や上司、人事担当者などに自らのHIV感染については伝えていない（図8）。

図8

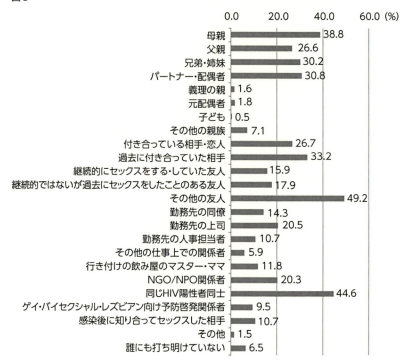

引用元：HIV Futures Japan プロジェクトWEBサイト[*6]

医療現場における差別

日本のHIV・エイズの治療水準は、世界的に見ても最も恵まれた状況にあるといえるが、HIV陽性者が安心して治療を受けられる医療機関は、あくまで一部の拠点病院に限られている[*15]。

HIV陽性者も非感染者と同様、いろいろな疾患にかかることがあるが、

拠点病院以外での受診はハードルが高い。HIV陽性者を対象に実施したアンケート調査によれば、回答者のうち約4分の1のHIV陽性者が、拠点病院以外の医療機関での受診に際して「診療を拒否された」「差別的な態度や言動を受けた」と回答している（図9）。また同アンケート結果からは、HIV・AIDSへの無理解への恐れから、HIV陽性者の間でも拠点病院以外での受診をしないようにしている、あるいは受診に際してHIV陽性であることを隠しているケースが多いこともわかっている。

図9

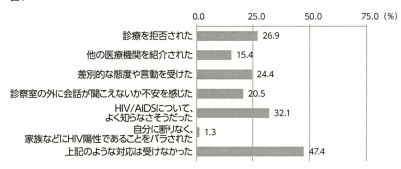

引用元：特定非営利活動法人日本HIV陽性者ネットワーク・ジャンププラス「HIV陽性者の医療に対するニーズ調査」[*16]

また、実際に以下のようにニュースになっている事例もある。

医療現場における差別事例1 [*17]

高知県内で暮らすエイズウイルス（HIV）陽性者が昨年、歯科診療所で受診した際に感染の事実を告げたところ、歯科医師からその後の診療を断られていたことが関係者への取材でわかった。

歯科で標準とされる感染症対策を行っていれば、一般診療所でも陽性者やエイズ患者を安全に治療できるが、医療側の知識不足や偏見などから断るケースが全国的に相次いでいる。

高知県内のエイズ治療の中核を担う高知大学医学部付属病院によると、県内での診療拒否は「把握している限り初めて」「あってはならないこと」とし、歯科医師らに対応を呼び掛けている。

HIV問題のいま 143

> **医療現場における差別事例2** [*18]
>
> 　エイズウイルス（HIV）感染検査をした福岡県内の大学病院が、無断で勤務先の総合病院に結果を伝えたために休職を迫られたとして、同県の20歳代看護師が両病院側を相手取り約1100万円の損害賠償を求める訴えを福岡地裁の支部に起こしていたことが13日、わかった。
>
> 　提訴は11日付。訴状によると、看護師は昨年8月、大学病院の検査で陽性反応が出たが、医師からは職務に影響はないと説明された。しかし、出勤後に上司から「患者に感染させるリスクがなくなるまで休職してください。90日以上休職すると退職扱いになるがやむを得ない」と告げられた。
>
> 　病院側に情報開示を求め、大学病院側から検査結果が伝達されていたことが判明したという。看護師は休職後、同11月末に退職した。（2012/1/14　日本経済新聞）
>
> 　（略）控訴審判決で、福岡高裁は29日、病院に約115万円の支払いを命じた一審の福岡地裁久留米支部判決を変更し、約61万円の支払いを命じた。
>
> 　判決理由で一志泰滋裁判長は「元看護師は勤務先病院が検査結果を職員間で共有することについて、事後承諾していた」として慰謝料を減額した。

　拠点病院以外の医療機関に対しては、理解を促すための取り組みや研究も行われている。いくつかの都道府県では「エイズ診療協力医療機関（歯科診療機関）」といった名称で、HIV陽性者を受け入れる医療機関を公開または紹介する制度が存在する。これらの制度にも、登録されている医療機関はいまだ少ない、HIV陽性者への周知が十分でなくあまり認知されていない、といった課題があるものの、HIV陽性者としては、こうした動きが今後さらに広がっていくことを期待したい。

> **HIV陽性者が受診可能な医療機関の紹介を行っている都道府県**
> ・群馬県エイズ診療協力病院

- 東京都エイズ診療協力病院
- 愛知県エイズ治療協力医療機関
- 広島県エイズ受療協力医療機関
- 島根県エイズ対策協力医療機関
- 長崎県エイズ治療協力病院

HIV陽性者が受診可能な歯科の紹介を行っている都道府県
- 北海道HIV協力歯科医療機関
- 東京都エイズ協力歯科診療所紹介事業
- 神奈川県HIV歯科診療紹介制度
- 大阪府HIV感染者等歯科診療連携体制

　HIV陽性者の受け入れを拒否する医療機関はいまなお多いが、その理由は以下のようなものに集約される。

① スタッフの一部が拒絶（辞められたら困る）
② 感染予防対策にコストをかけたくない
③ 風評被害が心配
④ 針刺し事故が心配

　先述のとおりHIV感染症は検査をしなければわからない病気であるから、医療に携わる以上は「どの患者も感染している可能性がある」という前提に立つべきである。こうした拒否的な態度をとる医療従事者には、この前提となるべき認識が欠如しているといわざるをえない。そのために、感染症の有無にかかわらずすべての患者に適用する標準的感染予防策＝スタンダードプリコーションが推奨されているのである（もっとも、スタンダードプリコーションは法的に必須ではなく努力義務とされてしまっている点に問題がある）。スタンダードプリコーションを遵守していれば、HIVだけでなく、より感染リスクが高く患者数も多い肝炎ウイルスなどからも医療従事者の身を守ることができる。
　ちなみに、HIV陽性者は自らのステータスを把握し治療も受けている

ため血中ウイルス量が極めて少ないが、もし患者が未検査のHIV感染者である場合は、当然治療も受けていないため血中ウイルス量もはるかに多く、したがって感染リスクはより高い。この点でもスタンダードプリコーションは重要である。また、医療行為における万が一の針刺し事故については、適切な対処をすれば感染を防ぐことができるため、医療従事者にも周知が必要である[*19]。

さらに風評被害の問題についていえば、実際にHIV陽性者が通院したことによって医療機関が風評被害を受けたという事例自体が、これまでに存在していない。患者のプライバシー保護という前提が遵守されていれば、いずれにしろ問題が生じ得ないのだから、当然といえば当然である。

最近の研究では、治療を受けているHIV陽性者の寿命は、非感染者とほぼ変わらないとの予測データもあり、今後、HIV陽性者の高齢化が進むことになる。したがって、近い将来には医療機関だけでなく介護福祉施設でも同様に、受け入れ拒否の問題が全国で起こることが懸念される。医療従事者、介護従事者に対する、より一層のHIV感染症理解のための取り組みが急務である。

おわりに

HIV陽性者としての筆者の素朴な願いは、HIV感染症が"特別な病気"でなくなることである。日頃の活動から得られる感覚としては、医療の分野では、特に若い医療従事者ほどHIV感染症を特別視せず一つの疾患として見られるようになっているようにも思う。しかし日本の社会全体で見ると、治療が進歩した現在においても、なお多くの人々がHIV・AIDS=「死」「恐怖」といったイメージを持つ人が多いことは、非常に残念である。

こうしたイメージは、HIV感染者への差別につながっているばかりでなく、HIV感染に心当たりのある人が、自ら検査に向かううえでもハー

ドルになっている。「死の病」に自分が感染している可能性を正面から受け止め、他人事でなく自分事として考えることは、なかなか難しいからだ。この状況を放置していることは、将来の日本にとって決してよいとはいえない。まずは一日も早く「HIV・AIDS=死」というイメージが払拭され、HIV・AIDSという疾患の理解とともにHIV陽性者に対する差別・偏見が社会からなくなることを心から願っている。

注
* 1 　国立感染症研究所　http://www.nih.go.jp/niid/ja/
* 2 　抗HIV治療ガイドライン　http://www.haart-support.jp/guideline.htm
* 3 　HIV検査相談マップ　http://www.hivkensa.com/
* 4 　エイズ動向委員会（API-Net）　http://api-net.jfap.or.jp/status/
* 5 　ヴィーブヘルスケア株式会社　冊子「My Choice and My Life」　http://glaxosmithkline.co.jp/viiv/healthcare/download.html
* 6 　HIV Futures Japanプロジェクト　http://survey.futures-japan.jp/
* 7 　厚生労働科学研究費補助金エイズ対策研究事業「HIV感染症の医療体制の整備に関する研究」拠点病院診療案内　http://hiv-hospital.jp/
* 8 　厚生労働科学研究費補助金「男性同性間のHIV感染対策とその介入に関する研究」(2009)
* 9 　厚生労働科学研究費補助金「インターネット利用層への行動科学的HIV予防介入とモニタリングに関する研究」(2008)
* 10 　「感染予防対策の個別施策層を対象にしたインターネットによるモニタリング調査・認知行動理論による予防介入と多職種対人援助職による支援体制構築に関する研究」(2012・2013)
* 11 　厚生労働省・エイズ予防のための戦略研究（2008）
* 12 　平成20年度厚生労働科学研究費補助金　エイズ対策研究事業「インターネット利用層への行動科学的HIV予防介入とモニタリングに関する研究」
* 13 　原　題：HIV Transmission Risk Among Serodiscordant Couples: PARTNER Study Findings／著者：Carlos del Rio, MD／出典：http://www.jwatch.org/na41796/2016/07/12/
* 14 　厚生労働科学研究費補助金エイズ対策研究事業「地域におけるHIV陽性者等支援のための研究」　http://www.chiiki-shien.jp/
* 15 　特定非営利活動法人日本HIV陽性者ネットワーク・ジャンププラス「エイズ治療拠点病院アンケート調査」　http://www.janpplus.jp/project/hospital_clinic/
* 16 　特定非営利活動法人日本HIV陽性者ネットワーク・ジャンププラス「HIV陽性者の医療に対するニーズ調査」　http://www.janpplus.jp/project/medical_treatment/
* 17 　2014年5月4日　高知新聞
* 18 　2015年1月25日　河北新報
* 19 　国立研究開発法人国立国際医療研究センター／エイズ治療・研究開発センター「血液・体液暴露事故（針刺し事故）発生時の対応」　http://www.acc.ncgm.go.jp/doctor/eventSupport.html
　　　HIV Futures Japan「HIV陽性者のためのウェブ調査」　http://survey.futures-japan.jp/

当事者は語る

HIV陽性者としての差別体験

加藤力也　NPO法人ぷれいす東京ネスト・プログラム／新陽性者PGMコーディネーター

感染前夜

　私が初めて「HIV」というものを身近に感じたのは、1992年、20代の頃でした。
　友人から自身の感染を知らされて、それまでメディアや書物の中にしかなかったものが突然リアリティを持ったことを記憶しています。
　当時はまだ「死の病」といわれていた時代。HIV感染＝死という構図は、当時誰の頭の中にもありました。打ち明けてくれた友人は、明るく振る舞いながらも恐怖と闘っているように見え、私はそんな彼を直視することすら辛く、言い知れぬショックに打ちひしがれました。
　どこかの誰かの話、ではなく、身近な友達がHIVに感染した。その事実は、大きなでき事として、私の胸に残りました。

告知

　初めて人から感染している事実を打ち明けられてからちょうど10年。2002年の6月に、私は自分自身のHIV感染を知ります。
　高熱や怠さといった体調不良がしばしば起こるようになって数カ月。もしかしたら……という気持ちが芽生えては、それに目を瞑るということを繰り返していました。当時、HIVを治療する薬が進歩しているらしいという情報はあったものの、実際の陽性者の姿はまったく見えませんでした。感染している友人のその後についても遠慮があって直接訊くことができず、自分が陽性者になった時の想像がつかないことで恐怖心が

増していったように思います。

　さらには、仕事や経済的なことやいろいろな問題を抱えていたこの数年間、今わかってもどうしようもないと、検査に行かない理由を自分で作ってもいました。

　こうして自分の体のことを知ろうとしない時期が長く続いていました。不安をいつも抱えながら。

　毎年夏前の時期に、ある地方都市でHIVの予防啓発イベントが行なわれていました。現在も継続している

加藤力也さん

そのイベントに、私も友人と一緒にその年も遊びに行っていました。

　メインとなる会場には、HIVに関連する情報発信などを目的にさまざまなブースが出展しており、ステージでは歌や踊りのパフォーマンスが行なわれます。楽しみながら、HIV/エイズについて知ろうという催しです。

　このイベントは2日間開催され、初日に採血をして翌日その結果を通知するというHIV検査が目玉となっています。同行する友人が検査に行くと言うので、私も付き合いのつもりで一緒に採血に行きました。相変わらず不安はありましたが、イベントのお祭り騒ぎの中で、多少気持ちがポジティブになっていたのかも知れません。

　イベント2日目。検査結果を受け取りに行きました。完全個室で、担当のドクターが封をされた通知をその場で開封し、直接本人に結果を伝えます。

　封筒から取り出した紙を見たドクターの表情が一瞬にして変わりました。「……陽性ですね」そう言うと、この先のことを説明しだしました。

　恐らく私は表情もなく、ただそこに座っていたように思います。あぁ、やっぱりか……と思うと同時に、なぜこんな場面で告知されなければい

けないのかという怒りにも似た感情もありました。絶望を感じながら、表面上は冷静さを崩さず、ただただその時が過ぎるのを待っていました。話し続けるドクターの声も頭の上を通り過ぎ、まったく心に届きませんでした。

　バリケードのように厳重に囲われた別室に移され、別のドクターやカウンセラーさんが懸命に説明をしてくれました。プライバシーを守るための配慮だとわかってはいても、こんなふうに隔離された所じゃないと話せないことなんだ……という事実が、余計に心を暗くしました。

　私が東京在住だということを聞いたドクターは、私が通いやすいと思われる拠点病院宛に紹介状を書いてくださいました。気持ちがどうあれ、まずは目の前のやるべきことを粛々とやるしかないと思いました。

　話を聞いている時にも、一緒に来た友人が気掛かりでした。恐らく彼はすでに終了して待っているだろう。自分がこんなに長時間出て来ないことをきっと不審に思っているだろう、と。

　ようやく外に出られたのは、恐らく1時間後くらいだったと思います。その間友人は出口付近でずっと待っていてくれました。

　当然自分の検査結果が陽性であったことは察しているだろうと思い、その場で打ち明けました。生まれて初めて自分の感染を知らせた瞬間、それが事実なのだということをようやく現実として認識しました。

　この日から、陽性者としての新たなページが開きます。

偏見

　私はゲイというセクシュアリティの関係で、ゲイ・コミュニティからHIVに関するいろいろな情報を得てきました。

　若い頃からゲイ・サークルに参加して、HIVの治療薬についてだとか、海外での様子などを見聞きしていました。ゲイ雑誌からも情報を得ていました。

　自分ではある程度知識もあるし、陽性者を直接知ってもいる。もし身

近で陽性とわかった人がいたら、きっとサポートすることだってできるはず……と思っていました。

　自分自身の感染が発覚して、いかに自分の持っていた情報が浅いものだったのかを思い知らされました。どの知識も、自分が当事者であることをまったく想定していないもので、いざ自分がHIV陽性者だと突き付けられたら、何をどうしたらいいのかさっぱりわからなかったのです。

　さらに、自分が意識せずともHIVに対して差別や偏見の気持ちを持っていたことにも気づきました。それはショックなことでした。

　この病気を持ってしまったら、今までの自分ではいられない。これまでの人間関係も継続できないかも知れない。恋愛もセックスも自由にはならない……。感染者と非感染者との間には目に見えない大きな壁が立ちはだかり、それを越えたり打ち壊したりすることは容易ではない。今は陽性者の立場として壁を見上げているけれども、感染を知るまでも同じように壁を感じていたのだと気づきました。

　その壁は自分自身が作り上げたもの。そうわかったのは、感染告知からかなり年月が経ってからのことです。自分に差別や偏見の気持ちがあるから、陽性者であることを特別に感じてしまう。もしこのことに最初から気づけていれば、この後に起こるでき事にももう少し上手く対処できていたかも知れません。

闘い

　感染がわかった時、私はある食品加工の会社に正社員として勤めていました。感染発覚時で勤続２年ほど。製造ラインの管理に従事していて、日勤と夜勤を交互にこなすシフト業務に就いていました。

　ギリギリの人数でシフトを回すなかで、私は「もし体調のせいで急に倒れたりしたら同僚に迷惑が掛かるかも……」と思っていました。

　すでに紹介された拠点病院にも通い始め、ほどなく投薬も始まる予定でしたが、とにかくこの事実を誰かに伝えておかなければいけないとい

う気持ちに囚われていました。

　年齢が近く、普段から良好な関係を築けていると信じていた直属の上司に、思い切って打ち明けました。彼は真摯に受け止めて、きちんと理解してくれているように思えました。言ってよかった、これでいざという場合にも安心だととても安堵しました。

　その数日後、役員に呼び出されました。他に思い当たることはなかったため、もしかしたら病気のことでは……と予感しました。

　案の定、担当役員からHIV感染したということが事実かどうか問い質されました。

　私が打ち明けた上司は、1人でこのことを抱え切れずにさらに上の人に相談してしまったようです。そこから役員にまで話が伝わり、結果この日の呼び出しとなったのでした。

　詰問されて、事実を曲げるわけにはいかず、自分が陽性者であることを打ち明けました。そのことだけでもすでに動揺しており、その先、冷静な受け答えをする自信はもうありませんでした。

　役員は続けます。思い当たることはあるのか、感染ルートは何か……。この質問に答えるためには、セクシュアリティのことにも触れなければなりません。それをここで言うのは抵抗があり、回答を拒否しました。

　何度かの押し問答があった後、その役員が言いました。「食品を扱うという業態から、顧客に何かあった場合に会社として責任が取れない」「勤続年数がまだ規定に満たないので、本来なら退職金支給の対象ではないが、場合によっては優遇してもよい」つまり、自主退職しろということでした。

　感情が昂り、思考能力も奪われてはいましたが、これが不当解雇であることは私にもわかりました。ここで何か答えるべきではないと判断し、結論を出さないまま何とかこの場を立ち去りました。

　悔しかった。そして、これは自分だけの問題ではないと感じました。同じような目に遭う人が今後も出ると思いました。ここで泣き寝入りし

ては、そうした他の人たちのためにもならない。

　自分の中のHIVに対するネガティブな思いは、当事者になることで壁を壊そうとする原動力に変わりました。……私は闘う決心をしました。

　その後、人伝てに紹介してもらった弁護士に相談をし、人権問題として対処してもらうことになりました。段取りを整えて、弁護士と人権団体のメンバーとで会社に交渉に来てもらうという予定を立てました。

　そんな矢先、本社の役員からまたしても呼び出しを受けました。

　今度は先日とは違う役員でした。まず病気が事実であることを前提に、会社はあなたを解雇するとは一言も言っていない、と主張してきました。先日のあのやりとりは何だったのか……と呆気に取られましたが、録音などの証拠もありません。言った言わないの水掛け論では埒が明きません。

　さまざまな話の後、会社側から次のような提案が出されました。「会社は今までどおりに雇用を継続する」「これまでの職位や基本給は変えず、処遇に不都合がないように配慮する」「但しあなたの体調を考慮して、現在の作業現場での職務から完全事務職への異動を行ないたい」。

　具体的に書面を交わしたわけではありませんし、会社の本当の思惑はわかりません。ですが、ここはひとまずこの提案を受け入れて、様子を見るのが得策だと思いました。これを受諾し、弁護士にも対処保留をお願いしました。

　闘いに勝ったという気はしませんでした。休戦のつもりでした。

　しかし、これが新たな闘いの始まりとなったのです。

窓際

　会社とのやりとりがあってしばらく後、総務部門への異動が決まりました。

　この部署で私の病気やこれまでの経緯を知っているのは一番上のポジションである当時50代の女性マネージャーだけ。同じフロアには他部

署の社員も大勢いましたが、会社から病気のことは一切口外することを禁じられました。混乱を避けるためという理由でした。

異動した部署では、1人隔離された席を用意されました。物理的にも窓際に追いやられた形です。与えられる仕事は、ルーティンの簡単なものばかり。それ以上の権限は与えられず、仕事に対するモチベーションも日々下がるばかりでした。

会社からの約束どおり基本給与に変更はありませんでしたが、これまでの夜勤や残業に対する手当などが一切なくなったことから、結果的に給料は相当減りました。また毎年少しずつではありましたが、確実にあったベースアップが、部署異動後は一切なくなりました。

そうした処遇面のことよりも、職場での孤立が一番堪えました。忙しく働く同僚を横目に毎日定時で退社する自分を、周囲は次第に奇異の目で見るようになりました。直接は誰も何も言いませんでしたが、なぜあの人だけ大した仕事もせずに定時で帰るのか……と、噂になっていたようです。

毎日針の筵に座っているようで、居たたまれない日々が続きました。本当のことを大声で言いたいけれど、それを飲み込むしかないことでさらにストレスを感じました。

さらに、唯一私の病気のことを知っている女性の上司も、日増しに当たりが厳しくなっていきました。

最初は、病気のことを理解していると言い、サポーティブな雰囲気を醸していました。それがいつの頃からか、個人的に呼び出されることが多くなり、そのたびに「あなたは病気に甘えている」といった辛辣な言葉を投げかけてくるようになったのです。

彼女の本意はわかりませんが、自分ではどうしようもないことを責められる状況から逃げることもできず、耐えるしか手立てがありませんでした。

そんな日々が4年続きました。

開放

　精神的にギリギリな状態だったある日、女性上司との個別面談でいつものように小言を言われている時のこと。ふと、「辞めます」という言葉が口に出ました。あらかじめ考えていたわけではなく、本当に反射的に出た言葉でした。
　それを口にしてから、自分はそうせざるを得ない所まで追いつめられていたのだなということに気づきました。今後のことに不安はあるけれど、決めてしまったのだから前を向こうと思いました。気持ちが楽になりました。
　退職を決めてからは、どんなことを言われてもどんな扱いを受けても、もう気にしなくなりました。この環境から抜け出せるということが、何よりの糧となりました。
　数カ月後、無事に退職。最後の幾日かは余っていた有給消化に充て、海外旅行をしたりしました。この数年間で味わったことのない開放感。
　実際の対応も辛かったけれど、それを生み出す気持ちが怖かった。どんなに気持ちを伝えようとしても、それを拒絶され、誤解され、蔑まされる。その目が怖かったのです。
　自分の中のHIVに対する偏見の目が、回りまわって自分に返ってきているようで、それも恐ろしかった。差別しないでと思うたびに、自分が悪いような気にさせられていた4年間。HIVであることで受けた、唯一と言ってもいいネガティブなでき事は、この会社での4年間にすべて起こりました。

回想

　後に思い返して感じるのは、やはり知らないことが差別につながるのだということ。人は未知のものには好奇心と同時に恐怖を覚えます。

HIV／エイズに関しては、かつてエイズパニックと呼ばれた1980年代の加熱報道の記憶が、今でも根強く残っています。状況は日々変わっていくのに、人の思いはアップデートされずに古い恐怖の対象のまま止まっています。
　恐らく上司は怖かったのだろうと思います。かつて自分が友人からカミングアウトされた時のように、ショックを受けていたのだろうと思います。差別をしているという意識はなかったのだろうとも思います。彼女は彼女なりに職務を全うしようとしていただけなのかも知れません。
　時間が経過してようやく相手の気持ちを思うことができましたが、その時の自分にはそんなに広い視野はありません。ただただ辛く、理不尽な扱いを受けていることに抗議の声を上げることすら放棄していました。
　希望を持って入社し、自分なりに職務にやり甲斐を感じていたなかでの感染発覚。そのことがその会社での立場を大きく変えてしまいました。もしかしたらもっと上手い立ち回り方もあったかも知れません。
　最初に上司に打ち明ける際にもっと準備をしていたら。役員とのやりとりの際に感情的にならずにきちんと理詰めで話せていたら。部署異動後に上司の気持ちを思い遣って、こちらからコミュニケーションを取りにいっていたら。
　あの時こうしていれば……と思うことはいくつも見つかりますが、時間を巻き戻すことはできません。先の人生にどう活かすかを考えることで、ネガティブな経験も無駄ではなかったと思えるのだと思います。
　職場でHIVを打ち明けるべきかどうかについては、いろいろな考え方があります。自分は感染初期のある意味正常とはいえない精神状態で、性急に伝えてしまいました。伝えないというやり方もあったと思います。
　多くの病気があるなかで、なぜいまだにHIV／エイズが特別なものとして捉えられるのか……。性交渉でうつる感染症であり、完治しない病気だということがその理由の根幹だと思いますが、当事者の姿がなかなか見えないことが、差別・偏見を助長しているように感じます。

現在

　近年、少しずつHIV陽性者当事者が、自らの声を社会に対して上げるようになってきました。私自身も、HIV陽性者当事者スピーカーとして、さまざまな場所で講演活動を行なっています。

　自分が陽性者として生きるうえで、そのことを何か意味のあるものにするためには、当事者としての自分にしかできない活動をすることがその方法の一つではないかと思っています。

　私は基本的に自分がHIV陽性者であることをオープンにしています。それはプライベートであっても、仕事の場面においても、です。

　言いたいのに言えずに辛い思いをした経験があるので、許されるのであれば隠さずに生きていけたらと思っています。

　ただし、伝える際には、伝えられる側のことも考えるようになりました。ただ伝えたいから言う、のではなく、どうしてその人に伝えたいのか、伝える必要があるのか、伝えられた相手と今後どうしていきたいか、などを先に考えます。

　その結果、両親やきょうだいなど親族には話していません。本来なら一番近くにいて支え合う関係のはずなのに、どうして？　と思う方もいるかも知れません。離れて暮らす家族に伝えることのメリットとデメリットを秤に掛けた自分の結論です。告知から14年を経過して、今もその気持ちは変わっていません。

　自分がHIVであることは、月日が経つと意識しなくなっていく方が多いようです。私自身も、1日に1回、薬を飲むことくらいでしか病気を意識しなくなりました。

　そうしているうちに、しっかりとHIVであることと向き合う時間が少なくなり、本当にきちんと受け入れているのかわからなくなってしまっていました。

　最近の講演では、そうした自分の曖昧な気持ちについてなども、その

まま話すようにしています。HIVに関する活動を仕事にしてしまっている者が陥る罠(わな)なのかも知れません。自分の経験を語りながら、いつしかそれが完成した物語になってしまい、そこにあるはずの気持ちが置き去りにされている気がするようになったのです。

　今こうして過去の経験を振り返ってみると、その時に見えていなかったことが少し分かった気がします。HIV陽性者が被る差別・偏見の裏には、さまざまなことがあるのだと。当事者が声を上げることは大切だけれども、相手の差別的な言動の理由を考えてみることが、先々自分たちを守る手段を見つける道なのかなと思います。

　HIV陽性者になってよかったとは言いませんが、この病気になっていなければ知り合えなかった人や、経験できなかったことなどがたくさんあります。

　一生のうちで個人が出逢える人の数には限りがあります。まったく交わることがないはずだった方の人生と交差する瞬間や、何かを分かち合えることの喜びは、HIV陽性者であるからこそもらえたご褒美のような気さえしています。

　物事にはたくさんの側面があります。その一面だけを見ていては本当のよさもわかりません。今までにない立場に置かれることでそれまでとは違う視点を手に入れられたのも、この病気になったことで得られたものの一つです。

そして未来へ

　HIV陽性者の高齢化による問題が議論されるようになっています。
　治療の進歩に伴い、長期療養が可能になったことで、陽性者は感染していない人とほぼ同じ程度に寿命を全うできるようになりました。
　HIVを持っている人の老齢施設への入居の問題などもクローズアップされてきました。将来的に施設利用を考える陽性者が増加することは明らかですが、その受け入れに際して抵抗があるケースも多いようです。

感染の有無を問わず、年齢を重ねることによる健康問題は誰にでも起こり得ます。HIVかどうかという視点だけではなく、もっと広い考え方が必要なのだろうと思います。

　HIVを原因として亡くなる方は激減しましたが、それでも発見が遅れて治療困難に陥る方もいます。中高年がエイズ発症で感染が判明したり、一方で若年層の感染割合が増えているという報告もあります。

　各所で予防啓発運動は行なわれていますが、闇雲に「検査に行こう」だけではなかなか響きません。私自身がそうだったように、もし感染していたらその後はどうなるのか？　といった漠然とした不安が邪魔したり、経済的な問題で検査に足を運ぶのをためらうこともあると思います。他人事としか考えられずに自分には関係ないと切り捨てる人も多いでしょう。

　そして突然自分の身にそのことが起こった時に、心が受け止めることができず、メンタルを病んでしまう方がいることも事実なのです。

　感染しても普通に生きてはいけますが、面倒なことが増えるのは間違いありません。感染しないに越したことはないのです。これ以上感染者を増やさないためにできること……それは、陽性者のリアリティを少しでも伝えることだと思っています。

　以前から、陽性者が書いた手記のリーディングなどは行なわれていました。直接顔は出せないけれど、書くことでなら伝えられる……そうした多くの手記がさまざまな形で世の中に出ています。

　そしてより身近に感じてもらうために、陽性者当事者として人前に立つ……目の前に陽性者がいること以上のインパクトはないと思っています。

　HIVを持っているかいないかでその人自身は変わらないという、ごくごく当たり前のことを知ってほしいのです。ウィルスは悪さをするけれど、人を変えたりはしません。HIVを持っていても持っていなくても、その人はその人なのです。

　HIVについて話す時に、ほぼ毎回こうして締めます。

HIV陽性者が生きやすい社会は、その他の、人に言いづらい何かを持っている人も同じように生きやすい社会です。HIVのことだけを考えるのではなく、他のさまざまな困難を抱えている人を思いやる世の中こそが、誰もが生きやすい社会なのです、と。

　他人のことを自分のこととして考えるのはかなり難しいことです。でも、他人が抱えている一見自分とは無関係に見える問題を、自分が持っているものに置き換えることができたら、人の痛みを想像できるのではないかと思います。

　自分が辛い目に遭ったから、人の痛みもわかる……というのは少々詭弁な気がしますが、自分が何の痛みも感じていなければ、想像することは難しいでしょう。想像力は自分の経験から育てるものだと思っています。

　昔に比べると、随分とHIVに対する理解も進んできたように感じますが、当事者からするとまだまだな部分もあります。個人にしろ、企業にしろ、病気を打ち明けて受け入れられた経験は、その先の人生に大きな影響を及ぼします。同じようにネガティブな対応をされた場合も、傷やしこりを残します。

　長く付き合っていかなければならない病気だからこそ、差別・偏見に曝（さら）されることなく、上手に共存していきたいものです。

最後に

　HIV感染をきっかけに、私の人生は大きく変わりました。よい面もあったし、悪い面ももちろんありました。

　人の歴史は差別の歴史です。自分と異質なものを排除しようとするのは、もはや本能なのではないかと思います。

　しかし人は知恵の生き物です。経験や想像といったものを使って、自分とは違う存在ともわかり合うことができます。それをしようとするかしないかで社会は大きく変わります。

呼吸をするように、自然に他者を受け入れるような世の中になることを願っています。そのために自分ができることを、肩肘張らずにやっていけたらと思っています。

見た目問題のいま

「見た目問題」とは

外川浩子　NPO法人マイフェイス・マイスタイル代表

はじめに

「見た目問題」と聞いて、あなたはどんなことを想像するだろうか。美人、イケメン、ブス、ブサイク……。たしかにそれも「見た目」の問題ではあるが、「見た目問題」とは、けっしてそのような美醜の問題ではない。顔や身体に、生まれつきアザがあったり、色素がなく髪も肌も白いアルビノや、事故や病気による欠損、傷痕、火傷、変形、麻痺、脱毛など、先天的・後天的に、見た目に特徴的な症状をもつ人たちが、見た目を理由とする差別や偏見ゆえに直面・内包する問題だ。

なお、見た目に症状のある人たちを"「見た目問題」の当事者"と呼んでいるが、実は、彼らを表現する世界共通の言葉はない。「見た目問題」はこれまで社会的な問題として取り上げられてこなかったため、医学、心理学、社会学、そして社会問題に関する事象等、あらゆる分野においてあまり研究されておらず、「見た目問題」を語るための共通する言葉もまた存在していないのが現状である。

それゆえ、日本における「見た目問題」当事者の正確な人数は判明していない。ただし、医療機関や当事者団体等による公表、海外の統計などから、日本にはおよそ100万人いると推定される。

「見た目問題」とは

1　主な症状

見た目に特徴的な症状とは、主に下記のようなものがある。

- アルビノ

　生まれつきメラニン色素を作れない、またはわずかしか作れないため皮膚は色白で、毛髪は白や金または茶色、目の色はうすい灰色や青、茶色などになる遺伝性の疾患。1〜2万人にひとりとされている。ほとんどの場合、視覚障害（弱視）がある。

- 太田母斑（おおたぼはん）

　多くは顔面片側にあらわれる青灰色のアザ。生後まもなく、あるいは思春期に発症し、自然消滅しない。

- 単純性血管腫（けっかんしゅ）*

　毛細血管の拡張による、生まれつきの赤アザ。明るいピンク色から濃い紫色まであり、自然消滅しない。

- 動静脈奇形*

　動脈と静脈の間に異常なつながりができ、血管の集合を作ってしまう生まれつきの疾患。病変部分は赤黒く、盛り上がっている。

- 白斑（はくはん）

　皮膚が脱色し、境界が明瞭な白いアザ。身体の一部にあらわれる限局型や、全身におよぶ汎発型などがある。

- アトピー性皮膚炎

　かゆみをともなう慢性的な皮膚炎（湿疹）。近年、世界的に増加傾向にある。慢性的な炎症により肌が黒ずんでしまう（炎症性色素沈着）。

- 乾癬（かんせん）

　皮膚が赤く盛りあがり、ふけのようにはがれ落ちる。慢性の非伝染性の皮膚疾患である。

- **魚鱗癬**（ぎょりんせん）

  皮膚の代謝が正しく機能しなくなる遺伝性の皮膚疾患。皮膚が乾燥し、表皮の角質がうろこ状にはがれ落ちる。

- **眼瞼下垂症**（がんけんかすいしょう）

  まぶたを動かす筋肉がうまく働かないために、まぶたが開きにくい。腫れぼったく見えたり、眠たそうに見えたりする。生まれつきの場合と、老化によるものとがある。

- **顔面神経麻痺**

  ケガや病気によって顔面神経が障害され、顔面表情筋の運動麻痺が引きおこされた状態である。

- **口唇裂、口蓋裂**（こうしんれつ、こうがいれつ）

  唇や上あごは、胎児のうちにつながるものだが、何らかの理由でつながらずに生まれてくる症状。日本ではおよそ500人にひとりの割合で生まれている。

- **小耳症**（しょうじしょう）

  生まれつき耳が小さい（耳の形が完全にでき上がらなかった）疾患。耳たぶしかないような場合、耳の上部が縮まっている場合など、その程度はさまざまで、多くは聴覚障害をともなっている。

- **トリーチャーコリンズ症候群**

  ほほ骨や下あごの骨、耳などの成長が不完全な遺伝性の疾患。垂れ下がった目が特徴的である。1〜2万人にひとりとも、5万人にひとりともいわれているが定かではない。聴覚障害や呼吸障害などを併発する場合もある。

- ロンバーグ病（進行性顔面片側萎縮症）
　顔の片側が徐々にへこんだり縮んでいく原因不明の疾患。額、こめかみ、あごにかけて症状が出る場合が多い。

- レックリングハウゼン病
　カフェオレ斑という褐色斑や良性腫瘍が体中のさまざまな神経に沿ってあらわれ、骨や皮膚に影響を及ぼす遺伝性の疾患。

- リンパ管腫
　リンパ管が拡張・増殖してできる良性腫瘍。リンパ管は、血管や神経と複雑にからみあっているため、腫瘍の切除は容易ではない。国内にはおよそ1万人といわれている。

- 円形脱毛症
　通常、髪の毛が小さな円形型に抜けてしまう症状だが、頭部全体や全身にまでおよぶ場合もある。自己免疫疾患のひとつで、リンパ球が毛根を攻撃してしまい、脱毛する。100人に1〜2人の割合で発症するといわれている。

- 火傷（熱傷）
　深さの程度によってⅠ度からⅢ度に分類。深い火傷の場合、あとが残ったり、ケロイド状になることもある。

　なお、ここに挙げているのは、症状の一部であり、他にも先天的・後天的にかかわらず、実にたくさんの症状がある。また、交通事故や災害、手術による傷痕などもあり、たとえ今、当事者ではなくても、誰もがいつでも当事者になる可能性がある。「見た目問題」当事者は身近な存在だ。

＊血管腫と血管奇形
以前は正確に分類されていなかったため、本来「血管奇形」に分類されるべきものが「血管腫」という病名になっているものがある。

2　直面・内包する問題

　前述したように「見た目問題」とは、見た目に特徴的な症状をもつ人たちが、見た目を理由とする差別や偏見ゆえに直面・内包する問題である。

　実際、彼らがどのような問題にぶつかっているのか。

　まず、ほとんどの当事者が「他者からの視線（ジロジロ見られる）」を挙げる。街を歩いているとき、ショッピング、電車の中、店で食事をしているとき等々、家から一歩出た瞬間から家に戻ってくるまでの間じゅう、視線を浴び続けている。それはときに物珍しげに、ときに汚いものを見るかのように。「まるで視線のナイフでめった刺しにされている気分で街を歩いている」と言った当事者がいたが、それが彼らの日常だ。

　ただ見られるだけではなく、すれ違いざまに「気持ち悪い」「よく平気で生きていられるな」など、心ない言葉を投げつけられることも珍しくない。

　また、多くの当事者がいじめを経験している。「普通の顔」をした子どもたちですらいじめの被害者になる昨今、見た目の違いは格好のターゲットになってしまう。幼少期から心ない言動に傷つけられ、家に引きこもってしまう人も少なくない。

　さらに、進級、就職、結婚といった人生の節目には社会とのあつれきを感じることが多く、友人関係、恋愛関係において見た目がネックとなってしまうこともある。

　そのほか、「感染するのではないか」との誤解から温泉やプールで利用を断られたり、あからさまに避けるような態度をとられたり、お釣りの受け渡しの際に触りたくないような感じで手の上のほうからお釣りを落とされたりすることもある。

そのような、他者から見下される体験の積み重ねが当事者から自信を奪い、自己肯定感が低くなりがちであるといわれている。
　また、その評価は分かれるところではあると思うが、障害者は特別支援学校等の制度があり、幼いころから自分と同じような障害をもつ人たちとの交流がある。他方、「見た目問題」当事者は、公的な支援制度がなく、自分と同じような症状をもつ当事者と出会うことは稀有だ。家族の中でも、学校でも、地域でも「たったひとり」という絶対的な孤立感を抱えながら生きている。それは、同時に、「人生のモデルがいない」ということであり、自分の将来が思い描けないという当事者も少なくない。
　そのうえ、テレビや雑誌による広告やドラマなどの影響により、見た目の症状が簡単に治療できるという印象が強いが、実際にはほとんど根治しない。そのイメージのギャップもまた、「見た目問題」をより複雑なものとしている要因のひとつだ。

3　「見た目問題」の現状

　見た目の症状をもつ当事者の多くは機能的な障害がないため「障害者」には該当せず、福祉サービスの対象にはならない。なかには視覚障害や聴覚障害、四肢の欠損や麻痺といった機能障害がある当事者もいるが、その場合、機能障害の部分に対してのみ公的支援を受けることは可能だが、見た目に関しては一切考慮されない。
　また、生命の危機もなく、治療の緊急性や必要性も低いため、難病に指定されにくいなど軽く考えられがちで、国や行政による支援はまったく施されていない。
　そのうえ、日本では昔から「人は見た目じゃない、心だ」という考え方があり、見た目で悩むこと自体がはばかられる風潮がある。今の日本では、見た目の違いによって困ったことがあっても相談窓口すら見つけられず、途方に暮れるしかないのだ。
　そのような社会の無理解のなか、同じような症状の仲間と出会う機会もなく、孤立を深め、自ら命を絶ってしまう人もいる。

「見た目問題」の歴史

1　当事者たちが人生を語り始めた

　どの社会問題でも同じかもしれないが、「見た目問題」もはじめは当事者個人が、自身の体験や悩みを「体験談」という形で訴えかけることから始まった。

　1980年代、ほぼ時を同じくして、当事者たちは自分の人生を語り始めた。

　1982年、『明日香ちゃん美しく──稀少難病と闘う患者たちの記録』（高橋幸春・著、桐原書店）が出版された（1985年にはその続編が出版）。「明日香ちゃん」とは、レックリングハウゼン病の、当時5歳の女の子だ。この本は、成人したレックリングハウゼン病患者たち数名と、明日香ちゃんの両親の話で構成されている。ここに綴られている当事者たちの人生は、世の中が今ほどは人権に敏感ではなかったという時代背景もあり、熾烈を極めていた。

　家族や親戚から縁を切られ、実家にも近寄れない。結婚式にも葬式にも呼ばれず、まるで存在していないかのような扱いを受けていた。

　また、世間の目も厳しかった。道を歩けば「気持ち悪い」「バケモノ」と暴力的な言葉を容赦なく浴びせられ、「まるで汚物を見るかのような、世間の冷たい視線」にただ耐えるしかなかった。

　「就職はどこへ行っても断られ、食堂に入れば追い出され、風呂屋にも行けなかった」とは、40歳代の男性患者の言葉だ。当時は、家賃の安いアパートには風呂がついておらず、銭湯に通うのだが、レックリングハウゼン病患者が普通に入れるわけもなく、他の客全員が入り終わった後、栓を抜く直前に入れてもらっていたという。銭湯へ行くのはあきらめ、自宅でタライに湯を張り、体を洗って凌いでいた人もいる。

　1985年には、「女の価値は顔」という文章が『女を装う』（駒沢喜美・編、勁草書房）に掲載された。右顔面の眉毛から鼻にかけて赤アザのある町

野美和という女性が書いた手記だ。それによると、子どものころから「『アザ公』『アザミ』『アザ助』『お岩さん』と、私を確実に踏みつける呼称を、私に向かって、オモシロがって、囃したてるようにもなった」といい、「私の顔にアザがあるということで、なぜイジめられ差別を受けなければならないのか」と憤りを隠さない。思春期での経験やアザをカバーする化粧との出会いを経て、「女の幸せは結婚」というまわりの考えに苦しむ姿が書かれている。町野は「女の価値は顔」という社会通念に疑問を呈し、見た目の違いに対する差別を告発している。

翌1986年には、『出会い、そして奇跡——愛の灯を点して25年』（仲川幸子・著、あい企画出版）が出版される。

著者の仲川は、薬の副作用で女子顔面黒皮症になった当事者だ。女子顔面黒皮症とは、化粧品などによる接触性皮膚炎から色素沈着が起こる症状で、女性に多いことからこの名が付けられたが、男性も発症する場合がある。

もともと化粧品会社に勤めていた仲川は、発症後、自身がモデルとなって見た目の症状（アザや火傷、色素沈着など）を目立たなくする化粧品の普及に尽力した人物だ。この本は、当事者たちの悩みや苦労にも触れているが、それにとどまらず、化粧によって症状をカバーしながら社会で生きている当事者たちの声が寄せられている。

このように、1980年代から、「見た目問題」の当事者たちが、それぞれ個人の体験や思いを語り始めた。そこには社会の理不尽に対する怒りや悲しみが込められていたが、社会の側がそれに呼応するような動きはなかった。

2 個人の問題から社会的な問題へ

1999年、『顔面漂流記——アザをもつジャーナリスト』（石井政之・著、かもがわ出版）が出版された。著者の石井は、生まれつき顔面右側に単純性血管腫（赤アザ）のある当事者だ。もともと医療系のフリーライターであり、当事者数名への取材や自身の経験を中心にまとめたのが、こ

の本だ。

　ここには、石井が幼少期から経験したいじめや差別が綴られているが、石井はそれだけにとどまらず、「見た目で差別する社会の側に問題がある」と、社会の加害性を指摘した。

　そして、この本の発刊をきっかけに、数名の当事者とともに、見た目に特徴的な症状をもつ当事者たちのセルフヘルプグループ「ユニークフェイス」を発足させた。

　ユニークフェイスは、孤立しがちな当事者につながる場を提供し、交流を図った。同時に、社会に対する啓発にも力を注いでいた。代表の石井がライターということもあって、団体の規模に比して多数の本を出版している。

　　『顔とトラウマ―医療・看護・教育における実践活動』(藤井輝明／石井政之・編、かもがわ出版、2001年)
　　『見つめられる顔―ユニークフェイスの体験』(藤井輝明／松本学・編、高文研、2001年)
　　『知っていますか？　ユニークフェイス　一問一答』(石井政之／藤井輝明・編、解放出版社、2001年)
　　『顔がたり―ユニークフェイスな人びとに流れる時間』(石井政之・著、まどか出版、2004年)

　なかでも、2002年に発刊された、ユニークフェイスのメンバーが主な登場人物である『ジロジロ見ないで―"普通の顔"を喪った9人の物語』(高橋聖人・撮影、茅島奈緒深・構成、扶桑社)の反響は高かった。本にはさまざまな症状をもつ9名の当事者が、たくさんの写真とともに紹介されている。その姿は読者に非常に大きなインパクトを与えたのだ。

　しかし、そこに綴られている当事者の日常は、1980年代に声をあげた人たちと大した違いはなかった。社会は「見た目問題」に対して何ら反省も意識の変革もなかったということだろう。

『ジロジロ見ないで』の冒頭には、「ジロジロ見ないで。これは、彼らの切実な願いです」と書かれている。言い方こそソフトではあるものの、それはまさにユニークフェイスの主張を、象徴的に表しているといえよう。ユニークフェイスは、当事者の声に耳を傾けない社会を厳しく糾弾し、社会に強く反省を求めていたのだ。

ユニークフェイスは、「見た目問題」を個人の人生の枠に収めずに、社会的な問題であると訴え、積極的に活動したが、2000年の半ばから徐々にその勢いはなくなり、2000年代末期には活動休止状態となって、2015年に解散した。

3　連携と歩み寄り

ユニークフェイスの理事・事務局長を務めた私は、2006年、ユニークフェイスより独立し、マイフェイス・マイスタイル(以下、MFMSという)を設立した(2011年、NPO法人格取得)。ユニークフェイスで活動を続けるうち、問題を解決するためには当事者だけが理解すればよいわけではなく、むしろ、非当事者とともに考え、ともに生きる姿勢こそが重要であり、当事者と非当事者の共生にこそ解決の道はあると考えるようになったからである。

したがって、MFMSは当初から、当事者と非当事者を区別することなく参加を呼びかけている。同時に、見た目に症状のある疾患の患者会や当事者団体とのつながりを重視し、「見た目問題」ネットワークを構築してきた。さらに関連企業、教育機関、医療機関、行政、メディア、一般サポーターそして海外の団体などと広くつながり、当事者を総合的に支援する体制作りにつなげていきたいと考えている。

当然だが、「見た目問題」そのものの認知度をあげ、理解を広めることも重要である。そのために、見た目に症状をもつ人たちのポートレートを展示する写真展(「見た目問題」写真展『ただ、自分らしく〜「見た目」に症状のある人たち"らしい生き方・楽しさ"写真展〜』)やシンポジウムの開催や、インターネットTV『ヒロコヴィッチの穴』の放送(現在は番組

リニューアルのため休止中だが、過去の番組は動画共有サービス「YouTube（ユーチューブ）」にて配信中）を通して、当事者の声を伝え続けている。そこでは、これまで声をあげてきた当事者たちのようにいじめや差別に苦しんでいる人たちがいることも伝えながら、もっと多彩な当事者（自分らしい生き方を楽しんでいる当事者たち）の紹介にも注力している。

4　今後

「見た目問題」当事者への差別的な扱いは、けっして許されるものではない。今も、理不尽な扱いを受け、「見た目問題」という社会の壁に阻まれ、能力を発揮できずにいる当事者も少なくない。そんな現状は改善されるべきであり、そのためには「見た目問題」の現状を把握し、問題の本質を明確にしたうえで、支援策を検討することが必要だ。

そこで、MFMSは、まずは現状把握のための調査を開始した。今後、調査結果を白書という形にまとめ、いずれ政策提言へとつなげていき、制度や法律を整え、総合的な支援体制を構築するよう政府に働きかけていく所存だ。

差別事例

見た目に症状をもつ当事者たちは、誤解や偏見にもとづく差別やいじめなど、心ない言動に傷つけられてきた。MFMSの10年間の活動の中で届けられた当事者の声を、場面ごとにまとめた。これらの出来事は、けっして昔の話ではない。今現在、起こっている現象である。

1　学校

幼いころからいじめのターゲットになりやすく、「気持ちわるい」「きたない」と言われ仲間はずれにされたり、「ハゲ」「アザ男」「ボツボツ」といった症状をからかうようなアダ名で呼ばれたりする。

また、接触を嫌がられたり、「授業でペアを組むときも最後まで残り、

先生に指図されないと誰も組んでくれなかった」という経験をした人も大勢いる。

「バイキン」「バケモノ」と人間性を否定されるような言葉まで投げつけられ、「一生こんなことが続くのか」と幼少期から絶望に追い込まれる当事者も少なくない。

先生に助けを求めたところ、あきらかに見た目に対する差別的ないじめなのに「症状のことで仲間はずれにされているのではない。あなたの目つきが悪いからだ」などと言われて、適切な対応をしてもらえないこともある。ただし、これは、教育現場において「見た目問題」がまったく反映されておらず、先生自身も「見た目問題」をどう扱ったらよいのかわからないことから引き起こされているものと考えられる。

そのうえ、いわゆる「合理的配慮」の範疇であると思われることでも考慮されていない。

たとえば、腕にアザがあるので通年長袖を着用させてほしいと願い出ても許可しない、アザを目立たなくするカバーメイクも校則で化粧は禁止されているからと認めない、脱毛症の生徒にもカツラやバンダナの着用を認めない等である。

2　会社

多くの当事者は、就職活動で苦労する。

面接の際に見た目の症状のことを聞かれるのは珍しくないが、その話だけで終わってしまうこともある。「ウチはいいんだけど、お得意様が嫌がるから（雇えない）」と言われたり、「今回は受付なので」と面接を受ける前に不採用を告げられた、などというケースもある。また、サービス業（飲食店）の面接で、「お客さんが食欲をなくす」「その顔でお客さんの前に出られない（出せない）でしょ」「店の雰囲気を壊す」と言われた当事者もいる。

高校や大学の就職支援対策も「見た目問題」を想定しておらず、当事者が相談に行った際に、「人前に出ない仕事しか無理。電話のオペレー

ターくらいしかない」「特別支援学校（視覚障害者のクラス）の先生になるしかない」と言われたようなケースもあり、適切なアドバイスを受けることはまず無理といえよう。

　そして、当事者は面接で何度も不採用が続くうちに接客業をはじめとした、人と接する職業を避けるようになり、結果的に選択肢が狭まることにつながっている。

　さらに、就職できたとしても、今度は職場でも苦労が絶えない。

　上司や先輩、同僚から「バケモノみたいな人間を外回りに出せるか」と陰口をたたかれるなど、学校生活と同様のいじめを受けたり、お得意様が来社した際、お茶を出そうとしたところ先輩社員から「お客が驚くから、あなたは顔を出さないで」と叱責された人もいる。なかには、飲食店の調理場で働いていた時に、まったくの誤解であるにもかかわらず「食中毒の原因になるから仕事をやめてくれ」と言われた人さえいる。

3　街の中

　視線とは不思議なもので、痛くも痒（かゆ）くもないはずなのに「見られている」という感覚はしっかりと伝わってくる。前述したように「視線のナイフでメッタ刺しにされている気分で街を歩くのがつらい」と言った当事者がいるが、"見られるストレス"は心を蝕（むしば）むほどに厳しい。

　そのほか、「気持ち悪い」「かわいそう」「私なら自殺しちゃう」とつぶやく声が聞こえる、指さして笑われる、などは日常茶飯事のことで、通りすがりの見知らぬ人にすれ違いざま「そんな顔で歩くな」と唾を吐かれた人もいるのだ。

　プールや温泉といった施設では、他の客から「非常識だ」とクレームを付けられたり、アルコールが入るとさらに非礼となって「酒がまずくなる」と因縁をつけられ、席を移動するよう強要されることもある。本来そのようなクレームに対して断固とした態度を示さなくてはならないはずの施設側から「他のお客様の迷惑になるので遠慮してほしい」と言われる始末だ。

また、床屋や美容院など直接当事者に触れるような場合、まるで汚いものを触るような対応をする店員までいて、美容院では地獄だったという当事者もいる。

4　結婚

恋愛はふたりだけの問題ともいえるが、結婚となると話は違ってくる。

ある20歳代の女性が顔にアザがある男性と結婚しようとしたとき、親をはじめ親戚一同から猛反対された。結局、反対に抗いきれず、ふたりは別れてしまった。

親は賛成してくれたが、親類が反対だったというケースもある。相手の父親だけが味方となり「結婚に反対なら、縁を切る」と親類に啖呵を切ってくれて、ようやく結婚することができた。

このように家族や親類から反対されるという話は、残念ながらよく耳にする。他人事のうちはいいけれど、いざ身内のことになると寛容ではいられないようだ。「血が汚れる」などと信じられない言葉を投げつけられることさえあるほどだ。

「見た目問題」をとりまく社会環境

現代は、見た目が非常に重視されている。就職活動のために美容整形をしたり、小学生のうちからダイエットやメイクに躍起になっている。

テレビ、新聞、雑誌などのメディアには、"美しさ"を賛美する言葉が並び、まるで「キレイじゃなければ幸せになれない」と言わんばかりだ。感動的なドキュメンタリー番組をつくり「心が大事だ」と説く一方で、むしろ煽るようにハゲやデブを笑いものにし、外見重視を助長するばかりである。

そのうえ、日本では同調圧力がことさら厳しく、「まわりと同じであること」が強く求められる。

そのような社会は、見た目に症状をもつ当事者たちにとって非常に生

きにくく、彼らは常に強いストレスにさらされているのだ。

「見た目問題」は、人権問題なのか

　今年(2016年)、ある就職活動中の大学生の父親の投書が新聞に載った。娘はアルビノであり、企業の合同説明会で採用担当者たちから何度も「入社後、必ず髪を染めてもらう」と言われた。多様性が大切、個性を尊重するなどと企業は言うけれど、実態はそうではない。おかしいではないか、という内容だ。「マイノリティーが肩身の狭い思いをする必要はまったくないはずだ」という父親の主張は正当であり、まっとうな意見だ。
　ところが、この投書に対して、インターネット上で炎上騒ぎが起こった。「ただでさえ就職が難しい人もいるのに、髪くらい染めるのが何だ。ワガママ言うな」という論調だ。そして、企業にも社員を選ぶ権利はあるし、髪を染めるのが嫌ならば、その会社を選ばなければいいじゃないかと、一見、常識的な意見も多数散見された。
　しかし、これは、一企業や一個人の選択の自由の話などではなく、「見た目の違い」を多様性の一環として捉え、社会がそれを受容するのか、という問題である。そして、まさしくこの事案については、2015年にすでに裁判で判断がなされているのである。
　生まれつき髪の色が薄い女子高生がアルバイト先で、「髪を黒く染めるか、アルバイトを辞めるか」と会社側から迫られ、染髪を拒否したところ、アルバイトをクビになった。そこで、女子高生側が不当解雇であると会社を訴えたのだが、結果、判決では、「茶髪禁止」というときの茶髪とは、「染色や脱色により、生来の色とは異なる髪の色にしている場合を意味する」ものであり、「地毛が明るい色である場合を含むなどとはおよそ考えられ」ないとし、「髪を染めるように命令したことは、違法というほかない」と明確に示された。つまり、生まれつきの茶髪や白髪の人たちに対し髪を染めるよう要求することは到底許されず、会社側に対応の柔軟性が求められたのである。

また、私自身も講演で聴講者から「誰もが希望どおりの仕事につけるわけではない」と言われることがある。そこには、言外に「だから見た目の症状をもつ人たちが、接客業や会社の受付になれなくても仕方がない」という思想が含まれている。果たして、そうなのだろうか。

　個人の能力とはまったく関係なく、その見た目だけで門前払いすることは、障害があることを理由に他の人たちとは別の扱いをするという「障害者に対する直接差別」と同じであり、許されるものではないはずだ。

「見た目問題」の解決

　「見た目問題」とは、見た目に問題があるということではなく、見た目に症状をもつ人たちのまわりの人たちの対応に問題があるということだ。であるならば、変わるべきなのは社会の側ではないだろうか。

　公的支援もまわりの協力も得られなかった当事者は、すべて当事者個人の我慢や創意工夫によってなんとか問題を乗り切ってきた。しかし、「見た目の症状」という本人の努力ではどうにもできないことで理不尽な扱いを受けるということは、国籍、人種、身分などに対する差別同様、社会のしくみの問題であり、「見た目問題」当事者の行為そのものにはなんら責任はない。

　ひとりの人間として人格を尊重され、安心安全に生活することのできる権利を人格権という。憲法で明確に規定されているわけではないが、人間が人間らしく生きるための権利として当然認められる権利であり、「見た目問題」はまさに人格権の侵害といえるだろう。

　すなわち、「見た目問題」の解決とは、マジョリティ側に意識の変革を促し、当事者の前に立ちふさがっている社会の壁をなくすことで、当事者ひとりひとりが、自分らしく生きることのできる社会の実現といえよう。

　さて、そんな社会は理想かもしれないが、実現不可能だと思う向きもあるかもしれない。

では、「見た目問題」の最先端を紹介しよう。

Winnie Harlow（ウィニー・ハーロウ）は、カナダ出身のアフリカ系アメリカ人女性で、4歳の頃から白斑に悩んでいた。黒い肌をした彼女は白斑が目立ちやすく、「シマウマ」や「牛」と呼ばれ壮絶ないじめに遭い、自殺を考えたこともあったという。

そんな彼女の職業は、なんとファッションモデル。世界的に注目され、アパレル企業のキャンペーンガールを務めるなど、今や売れっ子のモデルだ。

2010年のミス・アメリカコンテストで、デラウェア州代表（ミス・デラウェア）に選ばれたのは、脱毛症のKayla Martell（ケイラ・マーテル）だ。彼女は10歳のときに髪を失い、普段は金髪のカツラを使用している。

そんな逆境をものともせずミス・デラウェアに挑戦し、五度目のチャレンジで栄冠を手に入れた。カツラを着用してのチャレンジだが、もちろん、脱毛症でカツラを使用していることを隠してはいない。カツラを外した姿も堂々と披露している。

彼女たちがなし得たことは何か。それは、ありのままの姿で華やかな世界に挑戦し、人びとの「美」に対する価値観を変えさせたことに他ならない。皮膚の色がまだらであっても、自分の髪は失いカツラを使用していても、美しいと評価させたのだ。

翻って日本では、残念ながらそこまで価値観の変革は起こっていない。しかし、近年、金子みすゞの「わたしと小鳥とすずと」という詩の一節「みんなちがって、みんないい」への関心が高まり、全員同じであることをよしとする文化に異論を唱える人たちが出てきていることは実感できるだろう。

また、「見た目問題」それ自体が新しい人権として注目され、メディアでも取り上げられる機会が増えた。

社会は、確実に変わろうとしている。

おわりに　日本の未来、多様性あふれる社会へ

　2015年に行ったアンケート調査で、1歳半の男の子の父親からこんな声が寄せられた。気道軟化症のため気管切開をし、人工鼻を付けているその男の子を連れて近所を散歩していると、子どもたちが男の子を見て「怖い」と言うそうだ。そんなとき、「今はまだ何を言われているか理解できていない息子が大きくなったときに辛い思いをするのではないかと心配になる」という。

　この子が大人になるまでに、「見た目問題」は社会的な問題であることを周知させ、「見た目問題」対策の制度を整え、かつ、人びとの価値観を変化させ、真に多様性あふれる社会にすることが、私たちに課せられた使命なのだと確信している。

　私たちMFMSは、けっして「キレイ」を否定しているわけではない。ただ、「キレイじゃなければ幸せになれない」と言わんばかりの行き過ぎた現状に危機感を抱いているのだ。

　そんな社会は、見た目に症状をもつ人たちにとってはもちろん生きにくい社会だが、普通の顔をした一般の人たちにとっても生きにくい社会であることは間違いない。

　MFMSでは、行き過ぎた外見重視に警鐘を鳴らし、見た目に症状があってもなくても、誰もが自分らしい顔で、自分らしい生き方を楽しめる社会の実現をめざしている。

当事者は語る

大変な道のりを、「幸せ発信」にかえて

河除静香　顔面動静脈奇形当事者

誕生

　1975年3月1日昼、私は富山県砺波(となみ)市の産婦人科医院で生まれました。とても天気の良い日だったそうです。
　しかし、その天気とはうらはらに、母の心には不安という雲が立ち込めていました。自分が生んだ赤ちゃんに、なかなか会わせてもらえなかったからです。
　「赤ちゃんに何かあったに違いない」母の不安は広がるばかりでした。
　そして誕生から10日目、母と私はようやく会うことができました。
　我が子と対面できた喜び……でもきっと、それ以外の気持ちも母にはあったことでしょう。母の周囲の人たちにも。
　この子の将来はどうなるんだろうか、どんな困難が立ちはだかるだろうか……。
　憂いていないのは、きっと、生まれたばかりの私だけだったはずです。

　私の顔には、生まれつきの変形がありました。「顔面動静脈奇形」という病気のためです。鼻と上口唇に血管の塊があり、患部が大きく腫れ上がっていました。
　母は私を生んだ当時、まだ、21歳という若さでした。周囲は若い母が私を育てるのは苦労が大きすぎるのではないかと心配し、祖母が引き取って育てる、という話も出たそうです。
　しかし母は、それを拒み、自分で育てる決意をします。
　「目がすごくかわいかった」母は言います。

私の目を見て、この子は素直に育つ、私が守って育てていく、と心に決めたそうです。

鼻血が大量に出る病気だったので、生後3カ月から出血を止める手術を始めました。それに加え、顔の形成手術も同時に行っていくことに。成人するまでに30回以上の手術を重ね、鼻血が大量に出ることはなくなったのですが、顔の形成手術はなかなか思うようにいかず、顔の変形は結局、治りませんでした。

河除静香さん

はじめての集団生活

この顔のせいで、物心がついた頃から、私は、はっきりと差別というものを感じて生きてきました。
人はいくつから意識的に他者に対して差別的な行動をとったりするのでしょう。
それは分からないのですが、保育所に入所した3歳の頃にはすでに、周りの子どもは私に対して差別行為をしました。そこから、私の差別の記憶は始まります。
そして、差別は私の人生に巣食い、その年代により形を変化させていくのでした。

保育園・小学校の頃の差別は、見た目に対するいじめ、暴言、悪口、暴力、仲間はずれなどでした。
特に男子からのいじめがひどく、「気持ち悪い」「バイキンが移る」と

言われ、フォークダンスなどでは、まともに手をつないでもらったことはありません。ちょっとでも体が触れると、汚いと言われ騒がれました。

　小学生になってからは、給食当番になるのが憂鬱でした。私が給食を配膳するのを嫌がる同級生がたくさんいたからです。私がよそうのを汚いと言って、自分でよそう人もいました。流れにそって順番に私の前に立つ人たちに「この人は大丈夫かな。この人は気持ち悪がらないかな」と伺いながら盛り付けをする自分。情けなかったです。

　私は、この見た目のせいで、いつも周囲からバイキンのように扱われました。

　また、上唇が腫瘍で飛び出ていたため、「あひるのガーコ」というあだ名がつけられていました。「ガーコ」と呼ばれるたびに、「アヒルじゃない。私はアヒルじゃない。私は人間だ」と腹が立ち、くやしさで涙がでました。

「お前に基本的人権はない」

　中学は小学校のメンバーが、ほぼそのまま持ち上がりだったので、いじめもそのまま続きました。

　そして中学生になると、皆、少し大人になったぶん、いじめは狡猾に。

　表向き、私の了承を得るように見せかけ、給食を取り上げる。おかずやおつゆなど、すべて取り上げられて、お盆に残ったのは食パン一枚だけ……という日もありました。数人で私の机を取り囲み、「これくれよ」「これ、いらないだろ」と笑いながら私のおかずを持ち去っていきました。彼らは、おかずがほしくて給食を取り上げるのではなく、給食を取り上げられたみじめな私を笑って楽しむために、そのようなことをしていました。

　悪口・暴言も、知識が増えた分、たちの悪いものになりました。

　中学３年の時、社会の公民で憲法の「基本的人権の尊重」を習ったと

きのことです。授業が終わり休み時間、彼らは私に言いました。
「お前に基本的人権はない」
笑いながら言っていました。
小学校の時に「アヒル」だと言われ、中学でまたもや「お前は人間ではない」と言われたようで、ショックでした。
この言葉は強烈に心の中に残り、大人になった今でも、たびたび私を傷つけます。
今現在、自分は一人の人間であり、必要な存在だと頭では理解しています。
しかし、鏡で自分の顔を見ている時、ふと、あの言葉が思い出され、「私は人間なんだ」と、「化け物じゃなくて、人間なんだ」と、自分に言い聞かせている時もあります。
彼らが、おもしろおかしくぶつけてきた言葉は、26年たった今も、私に付きまとっているのです。

親にも、先生にも言えない

先生や親に、相談はできませんでした。いじめられているという事実を知られるのが嫌でした。この顔のせいで、自分はいじめられ、虐げられている。子ども心にも、それは大変みじめで、情けなく、知られることは羞恥だと感じていました。
母は、私が子どものころにいじめを受けていたことを、最近まで知らなかったそうです。
学校の先生方は知っていたのか…正直、分かりません。
いじめはあからさまだったと思うのですが、やはり、本人がつらいと声を上げないと気づいてもらえないものなのかもしれません。私は、いじめられても笑ってごまかしてやり過ごそうとしていたので、周囲からはつらいようには見えなかったのでしょう。
でも、私がいじめを受けていることに気づき、何とかしようとしてく

ださった先生も、小中学校の間には数人いらっしゃいました。その先生方がかけてくださった言葉は、今でもよく覚えています。気づいてくださったこと、とても感謝しています。

　当たり前ですが、私はいじめてくる人たちが大嫌いでした。私のことを蔑(さげす)む人たち。その人たちが「私と同じ顔になればいいのに。不幸になればいいのに」という呪いを、心の中に持って恨んでいました。
　しかし、成人式の時、私と同じようにいじめによる思い出によって、つらい気持ちをもっている人がいるのを知りました。
　それは、中学の時に私を一番いじめていた男の子でした。
　成人式で久しぶりに顔を合わせたのですが、開口一番に、
「中学の時、いじめてごめんな」
と謝ってきました。
　たまたま、その時顔を合わせて口に出た言葉なのか、私に会ったら言おうと用意していた言葉なのかは分かりません。どちらにせよ、その言い方から、彼がずっと心に呵責を負っていたことは分かりました。
　「本当ならば、中学の時の私に言ってほしかった……」そう思いましたが、それは叶わないことです。
　しかし、今さらとは思いませんでした。たとえ５年越しでも、やっぱり謝ってくれたことは、うれしく感じました。
　そして私は、その一言で、彼に対する恨みが「すうっ」と、なくなるのを感じました。心が軽くなりました。
　「いじめてごめんな」たった一言です。
　でも、そのたった一言は、私が望んでいた言葉だったのです。
　私も「もう気にしてないよ」と返しました。

　私が彼の言葉によって心が軽くなった反面、彼は私ほどには心が軽くなったようには見えませんでした。
　あくまでも私は被害者、彼は加害者。

彼は中学の時に私をいじめたことで、一生「人をいじめた」という加害者の苦しい気持ちを抱えて生きていくのだと思います。テレビでもいじめのニュースなどが流れますが、それを見るたびに思い出して自分を責めてしまうこともあるでしょう。彼は「いじめをしていた自分」をすごく後悔していると思います。その後もたびたび会う機会があるのですが、顔を合わせた時の気まずそうな態度から、それを感じます。
　そう考えると、いじめというのは、いじめられた本人もつらいですが、最終的にはいじめを行う人間をも苦しめる行為です。
　どちらにも嫌な思いをさせて、何もいいことなんか残りません。

恋愛できるような立場にない

　高校・短大時代には、これは差別と言えるか分かりませんが、「自分が異性の恋愛対象にならない」ということについて悩みました。
　友人に誘われ合コンに行っても、声をかけられることもなく、ちらりとよこされる視線。
　「なんでいるの？」と言われているような気がして、いたたまれませんでした。
　今までとは違った意味で、自分の「見た目」をうらめしく思いました。「自分は恋愛できるような立場にないんだ。好きな人ができても告白とかはしてはいけないんだ」と思い込みました。

　また、この頃から、自分が他人からジロジロ見られているということに、敏感になりはじめました。
　一番つらいのは、友人たちといる時に、見知らぬ子どもからジロジロ見られたり、指さして揶揄されたりすることでした。自分がそんな見世物のような存在であることの恥ずかしさ、自分と一緒にいることで友人たちにまで嫌な思いをさせているのではないか、という申し訳なさに苦しみました。

友人たちは、そんなことがあると「気にするな」と言ってくれました。友人たちが善意で言ってくれているのは分かっていましたし、そんな友人たちが大好きでした。

でも、どうしてそう感じるのかは分かりませんが、そう声をかけられることさえも、みじめでならなかったのです。

不採用が続く就職活動「この顔のせいだ」

短大を卒業するころには、就職で差別を感じました。

ブライダル関係の仕事に就きたくて、通勤範囲にある4社を受けてみましたが、だめでした。そのうち1社が、採用できない理由を教えてくれました。

「うちは接客業なので、あなたのような外見の人は雇えない」

今思い返すと、理由を教えてくれたその会社は、誠実に接してくださったと思います。

しかし当時は、面と向かって、そんなことを言われたのがショックで、その言葉を受け入れることができませんでした。

その後も、事務の仕事を中心に何社も面接をしましたが、すべて不採用。今思えば、私の人間的な能力不足も多分にあったと思います。

しかし、その頃の私は「この顔のせいだ」とすべてを見た目のせいにして当たり散らし、家族にも「なぜ自分はこんな顔なのか」と怒りをぶつけていました。

そして、やっとのことで葬儀会社で事務として採用されました。

「目がいい！」と採用担当の専務はおっしゃいました。私は、自分の意欲が認められたようで、とても嬉しかったのを覚えています。

しかし、採用通知を受けてから数日後に連絡があり、「事務ではなくて、現場になってくれ」と言われました。

やっと就職できた会社……私は不本意ながらも、了承するしかありま

せんでした。

　私の代わりに事務として採用された人は、とてもきれいな女性でした。「やっぱり、そういうことなんだ。社会って、見た目なんだ」そう感じました。

　半年ほど働きましたが、ご遺体にかかわる仕事に、若かったせいもあり耐えられず、結局、辞めてしまいました。

幸せな結婚

　その後、倉庫作業の会社に就職。そこで、夫となる人物に出会います。

　私が入社して4年目、お互いに気心も知れた頃に、夫から申し出があり、お付き合いを始めました。

　しかし、付き合い始めてから1カ月後、夫が突然怒りだしたことがありました。私は、彼の怒りの原因が何なのか、さっぱり分かりませんでした。私が困り果てた頃、夫が切り出しました。

「なんで、病気のことをきちんと話してくれないのか？」

　私はびっくりしました。

　今まで、こんなふうに病気のことを、ストレートに聞いてくる人がいなかったからです。

　でも、嫌な気持ちにはなりませんでした。

　私は正直に、鼻血が頻繁に出ること、ジロジロ見られてつらいこと、などを話しました。

　すると夫は、

「ジロジロ見られてつらいなら、オレが着ぐるみを着て、隣を歩いてやる」

と言いました。私に降りかかる視線を、自分が代わりに受けるという意味です。

「この人は、私のことを真剣に想ってくれている」

　彼の誠実さを感じた瞬間でした。

そして1年後に結婚。
　私の場合ですが、結婚に関しては「見た目」で周りの反対を受けることもなく、幸せに結婚することができました。

マスクが手放せない

　結婚後、2人の子どもが生まれますが、妊娠を機に、病気が悪化しました。
　後から知ったのですが、私の「動静脈血管奇形」という病気は、妊娠によって悪化する傾向があるそうです。鼻血が大量に出るようになり、鼻の穴だけでは追いつかず、鼻とつながっている口や耳、目からも血が出るようになりました。生命の危機にかかわるということで、出血を止めるために、緊急で大きな手術をしました。
　手術によって、出血を止める治療は成功しましたが、それと引き換えに大きなダメージを負うことに……鼻と上口唇の皮膚がケロイド状になってしまったのです。
　私は、そのケロイドを隠すためにマスクをするようになりました。そして、マスクをするようになってしばらくたった頃、あることに気づきました。街を歩いてもジロジロ見られることがなく、自然でいられるのです。とても、楽なのです。
　もう、マスクは手放せなくなりました。
　仕事、買い物、とにかく外出の際は必ずマスクをつけます。今では、このマスクの顔は、私の第二の顔です。職場などでは、マスク姿の私しか知らない人もいます。
　しかし、マスク姿の私しか知らない人が、偶然、マスクの下の素顔を見てしまい、態度がよそよそしくなることがあります。
　そんな時は、とてもつらいです。
　そして、私自身、マスクを取った素顔を見られることに恐怖を覚えるようになりました。

「今まで普通に接してきた人が、素顔の私を見たら、どんなふうに私への印象が変わってしまうんだろうか」と考えると、とても恐ろしいのです。

私はマスクをしたまま、子どもと一緒にプールや海へ出かけます。そして、そのまま泳ぎます。外食をする時も、オープンな場所なら、マスクをしたまま食事をすることが多いです。夏の暑い時期も、汗だくになりながらマスクをしています。

事情を知らない人は、「どうしてマスクを外さないの？」と聞いてきます。でも、どんなに周りから変な目で見られても、そうするしかありません。

だって、マスクを取れば、もっと人は私をジロジロ見るのです。

私を楽に生かしてくれるマスクは、私にとって、盾であると同時に、足枷（あしかせ）でもあるのです。

「そういうことは需要がない」

8年前から私は、学校図書館司書として、中学校で働きはじめました。数年前のことです。

「生徒の皆さんに自分の『見た目』のことについて話をさせてもらう機会をもらえないか」と先生にお願いしたことがありました。中学生の頃から、「見た目問題」というものを知っていれば、大人になる頃には就職などで差別をしない人が育つのではないか、という思いからです。

しかし、その先生からの回答は、

「この学校では、そういうことは需要がない」

というものでした。

ショックでした。断られたことよりも、その断り文句がショックでした。

「私たちのこの『見た目問題』は需要とか、そういう問題なのか!?」

と悲しくなりました。

　突然の申し出でしたので、通常の授業がいっぱいで時間がない、というのなら分かるのですが、「見た目問題」を抱える私たちの存在は、需要と供給という無機質なものに置き換えられてしまったのです。

声を上げなければ、気づいてもらえない

　以上が、私が「見た目」で受けてきた差別の記憶です。

　最初のほうで申しましたが、私への差別は、年代によってさまざまに変化してきました。これから先も、いろんな困難があるでしょう。

　しかし、ここまで「差別」ということで綴ってきましたが、どこからが差別で、どこからが差別でないのかは、私自身の感じ方によるところも大きいと思います。

　「たかが見た目の話。こんなの差別のうちに入らないのでは。世の中には、もっと大変な人がいる」と、声には出さずガマンすることもできます。

　でも、それでは、昔の私と同じです。声を上げなければ、気づいてもらえない。社会を変えることはできない。

　先に活動を始めておられた「見た目問題」解決NPO法人マイフェイス・マイスタイルさんや他の当事者の方たちのように、自分の体験や思いを発信して「見た目問題」を知ってもらおうと、活動を始めることにしました。

　私は2010年に、マイフェイス・マイスタイルさんのホームページで、「見た目問題」という言葉を初めて知りました。自分以外の当事者の方とも、初めて会うことができました。

　「一人じゃない、他にも同じ境遇の人がいる」ということが分かり、勇気が出ました。

　2011年からは、「Smiley Tomorrow」という会を立ち上げ、活動をし

ています。会といっても、実質一人なのですが、協力や賛同してくださる方と一緒に、富山県内で交流会やイベントを開催しています。

交流会には、「見た目問題」の当事者や理解者、研究者の人たちが参加をしてくださいます。富山県内だけではなく、新潟、滋賀、京都、東京など、遠方からも足を運んでくださる方がいます。それだけ「見た目問題」として集まる場が少ないのだと思います。そして、みんな、話せる場を求めているんだなと、感じます。

ジロジロ見られた体験、あざなどの患部を隠さなければ生活できないつらさ、就職・結婚などがうまくいかない悩みなど、当事者同士でなければ分からない悩みを共有できます。

最初、暗い顔をして参加した人が、普段人に話せないいろんなことを話して、すっきりして、とてもいい笑顔で帰っていかれます。

私自身も、交流会が心のよりどころになり、明日からも乗り切って行こうという元気をみんなからもらえます。自分の悩みを共有できる場があるというのは、こんなにも心が軽くなるのかというのをすごく感じます。

細々とでもいいから、交流会はこの先も長く続けていきたいと思っています。

一人芝居をはじめて

また、2014年からは、自分の体験をもとに、一人芝居を始めました。

一人芝居を始めたきっかけは、長くなるので省略しますが、芝居を始めたことで、感じたことがあります。

もともとは1回限りのつもりの芝居でした。

でも、舞台で芝居をした後、お客さんたちが「かっこよかったよ。素敵だったよ」と声をかけてくださいました。とても嬉しかったです。そして、「見た目問題を持った自分でも輝くことができるんじゃないか?」と思ったのです。

もちろん「そんなのお世辞だよ！　勘違いしたらだめだ！」というのは十分に分かっています。
　でも、本来、私たちのような「見た目問題」当事者が舞台など芸能に関することに登場することは、まずありません。
　だからこそ、自分がこの舞台に上るということには意味があるのではないか、と思いました。
　「もしかして、私が芝居を続けることによって、この先、自分もやってみようという『見た目問題』当事者が現れるのではないか。そして、『見た目問題』当事者が芸能という分野に登場するのが当たり前の時代がやってくるのではないか。そうすれば、『見た目問題』というのは社会で当たり前のことになり、当事者が生きやすい時代が来るのではないか」と、思いました。
　とても希望的観測ですが、そんな明るい未来を想像して、一人芝居はこれからも続けていこうと思います。

　実は、この芝居がきっかけで、「ドラマにでませんか」というオファーをいただきました。NHK、Eテレのバリバラという番組が特集で作った「悪夢」というドラマです。
　出演者のほとんどが何らかの障害・ハンディを持っていて、障害をテーマにしながらもお涙頂戴ではないという、今までにない斬新なドラマでした。
　でも、オファーをいただいた当初は、出演するかどうか、正直悩みました。私自身は出てみたいと思ったのですが、私が出演することによって、「見た目問題」当事者の人たちで嫌な気持ちになる人がいるのではないか？　ただ私の顔がインパクトという面においてだけ扱われるのではないか？　など、あれこれと考えました。
　しかし、監督さんが富山まで訪ねてきて、「いろんな人がいるということをテーマにしたドラマにしたいんだ」と話してくださいました。私は監督さんの真意が分かり、「吉と出るか凶と出るかは分からないけれ

ど、断ったら後悔する」と、思い切って出演することにしました。
　結果は大成功！　とてもよいドラマだと、各方面から称賛がでました。
　いろんなハンディを持った人たちが、自分の役を堂々と演じ、テレビの中で輝くのは、私が一人芝居を続ける想いと通じるものがありました。

ひとりでも多くの人へ、思いを届ける

　また、大きな活動として、2015年6月に富山県南砺市で『「こわれ者の祭典」×「見た目問題」inとやま〜生きづらさだョ！全員集合！〜』というイベントを開催しました。
　イベントでは、新潟を拠点に活動している病気自慢パフォーマンス集団「こわれ者の祭典」の詩の朗読、富山ダルクの和太鼓演奏、マイフェイス・マイスタイルの写真展などがありました。そして、私も一人芝居を発表しました。
　出演者は、ぜんぜん関係のない集まりに見えますが、「生きづらさ」という共通点をもち、それでもおもしろく、楽しく人生を生きている、生きたいんだ、ということを発信したくて集まりました。

　私は、一人芝居の中に、あるメッセージを入れました。それは、母へのお礼です。今まで育ててくれたことへの感謝を込めて、お話を考えました。
　この文の冒頭で、私が生まれた時の話を書きましたが、そのエピソードをお芝居に盛り込みました。10日間会えなかったこと。祖母が引き取ろうかと言ったこと……。
　イベントの後で、「その当時のことがまざまざと思い出されるようだった」と母が言っていました。
　主人公の女の子という役を通じてですが、「生んでくれて、育ててくれてありがとう」という言葉も伝えることができました。

イベント会場には130人以上のお客さんがご来場くださり、終了後には、「感動した」「すごかった」「応援してるよ」「勇気をもらえた」とたくさんの言葉をもらえました。
　趣旨としては病気の啓発イベントではありますが、舞台パフォーマンスとして楽しんでもらえたのが嬉しかったです。
　お客さん、スタッフ、出演者、みんなで一体となって作り上げたイベントは、大成功に終わりました。

　また、このイベントの様子を、NHKさんが特集番組として全国放送してくださり、視聴者の方から、たくさんの反響が届きました。
　「見た目」の生きづらさを、こうやって多くの人に知ってもらえて、本当にありがたいです。

　2015年8月には、一般社団法人部落解放・人権研究所が開催された『「今日の差別の現実」報告会』にマイフェイス・マイスタイルさんの枠の中で、当事者として話をさせてもらいました。
　あらかじめ書き上げた原稿を冷静に淡々と読み上げていく、はずでした。
　しかし、私の順番が来たとたん、読めなくなったのです。読み上げようとすると嗚咽が出て、言葉になりませんでした。
　自分のつらかった体験。
　しかし、現在の幸せに生きている自分にとって、それは過去のこと。もうなんとも思わない。そう思っていました。
　でも、そうではなかった。
　マイフェイス・マイスタイルの外川さんのフォローもあり、なんとか気持ちを取り直して、最後まで読み上げましたが、途中に何度も嗚咽が混じり、大変聞き取りにくかったことと思います。
　それでも最後まで真摯に聞いてくださった会場の人たちには、本当に感謝しています。

つらい過去ですが、話すことで人の役に立つかもしれないと思うと、報告できてよかったと思いました。

おわりに

　今、こうやっていろいろ活動できるのは、マイフェイス・マイスタイルの外川さん、今まで知り合ったたくさんの当事者の人たち、支援者の人たちのおかげです。
　お互いに勇気や元気をもらったり、あげたりしながら、私たちは生きています。
　それぞれの場所に戻れば、一人で立ち向かわなければならない場面もあります。
　でも、そんな時は、一緒にいた時間を思い出すと、乗り越えられます。
　そして、私自身、たくさんの人に支えられて、いろんな活動をして、自分がこの顔に生まれてきたことの意味を、少しずつですが見出せてきています。
　自分の道をしっかり歩いている「見た目問題」の当事者の方がたくさんいて、それに比べれば自分はまだまだ未熟者だと感じます。
　それでも一例として、「幸せ発信」ということをしていけたら、と考えています。
　私の幸せは、夫、子どもたち、家族がいる、今、自分の好きな仕事に就いているなど、ほんのささやかな幸せです。
　でも、そのささやかな幸せを手に入れるのは、「見た目問題」当事者として、結構大変な道のりでした。
　人生に不安を抱いている若い当事者、当事者の親御さん。そんな人たちに「見た目問題」当事者でも、幸せに生きているというのを伝えられるように、これからも、いろんなことにチャレンジしていきたいと思います。
　まだまだ、「見た目問題」は無くならないとは思いますが、他の当事者、

理解者の仲間とともに、進んでいきたいです。
　自分の活動が問題解決のための礎(いしずえ)のかけらにでもなりますようにと、これからもがんばっていこうと思います。

部落問題の
いま

部落問題のいま

内田龍史 尚絅学院大学准教授
妻木進吾 龍谷大学准教授
齋藤直子 大阪市立大学特任准教授

はじめに

　本稿は、「部落問題のいま」「当事者は語る」「関係法令資料」の3部構成（「関係法令資料」は略）となっており、部落差別の現実を多くの人に知ってもらうために作成されました。
　「部落問題のいま」は、奥田均編著『知っていますか？部落問題一問一答　第3版』(2013年、解放出版社)をもとに部落問題を概説したうえで、各種資料や、新たに実施した調査にもとづき、近年の差別事件を紹介しています。「当事者は語る」は差別事件の当事者からの報告を掲載しています。

部落問題とは?

1　部落とは？　部落問題とは？

　「部落」ということばは、集落・村落などを指す用語として一般的に用いられています。しかし、その意味で使われる「部落」は、差別の対象となっているわけではありません。江戸時代以前の身分制度のもと、賤民身分とされた人びとが居住している地域（部落）であるために、差別の対象となってきた部落のことを、今日では「被差別部落」と呼び、その略称として「部落」という用語が使われるようになっています。
　部落問題とは、部落出身者と見なされた人びとが、差別を受けることによって生じている現代の社会問題です。江戸時代以前の賤民身分制度は、明治維新期のいわゆる「解放令」(1871年)によって廃止され、「文

明開化」が進むなか、日本社会においても自由と平等という近代の原理が打ち立てられました。しかし、明治維新以降の近代化を経てもなお、日本社会の仕組みや意識は、かつての賤民身分の人びとやその居住地を手がかりにして、差別を温存、さらには再生産しました。それが今日の部落差別の始まりです。

　自由と平等をその基本理念とする近代社会の建前としては、このような差別は許されないため、部落差別は「解決されなければならない社会問題」として登場することになりました。部落問題は、封建的な身分にもとづく差別に端を発していますが、それは今もなお残されているだけの問題ではなく、近代以降の日本社会が生み出し続けてきたものです。

2　同和対策審議会答申と同和問題

　1965年に出され、以降の部落問題の解決に向けた行政施策の指針となった同和対策審議会答申は、部落問題のそうした側面を、次のように説明しています。

> いわゆる同和問題とは、日本社会の歴史的発展の過程において形成された身分階層構造に基づく差別により、日本国民の一部の集団が経済的・社会的・文化的に低位の状態におかれ、現代社会においても、なおいちじるしく基本的人権を侵害され、とくに、近代社会の原理として何人にも保障されている市民的権利と自由を完全に保障されていないという、もっとも深刻にして重大な社会問題である。

　答申が出された当時、日本社会は高度経済成長を遂げていましたが、人びとの部落への差別意識は根強く残っていました。そのため、差別によって生じた貧困と、貧困によって生じる差別といった、差別と貧困の悪循環に多くの部落の人たちが苦しんでいました。

　このような問題に対して、部落差別の撤廃をめざす部落解放運動は、

先行して同和対策を実施してきた自治体とともに、1950年代から部落差別撤廃のための国策樹立請願運動を実施しました。こうした運動の要求を受けて、国の方策を決めるため、1960年に総理大臣の諮問機関として同和対策審議会が組織されました。同和対策審議会は調査部会を設け、全国の部落の実態を把握するための調査を実施しました。その結果をもとにまとめられたものが同和対策審議会答申です。

答申は、その前文で、同和問題の早急な解決は「国の責務であり、同時に国民的課題である」という認識を示します。

> 同和問題は人類普遍の原理である人間の自由と平等に関する問題であり、日本国憲法によって保障された基本的人権にかかわる課題である。したがって、審議会はこれを未解決に放置することは断じて許されないことであり、その早急な解決こそ国の責務であり、同時に国民的課題であるとの認識に立って対策の探求に努力した。

さらに答申は、部落差別を「心理的差別」と「実態的差別」に分類します。

> 心理的差別とは、人々の観念や意識のうちに潜在する差別であるが、それは言語や文字や行為を媒介として顕在化する。たとえば、言葉や文字で封建的身分の賤称をあらわして侮蔑する差別、非合理な偏見や嫌悪の感情によって交際を拒み、婚約を破棄するなどの行動にあらわれる差別である。実態的差別とは、同和地区住民の生活実態に具現されている差別のことである。たとえば、就職・教育の機会均等が実質的に保障されず、政治に参与する権利が選挙などの機会に阻害され、一般行政諸施策がその対象から疎外されるなどの差別であり、劣悪な生活環境、特殊で低位の職業構成、平均値の数倍にのぼる高率の生活保護率、きわだって低い教育文化水準など同和地区の特徴として指摘される諸現象は、すべて差別の具象化であ

るとする見方である。

そして「心理的差別」と「実態的差別」の相互作用と悪循環を指摘します。

> このような心理的差別と実態的差別とは相互に因果関係を保ち相互に作用しあっている。すなわち、心理的差別が原因となって実態的差別をつくり、反面では実態的差別が原因となって心理的差別を助長するという具合である。そして、この相関関係が差別を再生産する悪循環をくりかえすわけである。

こうした定義から導かれる部落差別の解決方策は、「心理的差別」と「実態的差別」の悪循環を絶ち切ることでした。そのために、以降実施された同和対策事業は、「実態的差別」への対策として、同和地区の特徴として指摘される諸現象を克服するための施策を実施し、「心理的差別」への対策として、主に教育・啓発活動を行っていくことになりました。

3　同和対策の取り組み

被差別部落のことを「同和地区」と呼ぶことがあります。「同和地区」とは、都府県が部落差別の撤廃のために実施した同和対策事業の対象地域として指定した部落のことです。同和対策事業は、先に紹介した同和対策審議会答申を受け、1969年に制定された「同和対策事業特別措置法」以降本格化しました。行政は、（心理的）差別や不平等（実態的差別）に直面していた部落を「同和地区」として指定し、積極的に差別の撤廃や不平等の克服をめざす特別対策（アファーマティブ・アクション）として、住環境改善をはじめ、教育面、就労面などを底上げする取り組みを実施してきました。そのため行政用語としては、部落問題のことを「同和問題」と呼ぶことが一般的です。

ただし、同和地区に指定されず、対策が行われずに放置された部落も

存在します。そうした地区のことを「未指定地区」と呼びます。たとえば、1935年の中央融和事業協会の調査によれば、全国の部落数は5,361カ所（人口999,687人、総人口比1.44％）ですが、全国レベルで最後に実施された1993年の総務庁調査では4,442地区（同和関係人口892,751人、総人口比0.72％）となっており、相当数の地区が未指定のままに取り残されたと推測されます。

　同和対策事業は、1969年の「同和対策事業特別措置法」の制定後、1982年制定の「地域改善対策特別措置法」、1987年制定の「地域改善対策特定事業に係る国の財政上の特別措置に関する法律」を根拠として、全国の同和地区に対して実施され、住環境改善、奨学金制度の充実などによる就業・教育における機会均等の保障、進路保障、就労保障、同和地区内企業の産業振興や、同和教育・社会啓発を通じての差別の撤廃を目指して、一定の成果をあげてきました。これら一連の特別措置法は2002年3月に期限切れを迎え、その後は国レベルでの特別対策は行われていません。

見なされる差別

1　部落差別のあいまいさ

　ところで、差別には必ず、それに先立つ区別があります。

　区別とは、「違いによって分けること。また、その違い」（『広辞苑』）のことです。人間にも身長や体重などの身体的区別や、人種、民族、国籍、宗教、言語、年齢、経済力、学歴など、さまざまな区別、違いがあります。差別とは、こうした区別に、優劣や貴賤などの価値基準を与えることを意味します。さらにはそうした価値基準にもとづき、社会的な待遇や個人的な関係において、公正でない取り扱いや行為をすることも含まれます。

　ところが現代において、部落差別は、その差別の前提となる区別が不明瞭となっています。たとえば、部落差別の対象とされている部落出身

者には、人種差別の対象となるような、ほかの人びとと区別できる身体的特徴はありません。

　部落差別の対象としては、かねてから部落産業と呼ばれるような特定の職業に従事している人びと、祖先をたどれば江戸時代以前の賤民身分の人びとに血縁的につながる人たちだという理解がありました。しかし現在は、身分が世襲され、職業が固定化され、しかも同じ身分の者同士の結婚を原則とした近代以前の身分制社会ではありません。高度経済成長による社会変動や、部落差別を撤廃するための取り組みが進んだことにより、職業が多様化し、部落出身者と部落外の人びととの結婚も広がっています。部落差別の対象を、かつてのように職業や血縁的系譜で区別することは難しくなっています。

　また、現在部落に居住している住民も、必ずしも皆がずっとそこに住み続けているわけではありません。2000年に実施された大阪府の調査によれば、自然増減を無視すれば、1990年からの10年間だけで同和地区からは人口の26％もの住民が転出しており、また新たに9.4％の住民が転入してきていることがわかりました。人口移動の激しい都市部において、同和地区住民の流出入は全国的現象であると推測されます。逆にいえば、部落に血縁的系譜を持っている人びとが地区外に多数流出し、さまざまな地域で生活していることもまた間違いない事実です。

2　部落差別の特徴

　それでは、部落差別を受けている「部落の人びと」は、どのように判断されているのでしょうか。表1は、「世間ではどのようなことで同和地区出身者と判断していると思いますか」という問いに対する2010年の大阪府と2009年の三重県伊賀市の市民意識調査の結果です。両調査の結果を見ると、「本人が現在、同和地区に住んでいる」の割合が最も高く、以下「本人の本籍地が同和地区にある」「本人の出生地が同和地区である」「父母あるいは祖父母が同和地区に住んでいる」などといった項目を選択した割合が高くなっており、「同和地区出身者」にかかわる判断基準

表1 同和地区出身者と判断している理由（複数回答可）

	回答者数	本人が現在、同和地区に住んでいる	本人が過去に同和地区に住んだことがある	本人の本籍地が同和地区にある	本人の出生地が同和地区である	父母あるいは祖父母が同和地区に住んでいる	父母あるいは祖父母の本籍地が同和地区にある	父母あるいは祖父母の出生地が同和地区である	職業によって判断している	その他	わからない	無回答・不明
大阪府(2010年)	874	41.4%	19.2%	31.8%	30.2%	25.1%	22.5%	22.1%	13.5%	2.1%	20.7%	12.2%
三重県伊賀市(2009年)	990	55.3%	23.7%	35.7%	35.2%	29.3%	21.9%	20.2%	5.1%	1.0%	22.9%	3.8%

奥田編著（2013:10）より引用

が多様であることがわかります。

　しかし注意深く結果を見ると、共通する要素があります。それが同和地区という「土地」です。本人・両親・祖父母といった対象者の違いや、現住所・本籍地・出生地といった「土地」の種類の異なりはあるものの、大きくは同和地区（部落）とされてきた土地との関わりがあるかどうかで、その人が部落出身者かどうかの判断がなされています。さらに、割合は低いですが、「職業によって判断している」人もいます。

　このように、判断基準があいまいであればあるほど、私たちは誰でも「部落出身者」になる可能性が出てきます。つまり、身分制にもとづく血縁的系譜がなくとも、部落に住んだり、生まれたり、職業などで関係すると見なされれば、対象となる人びとに部落出身であるという自覚があろうがなかろうが、「部落出身者」と見なされて、差別を受ける可能性があります。なぜなら、ほかの人びとと区別できる身体的特徴がないからです。ここにこそ、現代における部落差別の特徴があります。

　自ら望んで差別されたいという人は誰一人いないでしょう。では、部落差別がある社会のなかで、自分が差別されないためにはどうすればよいでしょうか。方法は大きくわけてふたつあります。非常に簡単な方法は、自分が差別されないために、差別する、すなわち、自分が部落出身者と見なされないようにできるだけそうした人びと・土地と関わりあい

を持たないようにすることです。事実、結婚差別や部落（土地）を忌避する際に、このような論理が頻繁に持ち出されます。ただし、この方法を選択した場合、部落差別は温存されたままになりますし、行動としてあらわされた場合には差別事件となったり、差別を強化することにもなります。

　もう一つの方法は、そうした差別はおかしいと思って、部落差別の撤廃をめざす方向性です。どちらの方法を選択することが望ましいのかは明白でしょう。ただし、後者を実現し、差別を撤廃するためには多くの人びとの協力が必要となり、一朝一夕にはかないません。人びとの地道な努力が必要となりますし、差別を規制するための法律や、差別を受けた人びとの人権救済をする仕組みも必要となるでしょう。

部落差別の現実

1　見えない存在

　部落問題に取り組むスタートラインは部落差別の現実にあります。しかし、そうした差別の現実が見えにくいことも事実です。そのために、先に紹介した同和対策審議会答申においても、「世間の一部の人々は、同和問題は過去の問題であって、今日の民主化、近代化が進んだわが国においてはもはや問題は存在しないと考えている。けれども、この問題の存在は、主観をこえた客観的事実に基づくものである」とわざわざ明記しています。また、特別対策事業の廃止を打ち出した1996年の国の地域改善対策協議会の意見具申においても、「同和問題は過去の問題ではない」と断言しています。ではなぜこのように明記しなければならないほど、部落差別は見えにくいのでしょうか。

　そのひとつの要因は、部落問題は、日本社会における典型的なマイノリティ（少数派）問題だからです。マイノリティの人びとは、文字どおり人数が少ないことに加え、マジョリティ（多数派）と比較して弱い立場に置かれがちです。

部落出身者が現在何人くらい存在しているのかを正確に把握するすべはありませんが、ひとつの指標となるのが、1993年の総務庁（当時）による同和地区実態調査結果です。そこでは部落問題を解決するために行政によって「同和地区」と指定された地区の住民が、2,158,789人となっていました。そのうち被差別部落にルーツがあると考えられる「同和関係者」は892,751人でした。同和地区内外への流出入といった人の移動という要素をひとまず除外すると、「同和地区住民」「同和関係人口」の数は、おおむね日本の人口の1〜2％だと見積もることができます。

　同和地区外に居住する部落出身者も存在することから、実際にはもっと多いとしても、人数の上ではマイノリティであることに変わりはないでしょう。人数が少ないということは、マジョリティの人びとにとって部落出身者と出会う確率が少なく、部落問題にリアリティを持ちにくくなります。この人数の少なさに加えて、先に述べたように、部落出身者は身体的にマジョリティ日本人と変わるところはないため、マジョリティからは見えない存在になりがちです。逆にいえば、差別の現実をしっかりと受け止めようとする姿勢や、差別の現実を把握するための取り組みがなければ、簡単に見過ごされてしまうことになります。

　さらに、差別問題には、それが厳しければ厳しいほど表面化しないという力が働きます。部落差別の場合、部落出身者として差別を受けたことを告発することそのものが、みずからが部落出身者であることをカミングアウトすることとなり、差別の対象としてさらなる差別を受けてしまうこともあるからです。部落差別の最も厳しい課題である結婚差別問題が、実態としては存在しながらもなかなか表面化しないのはそのためであり、差別の現実を差別の力がねじ伏せ、表面化させない状況が存在しています。

　差別の現実を告発することが難しい部落差別の特徴を踏まえるとき、実態を把握するための調査の役割は大きいといえます。さらに、そうした実態調査を踏まえた部落差別の現実認識を共有するための学習活動の重要性は、ますます高まっているといえるでしょう。

2 部落差別のとらえ方

では、部落差別の現実を、どのようにとらえればよいのでしょうか。

部落差別の現実は、従来、同和対策審議会答申の「心理的差別」「実態的差別」といった定義にならい、次の三つの領域からとらえられてきました。市民の差別意識（A）、部落の生活実態（B）、差別事件（C）です。しかし、差別事件として表面化するのは氷山の一角です。実際には、表面化しない市民の日常生活に広がっている部落差別の「加差別の現実」（D）があることや、差別は部落の人びとの心のなかに深い傷を生じさせているという心理面における被差別の現実（E）も、部落差別の現実として受け止める必要があります。そのために今日では、五つの領域からこれをとらえることが提起されています。それを部落内外の別と、心理面・実態面の別で領域図として示したのが図1です。

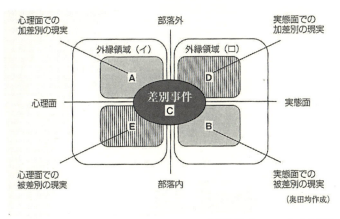

図1 部落差別の現実の5領域

（奥田均作成）

奥田編著（2013：13）より引用

差別事件（C）については次章で紹介しますので、以下ではほかの4つの領域について、最近の調査などから把握できる差別の現実について紹介します。

部落問題のいま 209

①市民の差別意識（A）

市民の差別意識の現状を紹介する前に、部落問題が日本社会においてどの程度認識されているのかについて、内閣府が数年ごとに実施している「人権擁護に関する世論調査」の最新の調査結果（2012年8月実施）を紹介します。

図2は同和問題の認知経路をたずねた結果ですが、「同和問題を知ら

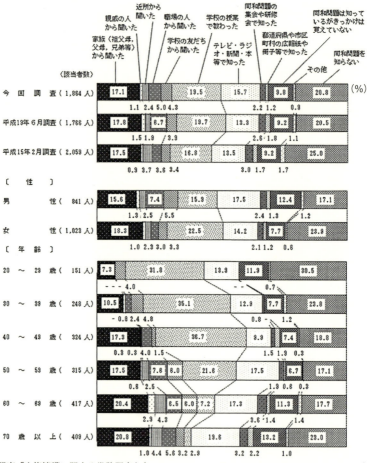

図2　同和問題の認知度

（内閣府「人権擁護に関する世論調査」(http://survey.gov-online.go.jp/h24/h24-jinken/zh/z11.html) より引用、参照2015-11-28）

ない」という選択肢が用意されており、結果として認知度を把握することが可能です。

　結果、2012年段階での「知らない」と回答した割合は20.8％となっており、そもそも5人に1人が同和問題を知らないことがわかります。

　さらに、年齢階層別では若年層での認知度の低下を指摘することができます。すなわち60歳代で17.7％、50歳代が17.1％と低くなっていますが、若年になるほどその割合は高まり、20歳代では30.5％とおよそ3割が「知らない」状況にあります。

　ここで指摘しておきたいのは、部落問題のことを知らない人が、そのことを差別と認識せずに差別してしまうことの危険性です。情報化が急速に進展する現代社会は、世界中どこからでもインターネットにアクセスして情報収集することが可能な時代であり、かつ、インターネット上の部落に関する情報の多くは、残念ながら偏見情報にまみれています。

　部落問題についての知識が不十分な状況で、これらの差別・偏見情報に出あった場合、部落問題についての学習をしておらず、差別・偏見として見抜く力が備わっていなければ、素直に受容してしまう可能性は高いでしょう。そしてそこで得られた情報を周囲に伝達してしまえば、差別を強化してしまうことになります。

　その一方で、結婚や土地に対する差別意識も見られます。

　2010年に実施された大阪府の人権意識調査によると、「結婚相手を考える際に、同和地区出身者かどうか気になる（なった）」人の割合は20.6％でした。「自分の子どもの結婚を考える場合」では、21.2％でした。結婚において部落出身者を排除する意識がまだまだ根強いことを示しています。

　また、表2は、「家を購入したり、マンションを借りたりするなど、住宅を選ぶ際に、価格や立地の条件などが希望にあっていても、次のような条件の物件の場合避けることがあると思いますか」との質問に対する回答です。物件が同和地区内の場合、「避けると思う」と「どちらかといえば避けると思う」の合計は54.9％と過半数を超えています。同和

地区と同じ小学校区の場合でさえ「避ける」とした人の合計は43.0％でした。同和地区に対する強い忌避意識が明らかになっています。

表2　住宅を選ぶ際の同和地区に対する忌避意識

	回答者数	避けると思う	どちらかといえば避けると思う	どちらかといえば避けないと思う	まったく気にしない	わからない	無回答・不明
同和地区の地域内である	903	30.5%	24.5%	11.6%	11.5%	12.8%	9.1%
小学校が同和地区と同じ区域になる	903	19.0%	23.9%	17.6%	17.7%	11.8%	9.9%

奥田編著（2013:14）より引用

　東京の調査（図3）においても、自分が同和地区出身者と結婚する際に反対されたときの対応をたずねており、未婚者のみの経年変化を見ると、「家族の者や親戚の反対があれば、結婚しない」が1999年調査では3.9％だったものが、2013年の調査では7.4％に、「絶対に結婚しない」は0.9％から6.3％増加するなど、差別する傾向が強まっていることがわかります。自分が同和地区出身者と結婚する際の態度については、近年の他の府県での調査においても同様に悪化している傾向が見られます。

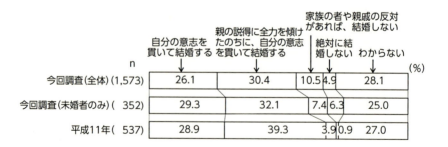

図3　本人の結婚（東京都：53より引用、平成11年は未婚者のみ）
同和地区出身者との結婚に反対されたときの対応－過去との比較

図4　住民税課税状況

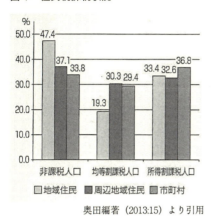

奥田編著（2013:15）より引用

図5　生活保護受給世帯

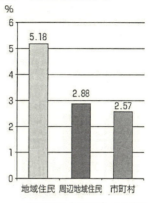

奥田編著（2013:15）より引用

②部落の生活実態（B）

　図4と図5は、厚生労働省の社会福祉推進事業を活用して2012年度に実施された「今後の隣保館が取り組むべき地域福祉課題を明らかにする実態調査」の結果です。全国887館のうち873館が回答したこの調査は、1993年の総務庁調査以来の、全国の同和地区の実態を明らかにしたものでした。これによると、住民税の課税状況において、「地域住民」（同和地区住民）は、非課税人口が47.4％と高いなど低所得状況が浮き彫りになっています。そうした結果として、生活保護受給世帯率は当該市町村の約2倍と高く、生活実態における部落の低位性がなお厳しく存在していることがわかります。

　また、2010年の国勢調査を用いた大阪府の同和地区調査結果からは、地区住民の特徴として、大阪府全体と比較して少子高齢化が進んでいること（図6）、単独世帯割合が高いこと（図7）、学歴が低いこと（図8群）、完全失業率（仕事を探していた者（完全失業者）の数/労働力人口）が高いこと（図9群）、職業構成として生産工程・輸送・建設労働者などのブルーカラーの割合が高く、管理・専門・事務職などのホワイトカラーの割合が低い（図10群）ことなどが明らかになっており、相対的に厳しい状況が引き続いていることがわかります。

図6 年齢階層別人口構成

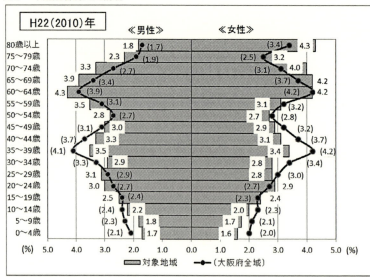

・同和地区　：2010年国勢調査（男性38,917人、女性40,494人）
・大阪府全域：2010年国勢調査（男性4,285,566人、女性4,579,679人）

図7 家族類型別世帯構成

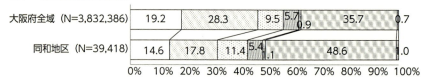

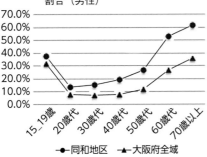

図8-1　年齢階層別最終学歴「中学卒以下」割合（男性）

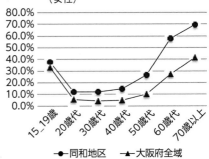

図8-2　年齢階層別最終学歴「中学卒以下」（女性）

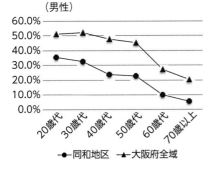

図8-3　年齢階層別最終学歴「高等教育修了者」（男性）

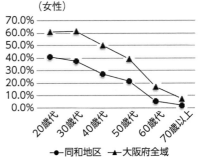

図8-4　年齢階層別最終学歴「高等教育修了者」（女性）

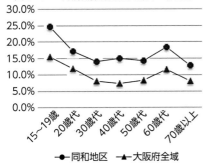

図9-1　年齢階層別完全失業率（男性）

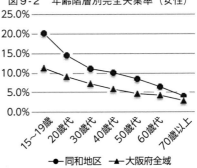

図9-2　年齢階層別完全失業率（女性）

部落問題のいま　215

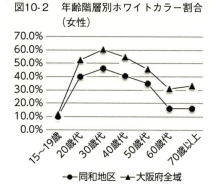

図10-1　年齢階層別ホワイトカラー割合（男性）

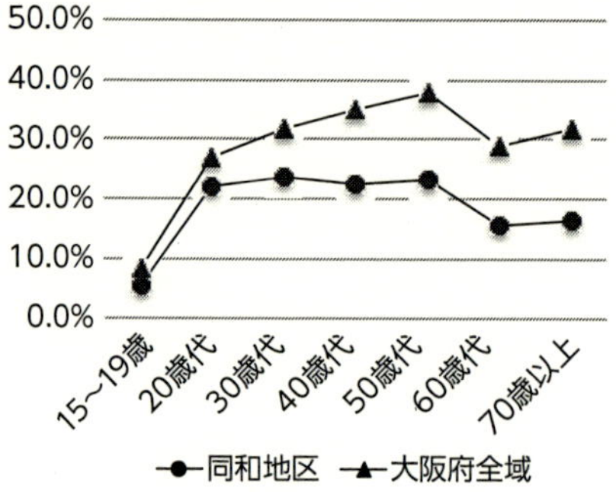

図10-2　年齢階層別ホワイトカラー割合（女性）

③加差別の現実（D）

　市民の日常生活に広がっている部落差別の「加差別の現実」（D）としては、不動産売買における部落問い合わせの実態を見ることにします。図11は、大阪府(2009年)、京都府(2010年)、香川県(2010年)、三重県(2011年)における宅建業者に対する調査の結果で、宅建業者が市民や同業者から「取引物件が同和地区であるかどうかの問い合わせを受けた経験」を示しています。これによると、京都府の44.0％をトップに、いずれにおいても3分の1以上の業者がこうした質問を受けていることがわかります。4府県の調査対象業者数の合計は18,358でしたので、年に1回そうした差別調査の質問を受けたことがあるとしただけでも6,000件以上の差別事件が発生していることになります。市民の日常生活のなかに、差別の実態がはびこっています。

　また、戸籍の不正入手事件もあります。2011年11月に発覚した「プライム事件」では、職務上請求書を偽造して戸籍や住民票を不正に取得したとして、東京都千代田区の司法書士事務所「プライム総合法務事務所」の社長と同社員の司法書士と元弁護士、横浜の探偵社社長、京都のグラフィックデザイナーの5人が逮捕され、全国で1万件以上にのぼる不正取得が明らかになりました。プライム社の社長は「依頼の8割から9割は結婚相手と浮気の調査」、横浜の探偵社社長は「半分は結婚相手の身

図11　同和地区の物件であるかどうかの問い合わせを受けた経験

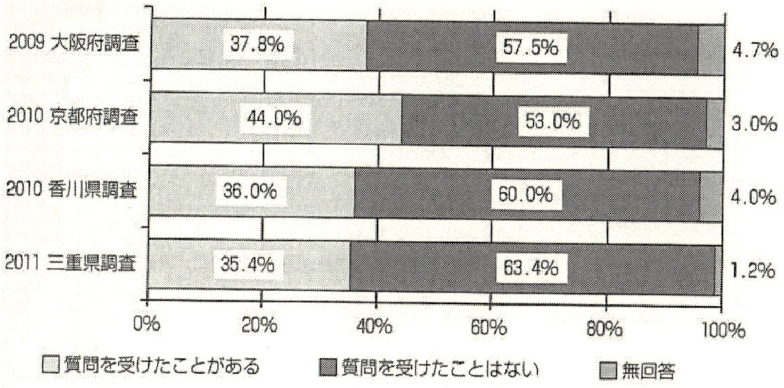

調査	質問を受けたことがある	質問を受けたことはない	無回答
2009 大阪府調査	37.8%	57.5%	4.7%
2010 京都府調査	44.0%	53.0%	3.0%
2010 香川県調査	36.0%	60.0%	4.0%
2011 三重県調査	35.4%	63.4%	1.2%

奥田編著（2013:17）より引用

元調査依頼」と証言しています。

その後も2012年6月にはハローワーク横浜の職員と神奈川県内の調査会社代表、7月には携帯電話会社の店長と広島県の興信所経営者、長野県警の現役巡査2人、元警部1人の3人が逮捕されました。これらの事件についても、偽造された職務上請求書によって、戸籍や住民票が不正に取られ、ハローワークからは職歴情報、電話会社からは携帯電話の情報、警察からは車両の情報が不正に流され、いずれもわかっているだけで数千件の情報が売買され、不正を働いたものは巨額の利益をあげていました。

こうした不正の背景に、身元調査へのニーズがあることはいうまでもありません。結婚時などの身元調査のニーズが、こうした不正なビジネスを成り立たせているのです。

④心理面における被差別の現実（E）

最後に、心理面における被差別の現実（E）です。表3は、2000年に実施された大阪府による同和地区住民への意識調査のデータです。部落出身の側が、部落出身ではない相手に対して「結婚するにあたり、自分が住んでいるところは同和地区である、または、自分は同和地区出身者

表3 「告知・不告知」の理由と結婚差別の体験

	理　　由	回答者数	結婚差別を体験した人	被差別体験率
告知をした	自分のすべてを知ってもらいたかったから	257	67	26.1%
	後で問題になるよりは、先に言っておいた方がよいから	164	54	32.9%
	相手が同和問題を理解していたから	101	23	22.8%
	相手は何となく気付いていたから	97	32	33.0%
	合計	619	176	28.4%
告知しなかった	あえて問題にするほどの内容でもないから	276	23	8.3%
	関係がこわれるのがいやだったから	25	15	60.0%
	相手が同和問題を理解していたから	33	3	9.1%
	相手はすでに知っていたから	173	32	18.5%
	合計	507	73	14.4%

注）「告知」「不告知」理由における「その他」「無回答」を除く
奥田編著（2013：18）より引用

である、といったことを相手に告げましたか」という質問の結果です。そしてそれぞれの場合における結婚差別体験率を示しています。

　「告知」行為は単なる事実の伝達ではありません。いずれの態度をとったにせよ、そこに深い逡巡があったことでしょう。さらに、「自分のすべてを知ってもらいたかったから」として告知に踏み切った人の26.1％が差別を受けたとしています。「後で問題になるよりは、先に言っておいた方がよいから」と考え告知した人においても、32.9％の人が差別を受けたと回答しています。「相手が同和問題を理解していたから」と信じた末の告知にあっても、22.8％の人が差別を受けているのです。また「関係がこわれるのがいやだったから」との思いで告知しなかった場合においても、60.0％の人が差別を経験しています。結婚差別の深刻さについては本稿の「当事者は語る」でも示されていますが、残念ながら、見えない差別の現実がいまも続いています。次章でも紹介しますが、差別を受けた当事者にとって、その体験をそう簡単に忘れることはできません。差別を受けた体験とともに生きている人の存在を無視してはなりません。

また、差別に対して不安を感じているかどうかも各種調査が実施されています。たとえば、部落の青年851人を対象として2009～2010年にかけて実施された「部落解放同盟中央本部青年アンケート」では、「部落差別を受けるかも知れないと、不安を感じることがある」という質問に対して、「そう思う」19.7％、「どちらかといえばそう思う」28.5％と、あわせて47.2％が不安を感じることがあると回答しています。同様に、2010～2011年にかけて部落の青年に実施した「部落の青年・雇用調査」（有効817票）においても、「部落差別を受けるかも知れないと、不安を感じることがある」という質問が用意されており、「あてはまる」21.8％、「ややあてはまる」27.3％と、あわせて49.2％が不安を感じることがあると回答しており、心理的に差別への不安を抱えさせられている部落の若者が多数存在することが明らかになっています。

差別事件の現状

1　「差別事象調査」の発覚件数

　少し古いデータとなりますが、「2000年大阪府部落問題調査」で把握された「過去10年間の差別事象」の件数を、発覚年別にグラフにしたのが図12です。年によって大きな変動がありますが、発覚したものだけで

図12　部落差別事象の発覚件数

奥田（2009：60）より引用

部落問題のいま　219

も年間160件以上と、続発している状況が明らかにされています。年によっては年間400件近く発覚しています。

2　被差別体験

次に、近年実施されている各種実態調査のなかから、当事者の被差別経験が把握されているものを紹介します。見えにくい被差別体験ですが、部落の人びと一人ひとりに調査を行うと、近年においても差別を経験している人が少なくないことがわかります。

鳥取県「同和地区実態把握等調査」(2005年、20,237名対象) では、「同和地区の人であるということで差別をうけたことがある」と28.9％が回答していました。また、被差別体験の時期は、「5年以内」20.3％、「6～10年以内」16.7％、「11年以上前」62.0％となっており、ここ10年以内で3分の1を超えています。差別の内容は、「結婚」23.4％、「就職」5.2％、「学校生活」21.2％、「職場や職業上のつき合い」27.6％、「日常の地域生活」39.4％、「その他」9.9％となっています。

伊賀市「伊賀市同和地区生活実態調査」(2012年、590名対象) では、この5年間で被差別経験をした人が25.7％でした。差別の内容は、「職場」40.1％、「日常生活」36.9％、「結婚」33.7％、「交際」12.8％などでした。そのうち、結婚が破談になったのは、11.7％、破談になったケースのうち「5年以内」が9.7％でした。

ほかにも、部落解放同盟府県連女性部がこの10年ほどの間に、部落女

表4　部落女性調査結果から見る結婚差別体験

府県	実施年月	回答者数	結婚差別経験
埼玉	2008年1月	1,195人	9.9％
愛知	2006年1～3月	290人	24.3％
奈良	2010年9～10月	1,568人	33.2％
京都	2010年11月～2011年2月	1,547人	33.7％
大阪	2008年7～8月	1,314人	33.2％
兵庫	2009年7～9月	5,351人	15.7％
大分	2013年5～6月	327人	16.8％

性の実態調査を実施しています。府県によってばらつきがありますが、おおむね1割から3割程度、結婚差別を受けた経験があると回答しています（表4）。

　また、「2000年大阪府部落問題調査」で同和地区住民に、直接的な被差別体験の有無を質問した結果、全体の28.1％が差別を受けたことがあるとしています。なかでも注目したいのは、図12の差別事象調査と同じ期間にあたる「この10年以内」に差別を受けたことがあるとした人の数値が813人（回答者総数の11.0％）にのぼっていることです。これを「2000年大阪府部落問題調査」の母集団数（67,789人）で勘案すると、この10年間に7,400人余りの地区住民が部落差別を直接的に体験したことになります。1人が被った事象はこの期間に1回であると仮定したとしても、1年間に平均740件以上の差別事象が発生していることになります。その件数は図12で示した、行政によって把握された件数をはるかに超えています。

　こうした直接的な被差別体験の数字のうえに、インターネット上での差別書き込みや差別的な問い合わせ、現実社会での「差別落書き」など、他の類型の差別事象を加えるとその総数はさらに大きくふくれ上がることでしょう。残念ながら、差別が続発していることは明らかな事実です。

3　『あいつぐ差別事件』による差別事件の分類

　部落解放人権政策確立要求中央実行委員会は、毎年度、『あいつぐ差別事件』という冊子を発行しています。この冊子は、当該年に全国で収集した部落差別事象を収集し、その概要を記した部落解放同盟の機関紙である『解放新聞』の記事などを掲載しています。

　この冊子を用い、最近の事象をみた場合、差別事件は以下のように最大14の分類がなされています。

①結婚相談所による差別事件

②戸籍謄本等不正取得事件
③土地差別事件
④差別投書・落書き・電話
⑤インターネットによる差別事件
⑥地域社会における差別事件
⑦就職差別事件
⑧企業・従業員による差別事件
⑨公的機関・職員による差別事件
⑩結婚に関わる差別事件
⑪教育現場における差別事件
⑫宗教界における差別事件
⑬マスコミ・出版界における差別事件
⑭エセ同和事件

　近年の2005〜2015年に記載されている記事の合計は1,346件です。必ずしも1記事＝1事件とは限らないのですが、上述した分類でいえば、数が多いのは、④差別投書・落書き・電話（346件）、⑪教育現場における差別（180件）、⑥地域社会における差別事件（121件）、②戸籍謄本等不正取得事件（96件）、⑤インターネットによる差別事件（90件）、⑥土地差別事件（85件）などとなっており、これらが特に注目されている事件だといえます。

4　差別事件の事例

　次に、「差別事件が問いかけるもの」編集委員会（2003）や、前述した『あいつぐ差別事件』（各年）を用い、1990年代から2000年代にかけての特徴的な部落差別事件について、「発言・張り紙」「身元調査」「土地差別」の3つについて、その概要を紹介します。

A　発言・張り紙

①名古屋路上差別事件

- 2001年頃から名古屋駅前や栄（地名）の路上で、名古屋市在住のS（50歳代）が、「同和部落民はバイ菌」などとハンドマイクで連呼。周囲には「同和部落民が主に睡眠中に血液の循環の悪くなる震動を起こして人材を病気にしたり、殺したりして国家支配をしている」などと書いた紙を貼り付けている。
- 法務局、愛知県、名古屋市などが説得や啓発に乗り出したが会話も成り立たなかった。

②大阪市幹部職員の差別発言事件

- 2001年12月、大阪市の施設職員の懇親会で、酔った幹部職員が女性職員に対して出身校を話題にした。これをいさめた女性に対して、「部落民らしいな」などと発言した。

③差別タックシール貼り付け事件

- 「○○（地区名）のエタの血の色が違う △△中学校教諭 ×××（被害者名）□□□・・・・□□□（被害者宅電話番号）☆☆☆・・・・・☆☆☆（被害者自宅住所）」といった、縦4.2×横8.4cmのタックシールを駅やスーパーなど多くの箇所に貼り付ける。
- 学校時代の教師への恨みを晴らすそうとした行為であることが判明した。

B　身元調査

①ジンダイ身元調査差別事件

- 1996年、大手興信所であるジンダイ（大阪市）が、ある会社の中途採用に関わる調査依頼において、対象者が部落出身であることを報告した。その後の調査で、『部落地名総鑑』を用いるなどして、長年にわたっ

て差別調査をして多くの企業に報告してきたことが判明した。

②アイビー・リック身元調査差別事件
- 1998年、経営コンサルタント会社であるアイビー社のリサーチ部門を請け負う子会社のリック社が、採用調査において対象者が部落出身であることを調べ報告していた。対象者の履歴書に、部落を示す「※」をつけるなどして依頼会社に伝えていた。
- 同社は、「赤旗日刊紙を購読」「創価学会に入信」など、対象者やその親族の思想や宗教までも調査していた。

C 土地差別

　2007年、マンションなどの建設予定地周辺の立地条件を調査するマーケティングリサーチ会社（大阪市内）が、同和地区の所在地などの情報を報告書としてまとめ依頼主に提出していた。差別的な報告書を作成していたのは東京に本社のある調査会社の大阪事業所で、不動産の新聞折り込み広告をつくる広告代理店やマンションのディベロッパー（開発業者）などから依頼を受けて、建設予定地周辺の地域評価や価格の動向などを調査していた。報告書にまとめる際、「立地特性」などの項目として、「同和問題に関わってくる地域」「指定地域」「解放会館などが目立ち敬遠されるエリア」「地域の名前だけで敬遠する人が多い」などの表現を用いて同和地区の所在を報告していた。

　こうした事態を受け、大阪府ではこれまで興信所・探偵社を対象として部落差別につながる調査を規制してきた「大阪府部落差別調査等規制等条例」を2011年10月に改正し、全国ではじめて土地に関する調査を行うすべての事業者を対象として「土地差別調査」を規制する条例が施行された。

5　裁判事例

　本項では、部落差別と関わる事件の裁判の判例について、以下の9つ

を紹介します。なお、事件の概要については多くを奥田均（2015）によっています。

①大阪での結婚差別事件（1977年）
②福岡差別ビラばらまき事件（1983〜1985年）
③大阪府岸和田市差別張り紙事件（1993年〜）
④連続差別投書事件（2003年）
⑤webサイト「B地区にようこそ in 愛知県」事件（2007年）
⑥滋賀県同和地区情報公開請求事件（2010年）
⑦奈良水平社博物館差別街頭宣伝事件（2011年）
⑧『全国部落調査』復刻・webページ掲出事件（2016年〜）
⑨橋下徹大阪市長の出自報道事件（2012年）

①大阪での結婚差別事件（1977年）

　被差別部落出身女性Aと同じ会社で働く男性Bは、1976年から恋愛関係になり、結婚を決意するようになった。BはAの両親に結婚の意思を伝え、婚約指輪を送り、結納の儀式も執り行った。ところがAが部落出身であることを理由にBの両親は二人の結婚に強く反対し、1977年に占いの結果などを口実に婚約を破棄した。その後、BはAの前から姿を消し、行方がわからなくなり、Aも勤めていた会社を退社することになった。

　同年、自治体の同和対策室への相談を経て、大阪法務局に人権侵犯事件として申立を行うが、Bらの協力が得られないため調査できず「お手上げ」であるとして、2年後に法務局としての対応の終結が告げられた。これを受けて、時効成立が迫っていたこともあり、Aは1980年、Bやその両親に対して婚約破棄に伴う慰謝料を求める裁判を起こした。

　1983年3月の大阪地裁判決は「原告が被差別部落出身であることを理由として、婚約解消を意図した」と認定し、「婚姻予約上の地位の侵害として不法行為を構成する」とした。またBの両親に対しても「被差別部落出身であることを理由に当該婚約の履行に干渉してこれを妨害した

ときは、婚約破棄者と共同して不法行為の責を負う」と断定した。そうして判決は、Aさんの「精神的苦痛を慰撫すべき金額として500万円」(別に弁護士費用50万円)の支払いを命じた。

(1) 奥田均、2015「差別禁止法（考）──部落問題を通して考える」『人権問題研究所紀要』61-62。
(2) 宮津裕子、1993『沈黙せず──手記・結婚差別』部落解放研究所。

②福岡差別ビラばらまき事件（1983～1985年）

1983年から1985年にかけて、「これがA住宅の悪徳商法だ！」との見出しがつけられたビラが、福岡市内を中心に合計49回にわたってばらまかれた。福岡市にある不動産会社A住宅に対して、顧客であったBが行ったものである。福岡市当局が8,000枚近く回収したが、配布枚数は約5万枚以上と推定されている。

Bは、1977年10月にA住宅を通じて、福岡県糸島郡に住宅を購入した。この住宅の所在地が同和地区内であることを翌年になって知ったNは、この地を「終の棲家」にはできないとして、売り主のA住宅に対し、この物件を買い戻すように要求した。しかし、A住宅はこの要求を受け入れず、結果、Bはビラまき行為に及んだ。

ビラには、「この土地が『被差別部落』であることを知り、たいへんショックを受けた」「この事実を知っていたら、私は絶対買わなかった」「円満な商取引を望んでいるのなら、相手方にこのことを告知するか、又、別の配慮をすべきだ」「この被差別部落に住みつく勇気はまだない」などと書かれていた。

糸島郡の地元被差別部落はもとより、被差別部落の人びとにとって、自分たちの住む地域が人の住むべき所ではないかのように言いふらすBの主張は、露骨な部落に対する差別意識にもとづくものであり、それを拡大するビラまき行動は、部落差別行為そのものであった。法務局や福岡市は、Aに対する説得と啓発に取り組んだが、Bはこれを受け付けず、「こうしたビラを10万枚まく」などと居直った。

こうした状況のなかで、部落解放同盟福岡県連合会糸島地区協議会のメンバー16人と同福岡市協議会委員長は、1985年12月26日、差別ビラの印刷および配布の差し止めを求める仮処分申請と、名誉および人格権の侵害による慰謝料を原告各自に10万円支払うよう求める損害賠償請求の訴えを福岡地裁におこした。同地裁は、1986年3月、この仮処分申請を認めるともに、Bに損害賠償の支払いを命じる判決を下した。しかしBはこれを不服とし、同様のビラを同年6月に糸島郡の地元周辺に再び配布した。1987年の福岡県同和教育研究協議会会長の報告によると、「なすすべがない現状であり、法務局や法務省も放置している状況」(部落解放・人権研究所編 1987)だという。その後、Bは居住を移し、行方不明となった（村越1991）。

（3）奥田均、2015「差別禁止法（考）――部落問題を通して考える」『人権問題研究所紀要』66-67頁。
（4）村越末男、1991「戦後部落差別事件史に学ぶ」『同和問題研究』（大阪市立大学同和問題研究室紀要）102-105頁。
（5）部落解放・人権研究所編、1987「『部落解放基本法制定を求める学者・文化関係者全国の集い、開かれる」『部落解放研究』55号。

③大阪府岸和田市差別張り紙事件（1993年〜）

　大阪府岸和田市在住のA（50代）は、自宅新築に際して建築会社とトラブルになり、最高裁まで争うが敗訴した。逆恨みしたAは、「殺人共謀忘恩盗エタ」「エタ市長」など、1993年頃から自宅に何枚もの差別張り紙を掲出するようになった。岸和田市長は個人として岸和田地裁に仮処分の申立をし、名誉毀損が認められ差別文書は撤去されたが、Aはすぐに別の文書を張り直した。部落解放同盟の差別張り紙についての確認会の席上でも、Aは「あんたら差別されて当然なんや」と暴言を吐いた。
　裁判後、行政が差別落書きを消しても本人がまたなおすイタチごっこの状態が続く。現在この住居にA本人は住んでおらず、空き家状態であり、家周辺は草が生い茂っているが、よく見ると差別落書きは読みとれるとのことである。

（6）奥田均、2015「差別禁止法（考）——部落問題を通して考える」『人権問題研究所紀要』67-68頁。

④連続差別投書事件（2003年）

　2003年5月以降の1年半の間に、部落解放同盟の事務所や同盟員の自宅に、部落出身者を侮辱し、殺害を予告するなどの内容を書き連ねた匿名のはがきや手紙が400通（うち東京が275通）送りつけられた。

　2004年10月19日、警視庁浅草警察署は、差別はがきの送付に伴い行われた脅迫行為の被疑者として、34歳男性を逮捕した。同年10月26日、関係者の申告にもとづき人権侵犯事件として調査を行っていた東京法務局は、罪状不明で被疑者を警視庁浅草署へ告発した。被疑者は脅迫罪で東京地方裁判所に起訴され、次いで名誉毀損罪で追起訴された。翌2005年2月8日には、被告人は警視庁浅草署に再逮捕され、2月18日、電力契約の解約を契約者を騙って行った行為について東京地検から私印偽造・同使用の罪で起訴された。数十件に上っていた物品送付については、商品販売業者に対する偽計業務妨害罪が成立する可能性があったが起訴されていない。

　2005年7月1日、東京地方裁判所で被告人に懲役2年（求刑は3年）の実刑判決が下された。被告人は控訴せず判決が確定した。

（7）奥田均、2015「差別禁止法（考）——部落問題を通して考える」『人権問題研究所紀要』65-66頁。
（8）浦本誉至史、2011『連続大量差別はがき事件——被害者としての誇りをかけた闘い』解放出版社。

⑤webサイト「B地区にようこそ in 愛知県」事件（2007年）

　愛知県、三重県、岐阜県の同和地区に出向いて撮影した多数の静止画や動画を地図情報とともにインターネット上に掲載するwebサイト「B地区にようこそ in 愛知県」の存在が明らかになった。同サイトには、「同和地区及び未解放部落への一般人の立ち入りは非常に危険です。被差別

部落民は一般人に対して強い恨みと反感を持っています。同和地区及び、未解放部落への侵入はすべて自己責任でお願いします。○○同和地区は特にヤバイです」などの記述もみられた。名古屋法務局は2006年12月と翌2月の二度にわたって同サイトを削除したが、webサイト作成者は特定されず、再開予告の書き込みも行われていた。

その後、同サイト内に、愛知県内の同和地区にある企業2社の名誉を毀損する内容の記述があったことで、当該企業への名誉毀損として刑事告訴され、結果、同7月、webサイト作成者の逮捕・起訴に至った。2007年10月、名古屋地裁は、「愚劣で陰湿」「被害会社の名誉及び社会的信用を著しくそこねることははなはだしい上、差別助長も大いに懸念される」とし、懲役1年の求刑に対して、懲役1年執行猶予4年の判決を出した。

(9) 奥田均、2015「差別禁止法（考）――部落問題を通して考える」『人権問題研究所紀要』63-64。
(10)「解放新聞」（2007.4.2-2313号、2007.7.23-2328号、2007.10.29-2342号）。

⑥滋賀県同和地区情報公開請求事件（2010年）

神奈川県の男性Aは、2008年6月に滋賀県に対して滋賀県情報公開条例にもとづき公文書公開請求を行った。請求されたのは、「同和地区の区域がわかる文章」「同和地区の地名がわかる文章」「同和地区に設置された地域総合センターがわかる文章」である。

2009年5月、滋賀県は情報公開条例に定められた「情報の公開により、県民のプライバシーや公共の利益が侵害されることはあってはならない」との定めにもとづき、同和地区名等を非公開とする決定を行った。Aは、この決定を不服として異議申立を行った。滋賀県は、県情報公開審査会に諮問し、答申をふまえて、異議申立を棄却した。

2010年9月、Aは同和地区名等の情報公開を求め、大津地裁に提訴したが、「差別を助長する恐れがある」として非公開とする判決がなされた。Aは控訴し、大阪高裁は一部公開の判決を行った。これを受けて、滋賀

県は最高裁に上告し、2014年9月に上告審が開始された。全面公開を求めるAも上告したが、棄却された。同年12月5日の最高裁判決では、大阪高裁で一部公開とされた部分が破棄され、「公開で差別を助長し、同和対策事業や人権啓発事業に支障を及ぼす恐れがある」として、非公開とした滋賀県の判断を妥当とする判決が最高裁で確定した。

(11) 滋賀県総合政策部人権施策推進課、2015「差別の現実を踏まえた判決」『部落解放』710号、35-43。

⑦奈良水平社博物館差別街頭宣伝事件 (2011年)

2011年1月、「在日特権を許さない市民の会」(在特会)の当時副会長が、奈良県にある水平社博物館前で、同館で開催中の企画展示「コリアと日本『韓国併合から100年』」について抗議する街頭宣伝を行った。そのなかで、「エッタ博物館、ヒニン博物館」「文句があったら出て来いよ、エタども」「非人とは、人間じゃないと書くんですよ」「穢れた、穢れた、卑しい連中」などの発言を繰り返し、その様子をインターネット上に動画として公開した。

同年8月、同館は民事裁判を起こし、翌2012年6月、奈良地裁は、「『穢多』及び『非人』などの文言……が不当な差別用語であることは公知の事実であり、原告の設立目的及び活動状況、被告の言動の時期及び場所等に鑑みれば、被告の上記言動が原告に対する名誉毀損に当たると認めるのが相当である」として、150万円の損害賠償請求を認める判決を出し、確定した。

(12) 師岡康子、2013『ヘイト・スピーチとは何か』岩波書店、8-9。
(13) 奥田均、2015「差別禁止法（考）──部落問題を通して考える」『人権問題研究所紀要』64-65。
(14) 奈良地方裁判所平成23年（ワ）第686号　平成24年6月25日民事部判決。

⑧ 『全国部落調査』復刻・webサイト掲出事件（2016年〜）

　2016年2月、神奈川県川崎市の出版社が、全国の被差別部落の所在地や世帯数、住民の職業などを掲載した戦前の調査報告書『全国部落調査』を、2016年4月1日に書籍として復刻出版すると、同社ホームページで告知した。調査報告書『全国部落調査』は、1970年代に販売され、結婚や就職の際に部落出身者かどうかの身元調査に使われた『部落地名総鑑』の原典とされる。『部落地名総鑑』は、1975年に売買が発覚し、法務省が人権侵犯事件として、調査・回収している。なお、出版社の経営者Aは、2010年に同和地区の地名開示などを滋賀県に求める訴訟も起こしている。

　部落解放同盟は、『部落地名総鑑』同様、今回の書籍も、出版により結婚や就職での差別に利用され、被差別部落出身者に大きな不利益が及ぶ「差別図書」であるとして出版や販売の中止を要請した。通販サイトや書店は書籍の取り扱いを中止したが、出版社側は要請を拒んだ。

　2016年3月22日、部落解放同盟と同委員長ら5人は、「出版は部落差別を助長する悪質な行為」として、同書籍の出版・販売差し止めの仮処分を申し立てた。横浜地裁は2016年3月28日、出版や販売を禁止する仮処分決定を出した。翌日29日に東京法務局が人権侵犯事件として「説示」を行うが、Aは『全国部落調査』の全文コピーをオークションサイトに出品し、51,000円で落札された。

　翌月4月4日、『全国部落調査』の画像データをダウンロードできるページや、部落解放同盟関係者の名前や住所・電話番号などを掲載しているAが作成・運営するwebサイトについて、横浜地裁相模原支部に掲載禁止の申立を行い、18日には削除を命じる仮処分が決定された。翌19日、出版社と経営者らを相手取り、webサイトに名前を掲載された211人（後に245人）の原告が、『全国部落調査』出版等差止め、webサイトの削除・公開禁止、原告一人あたり110万円の損害賠償を求める訴訟を東京地裁に提訴した。裁判は継続中である。

(15)「全国部落調査」復刻出版を差し止め　横浜地裁が仮処分（朝日新聞デジタル 2016年3月28日）http://www.asahi.com/articles/ASJ3X2RPCJ3XUTIL008.html
(16)「被差別部落本出版差し止め　横浜地裁が仮処分決定」（産経ニュース 2016年3月29日）http://www.sankei.com/affairs/news/160328/afr1603280065-n1.html

⑨橋下徹大阪市長の出自報道事件（2012年）

　2012年、雑誌『週刊朝日』（2012年10月26日号）は、橋下徹大阪市長（当時）が被差別部落出身であることなどに言及する連載記事「ハシシタ 奴の本性」の初回を掲載した。発行元の朝日新聞出版は12年10月、橋下氏らの抗議を受け、連載を1回で打ち切り、橋下氏に公開の場で謝罪した。翌11月、親会社である朝日新聞社の第三者機関「報道と人権委員会」が「出自を根拠に人格を否定するという誤った考えを基調としている」「被差別部落の地名を特定するなど差別を助長する」との見解をまとめ、雑誌発行元の朝日新聞出版社長が辞任した。

　部落解放同盟は「差別記事の被害者は橋下氏だけではなくすべての被差別部落出身者だ」として朝日新聞出版に抗議文を提出した。2013年10月に朝日新聞出版社長が、今回の記事は「被差別部落への偏見と差別を助長する明らかな差別記事」と認めたうえで、「二度と差別記事を書かない・書かせない、差別書籍を出版しない・出版させない」との決意を示す文章を提出した。

　2013年、橋下氏は当該記事で名誉を毀損されたとして、朝日新聞出版社と記事筆者に損害賠償を求め大阪地裁に提訴し、2015年2月に朝日新聞出版と筆者が「おわび」文書を出し和解金を支払うことで和解した。

(17)平野次郎、2015「橋下市長と『週刊朝日』が和解も――被差別部落へ謝罪なし」『週刊金曜日』（2015年2月27日号）。

まとめ

　「大阪での結婚差別事件（1977年）」「福岡差別ビラばらまき事件（1983～1985年）」の事例からは、部落差別による人権侵犯であることが明確で

あっても、法務局等が有効な対応を取れずに、人権侵犯状況が放置されている状況があることがわかります。

結果、部落差別事件は時に訴訟へと至ります。「大阪での結婚差別事件（1977年）」では、判決において部落出身者に対する結婚差別であることが明確にされ、その結果、結婚差別を受けた女性が被った精神的苦痛に対する慰謝料の支払いが命じられました。しかし、部落差別行為そのものが罪として問われているわけではありません。

また、「名誉毀損や侮辱罪は個人の名誉を保護するものであり、被害者が特定されていなければならず、集団や社会的立場を共有するグループに対する差別行為はその対象にならない」（奥田 2015）のです。たとえば、「大阪府岸和田市差別張り紙事件（1993年～）」では個人としての岸和田市長への、「webサイト『B地区にようこそ in 愛知県』事件（2007年）」では2社の企業への、「奈良水平社博物館差別街頭宣伝事件（2011年）」では財団法人水平社博物館への名誉毀損が認められることになりましたが、集団としての被差別部落の人びとに対する差別行為が裁かれたわけではなく、それゆえ被差別部落の人びとが被った苦痛などへの救済がなされることもありません。

フリーライターの平野次郎は、「橋下徹大阪市長の出自報道事件（2012年）」について、「今回の記事によって『DNAをさかのぼる』『本性をあぶり出す』など憎悪に満ちた言葉によって、自分たちの身元も明かされるのではないかと恐怖に感じた被差別部落の人たちに対しては、公式の謝罪は一切なく、心を傷つけたことへの償いはなされていない…（略）…ヘイト・スピーチと同様、不特定多数の差別被害者が救済される法制度がないことがネックになっている」と問題を指摘しています。

6　近年の差別事件調査から

部落解放・人権研究所が主催する「差別禁止法研究会」の部落問題班（齋藤直子・内田龍史・妻木進吾）は、2015年に部落解放同盟各都府県連に対して、近年の特徴的な差別事件の概要についてヒアリング調査を行い

ました。以下では本調査をもとに、近年生じている差別事象の特徴を紹介したうえで、差別禁止法制定にむけた課題を指摘します。

①直接的な差別行為

　まず、地域社会で暮らすなかで、近隣の住民などから直接的に差別発言を受けたケースがあります。

　『解放新聞』2016年3月28日、2756号においても報じられていますが、長野では、数年にわたり嫌がらせと差別発言が繰り返され、身体的な暴力に発展した事件が起こりました。調査班が2015年夏に長野を訪問したとき、加害者の差別発言をスマートフォンで撮影した動画を閲覧させていただきましたが、これほど明確な証拠があるにもかかわらず、行政や警察は効果的な対処ができていませんでした。「いまは言葉によるものだが、今後エスカレートして『万が一』に進展しないよう早急に被害者を保護する体制が必要だ」と、県連の方は指摘されていました。「そうでなければ、被害者を救済することにはならないし、差別禁止法もこのようなことに対処できなければ意味がない」との指摘もありました。しかし、当事者や運動から、そのような要請を続けていたにもかかわらず、結果的にはその後、暴力事件に至ってしまいました。

　兵庫では、不法駐車していた人を注意したら、注意された人がその腹いせに差別発言を行った事例がありました。注意した人が部落出身であると知っていて、発言したものでした。ほかにも、選挙のときに、部落出身者に投票しないよう呼びかけるネガティブキャンペーンがなされた（高知）（群馬）、客が接客中の女性に出身を聞き、彼女が部落出身だとわかると4本指を突き出した（三重）といったケースがありました。

　学校現場での差別発言は、比較的、把握されやすい状況にあります。また、取り組みのしっかりしている学校のほうが、差別事象の報告が多い傾向にあります。教員の人権に関する意識や、報告の体制が機能しているかどうかに左右されるためです（高知）。生徒同士の会話やけんかのなかで差別発言が出てくることもあれば、生徒が教師に対して反抗的

な態度をとるときに、差別発言が用いられたという事例もありました。子どもが差別的な言い回しを知っているのは、おそらく家庭でそのような会話がなされているからだと推測されます（兵庫）。また、学校での授業・講義や講演会において、差別的な内容が語られたというものがありました（兵庫）（福岡）（高知）。企業等の研修でも、差別を助長する発言がなされた事例がありました（東京）。

　企業や就職に関連した事象も、ここで紹介します。福祉施設で、職員が高齢者から差別発言を受けたケース（山口）、社内で差別発言を繰り返している人がいるが、告発した自分のほうが辞めさせられないかと不安で訴えることができないという事例（山口）などがありました。

　大学生向けのエントリーシートに職安法違反にあたる項目がみつかったり、都立高校新卒者に対する採用選考で家族や出身地に関する違反面接が報告された（東京）など、採用に関する問題もあります。ほかにも、部落出身者とされる人物の実名をあげて、その人を教員採用試験に合格させないよう要求する電話が教育委員会にあった（鳥取）、行政書士会のニュースレターで身元調査を容認するような記事が掲載されていた（兵庫）などの事例がありました。

②土地問い合わせとネット情報

　「あそこが部落かどうか知りたいのですが」「県内では部落はどこですか」といった、部落の所在を聞き出そうとする問い合わせは、調査を実施したいずれの都県連でもみられました。問い合わせ先は、行政、宅建業者がほとんどですが、部落解放同盟に電話をしてきたケースもありました。また、議員が議会などで部落の所在をたずねるといったケースもありました。

　問い合わせへの対応は、行政や企業の姿勢によって、かなりばらつきがありました。たとえば、機転をきかせた職員が、電話をかけてきた人物の連絡先を聞き出して、啓発を行ったケース（兵庫）や、職員がていねいに部落差別はいけないことだと説明して電話の主を啓発した結果、

半年後に差別の反省と啓発への感謝の連絡があったというケースもありました（福岡）。

　賃貸物件を仲介する宅建業者が、部落の所在を客に教えたり、行政に問い合わせをしたケースも少なくありません。物件を紹介するときに、「外国人が多い、川の向こうは部落」と客に伝え、そこにある物件を勧めなかったというケース（三重）、宅建業者が客から依頼されて市役所に同和地区の所在を問い合わせたケース（福岡）（兵庫）などがありました。ただし、事実確認・糾弾を受けて、すべての支店や業界全体を対象とした取り組みに発展した場合もありました（三重）（福岡）。宅建業をはじめ、企業が人権文化を育てるには、企業トップ自らが部落差別を許さない姿勢を示すことが重要であるとの指摘がありました（福岡）。

　また、自分や家族が部落出身かどうか確認がしたいので、故郷が部落かどうか教えてほしいというかたちの問い合わせ事件もありました。かつての居住地が部落かどうかを調べてほしいと行政に電話してきたケース（鳥取）、夫が妻の故郷が部落ではないかと疑い、妻の実家の檀那寺に「穢多寺ではないか」と問い合わせたケース（東京）などがありました。

　また、土地差別に関連した問題として、部落のなかに住宅を購入した人が部落の町内会には加入せず、部落外の町内会に加入するといった問題がありました。長野では、40年以上、このような町内会の問題が解決していないケースがありました。長野ではほかにも、町内会内部での差別事象がありました。町内を12組にわけていますが、部落だけ順番を飛ばして最後の12組にまわすことで、そこが部落であることがわかるようにしているケースがあります。このような自治会加入をめぐる問題は、古い問題ではなく、現在も新たに生じているとのことでした。

　土地や出身者の問い合わせに対して、条例で規制したり、教育・啓発が行われたり、行政や企業が取り組みを行ってきましたが、現在そのような地道な取り組みの成果が、急激に破壊されようとしています。インターネット上での差別が横行しているためです。行政資料や部落問題解決のために作られた書籍が悪用されて、同和地区の所在がインターネッ

ト上で公開されたり（鳥取）、実名や住所などの個人情報とともに部落出身者だと書き込みをされたケース（群馬）などがありました。現在、部落の地名が記された書籍の発行（『全国部落調査　部落地名総鑑の原典復刻版』。2016年4月、差し止めの仮処分が決定された）や、その資料がインターネット・オークションに出品されるなどの事態が続いています。これらを規制することができない現状があります。

　インターネット上の問題としては、問い合わせや身元暴きだけでなく、部落差別をあおる書き込みも多数みられます。たとえば、東京では品川にある「と場」に関する差別的な書き込みについての報告がありましたが、インターネット上の差別書き込みは差別扇動そのものであり、これが規制できる法が必要との指摘がありました。

　三重では、部落問題をテーマにした絵本が出版されて地域誌で紹介されたとき、インターネットの掲示板で差別的な書き込みが急増したといいます。部落に関する話題は、ポジティブな話題でさえも、差別書き込みのターゲットにされてしまうことがあります。

　現在、差別的な書き込みは、ひとつひとつ削除要請をする必要があり、しかも要請したからといって削除される保証はありません。「削除までの対応にも非常に時間がかかり、その間に情報は拡散していきます。差別禁止法があれば、もっと削除の手続きが容易になるのではないか」という意見がありました（兵庫）。

③差別落書き・差別はがき

　デジタルな世界での差別という新たな問題がうまれた一方、旧来のアナログな差別落書きもなくなっていません。差別的な文言と個人名が書かれた宛名用タックシールがいろいろな場所に貼られたケース（三重）や、解放同盟役員の実名などが書かれた59カ所にわたる差別落書き（福岡）、駅ビルの差別的な張り紙（福岡）など、かなりの事例がありました。

　落書きの文言は、「死ね」や「殺す」といった脅迫めいたものが少なくありませんが、部落全体にむけた表現である場合、個人名とは異なり、

名誉毀損にあたらないとして、被害届を出しても何の対応もされません。さらに、タックシールやビラは、はがせば現状復帰できるとして、器物損壊にも問えません。結局、警察に訴えても、どうにもならなかったというケースが多くありました。

　また、落書きを人目に触れないように保存し、現場確認してから記録後に消去というルールが周知されている地域もあれば、記録する前に勝手に消されてしまったというケースもありました。エレベーターなどでの落書きは、「管理している企業が人権問題についてきちんとした対応をしている企業なら、運動団体にも連絡をしてくれるが、黙って消している企業もある」と推測されます（東京）。

　東京を中心にして起きた「大量差別はがき事件」（連続差別投書）のような、郵便物を使った事件も各地で起こっています。ひとくちに、郵便物の事件といってもさまざまなパターンがあります。いわゆる脅迫文もあれば、身元暴きのような内容のものもあります。また、他人の名前を騙ったものも多いです。第三者の名前を勝手に使って部落出身者を誹謗中傷するものや、部落出身者の名前を騙って第三者に悪質な文書を送るといった方法がありました。

　鳥取では、「車で全員轢き殺す」という脅迫文が県連に届きました。送り主は、無関係の人物が勝手に名前を使われていたもので、被害届を出しても対応はなにもなかったそうです。兵庫では、「○○（氏名）は暴力団」と名指しされ、部落との関連がほのめかされた文書をばらまかれたケースがありました。これも、送り主は名前を使われていただけでした。警察に相談したところ、名誉毀損にはあたらないといわれました。はがきは宛名に届くだけなので不特定多数の目に触れる状態ではないというのがその理由でした。また、兵庫では、寄付を強要するはがきに部落出身者が名前を勝手に使われていたというケースもありましたが、これも名誉毀損に問えませんでした。

　三重では、差別的な内容の手紙の入った封筒が、部落の中で繰り返し大量にばらまかれるという事件がありました。通学途中の子どもたちが

拾って、開けてしまうことになりました。このケースでも、まったく関係のない第三者の名前が騙られていました。

「差別落書きは軽く見られている面があるが、たかが落書き」ではありません（東京）。「同和死ね」「〇〇（個人名）死ね」などは、差別扇動であるという指摘がありました（福岡）。

④結婚差別

結婚差別事象の特徴は、身近に見聞きするけれども、相談や事件の事例としてはあがってこないということでした。たとえば、結婚差別は資料に載せにくい事例が多い（兵庫）、把握していても公にはできない（三重）、把握はしているが表に出していないものが多い（長野）、事案としてあがってこないが、地元でも事件は見聞きする（福岡）、表に出すことはできない事例がある（高知）、結婚差別の事件は事後的に伝わってくることが多い（東京）といった指摘がありました。

結婚差別は、差別発言の証拠が残っていることが稀で、相手がしらを切り通せば、法務局や運動団体もそれ以上介入することがむずかしくなります（長野）（兵庫）。

一方、兵庫では、結婚反対の理由が部落出身であると、隠すことなく伝えてくるケースが続き、「これは新しい傾向なのではないか」という指摘がありました。差別してはならないという認識が弱まっていることが背景にあるのかもしれません。結婚差別の例ではありませんが、三重では、方言辞典に差別語が列挙されていたのですが、掲載した側は差別だという認識がなく、改めようとしないといった例もありました。

また、結婚前だけでなく、結婚後に家庭内で部落差別が行われる場合がありますが、深刻なケースが少なくありません。たとえば、結婚後に不動産会社を通じて身元が明らかになった（福岡）、「性格の不一致」を表むきの理由として無理やり離婚をせまられた（福岡）、お中元・お歳暮を返送して交際を拒否された（福岡）、結婚後に家庭内で差別的な態度をとられ離婚した（高知）、妻の出身について第三者が夫に伝え、そ

れを聞いた夫が妻に対して差別発言を行って離婚に発展した（東京）といった事例がありました。

　相談事例としてはあがってきませんが、地元での様子から結婚差別があったのではと推測されることも多いということでした。兵庫では、部落のひとり親家庭調査でも母子家庭の割合は高いという結果が出ましたが、「離婚して子どもを連れて帰ってきたり、子どもを取られて自分だけ帰ってくるというケースを実際によくみかけるので、実感と合致している」といいます。ほかにも、部落外に出て行った女性が実家に戻ってきていたり、結婚して転出していた子が自死し地元で葬儀を行っていたなど、結婚差別があったのではと感じることがしばしばある（長野）、地元の保護者会をしていると母子・父子家庭の割合が高いことに気づくが、本人に理由をたずねることまではしにくいので、結婚差別があったかどうかの確認はとれない（高知）などの事例があげられました。

差別禁止法を求めて

1　差別禁止法がないことによる問題点

　前節では、調査から明らかになった近年の部落差別事象の概要を述べました。事例は、ここ数年のものばかりです。多くの人が差別を受けているにもかかわらず、何の対処もされずにいることがわかります。差別の放置は、社会が差別を容認しているというメッセージとして機能し、被害者は二次的な被害を受けることになります。

　差別禁止法がないために、現在生じている問題点を整理すると、以下のようになります。

　まず、結婚差別や差別言動について、行政などに事実確認の調査権限がないために、差別者が逃げようと思えば逃げられてしまうことや、加害者に差別をやめさせることができないという点があげられます。また、差別落書きなどについて、「部落死ね」など個人名をあげて誹謗中傷をしていないものについては、名誉毀損にならないという問題点がありま

す。さらに、落書きなどは、器物損壊にさえ問えないことがあります。インターネットでの差別的な書き込みも、掲示板やサイトなどの個々の利用規約に照らして、ひとつひとつ削除依頼をしなければならないし、依頼したとしても、削除されないこともあれば、次々に別のサイトに転載されてしまうこともあります。書き込んだ人物についての情報が開示されることもほとんどありません。身元調べや土地調査は、条例で規制している自治体もあるけれども、身元調査を依頼した人への罰則はないのが現状です。つまり、差別する者が開き直ってしまえば、それを止めることはほとんど不可能です。

　一方、被害者は、差別を告発したために職場にいづらくなったり、差別を告発できずに我慢を強いられたり、採用での不利益を受けたりと、差別によって経済的な不利益が生じかねないのですが、何も救済策がありません。また、結婚が破棄されたり、家族関係が悪化したり、子どもまで差別に巻き込まれるなど、親密な人間関係の中で起こった差別事象にたいしても、裁判に至るものはごく一部です。また、被害者の心理的なケアの仕組みもありません。

　現状では、行政や警察が対処しない・できないと主張すれば、そこで対応はストップしてしまいます。さらにいえば、行政や警察が差別に対して積極的に「なにもしようとしない」状況があったとしても、そのことを問題にすることすら難しい状況にあります。

2　立法事実を差別禁止法につなげよう

　では、現状の問題点をふまえて、差別禁止法にはなにを盛り込む必要があるのでしょうか。まず、差別を禁止する法律の存在は、「日本社会は差別を許さない」という強いメッセージになります。そうすれば、被害者が声をあげやすくなる環境が生まれるでしょう。

　次に、差別禁止法の制定によって差別の定義が精緻化され、何が差別にあたるかが明確になれば、行政や警察もより積極的に動くことができるでしょう。

マスメディアの報道のあり方にも影響があるでしょう。現在のように、差別する側にもされる側にも責任があるとか、「両論併記」といった、いわゆる「どっちもどっち」論ではなく、「差別は禁止されている」という強い主張をすることができるでしょう。また、プロバイダーやオークション・サイトなどに対して、削除要請が容易になることが期待されます。

　そして、被害者救済にむけた取り組みも整備されることが期待されます。「差別禁止」というと、加害者への罰則に目がいきがちですが、被害者救済とセットで、両輪としなければなりません。人権侵害や差別被害は、現状でも人権擁護局に相談することができますが、本調査で明らかにしてきたように、加害者がしらをきれば、それ以上何もできないのが現状です。もちろん、差別禁止法のもとでも、差別があったことの証明は課題になると思われますが、現状よりは踏み込んだ対応を求めることができるのではないでしょうか。また、国家による人権侵害に対応するためには、人権委員会などの第三者機関が必要になります。被害者の心理的なケアについての仕組みが整備されることも期待されます。

　最後に、法律が成立すると、前章で示したような事例の収集が義務づけられる可能性が高くなります。定期的な実態調査を行うことで、「何が差別にあたるのか」といった定義が精緻化され、被害者救済の具体的な方法も明らかになっていくのではないでしょうか。

3　部落差別の解消の推進に関する法律について

　ところで、本稿の執筆途中の2016年12月9日、与党議員による議員立法により、部落差別の解消の推進に関する法律が国会で可決・成立しました。この法律の目的は、以下のように示されています。

　　第1条　この法律は、現在もなお部落差別が存在するとともに、情報化の進展に伴って部落差別に関する状況の変化が生じていることを踏まえ、全ての国民に基本的人権の享有を保障する日本国憲法

の理念にのっとり、部落差別は許されないものであるとの認識の下にこれを解消することが重要な課題であることに鑑み、部落差別の解消に関し、基本理念を定め、並びに国及び地方公共団体の責務を明らかにするとともに、相談体制の充実等について定めることにより、部落差別の解消を推進し、もって部落差別のない社会を実現することを目的とする。

　この背景にあるのは、インターネットなどの情報化の進展により、部落に対する悪意に満ちた情報や、部落の所在地を暴き、差別を煽るような行為が頻出していることがあげられるでしょう。部落差別の存在を法で認め、それが許されないことであること、国および地方公共団体に部落差別の解消の責務があることが明記されていることは重要であり、この法律の理念を現実に近づけていくことが求められます。しかし、同法はあくまでも差別解消を推進するための理念法であり、実際に生じている差別を規制することは難しく、また、人権侵害に対する相談体制の整備は記されているものの、救済までは含まれていません。

　部落差別による人権侵害が生じている現在、差別を規制し、人権が救済される法や制度の確立が求められています。そのためにも、同法第6条で「国は、部落差別の解消に関する施策の実施に資するため、地方公共団体の協力を得て、部落差別の実態に係る調査を行うものとする」と明記されているように、差別の実態を明らかにするための調査を早急に実施することが求められます。本稿で紹介した部落差別事象は、あくまでも表面化した事件のみで氷山の一角と考えるのが妥当であり、どのような部落差別の実態があるのかを部落差別の定義を含めて、今後明確にしていくことが望まれます。

参考文献
部落解放同盟、2011「部落解放同盟綱領」(2011年3月4日／第68回全国大会決定)
部落解放同盟大阪府連合会、2012「戸籍不正取得事件」(http://www.hrn.gr.jp/feature/317/)

部落解放・人権研究所編、1987「部落解放基本法制定を求める学者・文化関係者全国の集い、開かれる」『部落解放研究』55号
部落解放・人権研究所、2000『部落問題・人権辞典』
部落解放人権政策確立要求中央実行委員会編、各年『全国のあいつぐ差別事件』
平野次郎、2015「橋下市長と『週刊朝日』が和解も——被差別部落へ謝罪なし」『週刊金曜日』（2015年2月27日号）
宮津裕子、1993『沈黙せず——手記・結婚差別』部落解放研究所
師岡康子、2013『ヘイト・スピーチとは何か』岩波書店
村越末男、1991「戦後部落差別事件史に学ぶ」『同和問題研究』（大阪市立大学同和問題研究室紀要）102-105
内閣府、2012「人権擁護に関する世論調査」（http://survey.gov-online.go.jp/h24/h24-jinken/）
奥田均、2009『差別のカラクリ』解放出版社
奥田均編著、2013『知っていますか？　部落問題一問一答　第3版』解放出版社
奥田均、2015「差別禁止法（考）——部落問題を通して考える」『人権問題研究所紀要』57-101
大阪府府民文化部人権局、2014『国勢調査を活用した実態把握報告書〔第一次〕』
大阪府府民文化部人権局、2015『国勢調査を活用した実態把握報告書〔第二次〕』
齋藤直子、2016「なぜ差別禁止法が必要なのか：「差別禁止法研究会」部落問題班の立法事実調査から」『部落解放』726号：74-84
「差別事件が問いかけるもの」編集委員会編、2003『差別事件が問いかけるもの——実効性のある救済制度の実現を』
滋賀県総合政策部人権施策推進課、2015「差別の現実を踏まえた判決」『部落解放』710号：35-43
寺木伸明・黒川みどり、2016『入門　被差別部落の歴史』解放出版社
鳥取県、2006「同和地区実態把握等調査結果の概要について」（http://www.pref.tottori.lg.jp/secure/294197/d-jitaichosa00_h18.pdf）
東京都、2014『人権に関する世論調査』
内田龍史、2011「部落の若者の部落問題意識と部落出身者としてのアイデンティティ——部落青年の部落問題認識調査から」『部落解放研究』192号：72-88
内田龍史、2012「全国部落青年の雇用・生活実態調査結果（2）——量的データの特徴」『部落解放研究』196号：7-28.
内田龍史・棚田洋平・齋藤直子・妻木進吾、2016「差別禁止法を求めます——差別事例の調査から見えてくるもの——第9回近年の部落差別事象の収集から見えてくる問題点」『ヒューマンライツ』337号：30-35
内田龍史、2016「近年の部落問題意識の現状と人権教育・啓発への示唆——「人権（問題）に関する意識調査」結果を手がかりに」『人権教育研究』（日本人権教育研究学会）第16号：1-17
浦本誉至史、2011『連続大量差別はがき事件——被害者としての誇りをかけた闘い』解放出版社

（内田龍史…はじめに・1章・2章・3章・4章1～4節・5章3節／妻木進吾…4章5節／齋藤直子…4章6節・5章1～2節）

付記：本研究はJSPS科研費JP16K04092の成果の一部です。

当事者は語る

二度の結婚差別

Nさん 兵庫・女性

　兵庫県出身のNさんは、20代の女性である。ここ数年の間に、二度の結婚差別を受けた。その二度の経験について、語っていただいた。

一度目の結婚差別

　インターネットが普及し、同じ趣味を持つ人たちが簡単に知り合うことができるようになった。ネット上で会話を交わすうちに、仲の良いグループが生まれる。ネットで知り合った気の合う仲間が、実際にどこかで集まる会を「オフ会」という。すでに趣味や人柄がよくわかっているので、友人関係だけでなく恋愛関係のきっかけの場になりやすい。Nさんも、映画について真剣に語る人々のオフ会で、ある男性と出会った。
　交際して間もない頃、Nさんは彼の実家に遊びに行った。彼の家族は、とても歓迎してくれた。うちとけた雰囲気のなか、彼の子ども時代のアルバムをみたり、晩ご飯をごちそうになったりした。
　1年の交際を経て、Nさんたちは同棲しようと考えるようになった。彼がそのことを報告したとたんに、彼の親から大反対が巻き起こった。「あの子だったら、部落の子やろ」「部落やからあかん」というように、Nさんの出身が理由だった。以前、彼女が家に来たときの態度から、好意的な反応をしてくれると予想していたので、彼は大反対されたことにひどく驚いた。親のあまりに強い態度に押され、彼はなにも言い返すことができなかった。
　その晩、Nさんは彼から電話を受けた。彼は、「もうダメかもしれない」「つきあっていく自信がない」と悲観的だった。Nさんにとっても寝耳に水だった。しかし、「どうして彼は差別する親に怒ってくれなかった

んだろう」という疑問も浮かんだ。そう彼に伝えると、部落問題についての知識がなく、親が反対していることの意味さえわからず、言い返す方法が思いつかなかったからだと、彼は答えた。Nさんは、「別れる、別れないはあなたの自由だが、親の言ってることはおかしいとは思わないのか」と、彼を問いただした。

差別する人に初めて出会う

　交際する前に、Nさんは彼に出身を伝えていた。彼女は部落出身であることを隠そうと考えたり、恥ずかしいと思ったことはなかった。同和保育所の幼なじみたちとは今でも親友であり、友人のことを話すときに、部落について触れないということは、ありえなかった。差別するような男性とつき合うつもりはなかったので、そのための確認でもあった。
　また彼女にとって、恋愛は結婚の延長であり、結婚の可能性がない相手と交際するつもりがないことも伝えた。
　彼の返事は、「自分には差別意識はないから大丈夫」「親もたぶんそういうことは言わない」ので、結婚を前提に交際しようというものだった。
　Nさんのまわりでは、結婚差別を受けた人がいなかったので、自分が差別を受けるとは夢にも思わなかった。反対を受けたときは、「いまどき差別をするような人がまだいるのか」ということに驚いた。同時に、「みんな差別を受けなかったのに、どうして自分だけが」という思いもあった。

聞くに耐えない差別発言

　当初、反対しているのは母親だけだったが、次第に家族も巻き込まれていった。父親も、母に同調しはじめた。妹だけは味方になる見込みがあったのだが、それを危惧した母親が介入して、妹に会えなくなってし

まった。

　母親は、普段から部落や外国人に対する差別発言をする人で、職場でも躊躇なく「あの人は部落だから」と言ったり、子どもらに「外国人と部落とは結婚するな」と教えたりしていた。彼が母親から言われた言葉は、「初めて会ったときから、あの子は普通の人間じゃないと思っていた」「部落臭がぷんぷんした、生きてる世界が本当に違うと思った」「あの人とは一緒にいられない」と、聞くに堪えないものだった。

　母親は差別的な考え方を、自分の母親から受け継いでいた。彼の祖母にあたる人物だが、母の結婚のとき、父も身元調べを受けていた。

　さらに、その差別的な考えは、彼のきょうだいにも受け継がれていった。きょうだいのひとりからは、「部落を見下してきた。その人たちと同じレベルになることが悔しいから、嫌だ」「生きている世界が違う」と言われた。本当はもっとひどいことを言っていたようだが、彼がNさんに伝えるとき、少し表現を弱めて言ったものでさえ、このようなひどい表現だった。

　母親は、Nさんを悪者にしたかった。最初に出身について言わなかったのは、部落出身であることを隠すつもりだったからだと主張した。彼女は出身を隠すつもりなどなかった。彼は、出身について彼女から伝えられていたと指摘すると、今度は「わざわざ伝えたのは、部落を引け目に感じてるからだ」と逆の主張をしだした。彼女を否定できるなら、どんな理由でもよかったのだ。

　仲良くしていたこともあったのに、部落出身と知って、そんなことをいう人たちとはもう関わりたくないと、彼に伝えた。

一度目の別れ

　彼は、Nさんと話しているときは、差別は許せないと言うのだが、親の前に出ると親の言い分に耳を傾けてしまった。部落問題について懸命に説明しようとするのだが、Nさんの説明した内容以上のことは、何も

言えなかった。自分の受け売りだけではないか、本当に真剣に考えてくれているのだろうかと、Nさんは不安に感じるようになった。もし結婚したなら、結婚生活ではさまざまなことが起きるだろうが、今回の差別問題に限らず、今後「この人は私を守ってくれるだろうか」と、漠然と結婚生活への不安を感じた。

徐々に、ふたりのペースにズレが目立つようになった。彼女は、どんどん前に進んで行きたいタイプだったが、彼は困難があると歩みを止めてしまうタイプだった。ふたりが結婚するための課題は、親の差別だけではなかった。彼が安定した職に転職すること、同棲のために新居を探すことなど、さまざまな課題を片付けなければならなかった。複数の課題を同時進行で考えることに疲れた彼は、そこで立ち止まってしまった。Nさんは、いつまでも同棲が実現せず、待ち続けなければいけないことに耐えられなかった。Nさんは、最後の賭けに出た。同棲開始の日を設定して、そこから逆算して物件を探す日を決めて、不動産屋に予約をいれた。しかし、当日になって彼は予約をキャンセルしてしまった。決断できなかったのだ。そのことが、別れるきっかけとなった。

二度目の結婚差別

彼女が別れたことを知って、以前から彼女のことが気になっていた「オフ会」メンバーの男性が、猛烈なアプローチをはじめた。そのアプローチにおされて、Nさんは交際することにした。

これまで、出身を伝える目的は、交際相手の差別意識を確認するためだった。しかし結婚差別を経験した今、家族からの反対を乗りこえる意思があるかどうかの確認に変化していた。「あなたはそれで大丈夫か？」から、「将来、そのことで問題になるかもしれないが、そこは大丈夫か、クリアする意思はあるか」という問いに変わっていた。

憧れていた女性とつき合えたことが嬉しかったので、さっそく彼はそのことを親に伝えた。彼女が部落出身であることも親に伝えた。以前の

交際相手同様、彼も、親が部落にネガティブな印象を持っているとは、夢にも思わなかった。
　ところが、彼の父親は、「部落は集団でやってきて怖い、やっかいだ」という偏見を持っていて、すぐに別れろと息子に命じた。彼は納得できなくて、怒鳴り合いのケンカになった。彼は、大切に育ててくた親に強い愛情を抱いていたし、親に反抗したこともなかった。その息子が反抗的な態度に出たことに、親のほうがおどろき、息子たちを無理に引き裂くことはできないだろうと観念した。
　だが父親は、もし交際が続いて、「でき婚」（妊娠先行型結婚）をしてしまうことを恐れて、門限を課すなどして、息子の行動に目を光らせた。
　彼は粘り強く説得を続けたが、一度、くじけそうになったことがあった。別れるつもりだと友人に相談すると、友人は「お前はバカだ、彼女は何も悪くないのに、父親に言われただけで別れるのか、今すぐ土下座して彼女に謝れ」と、激しく叱責した。友人の言葉が心にひびいて、彼は結婚する意思を再び固めた。
　彼には就きたい職業があったので、非正規雇用で働きながら、正社員のチャンスを狙っていた。親からは、結婚をしたいのなら正社員になれと条件を出されたので、彼は夢を諦めて正社員になった。条件はクリアしたのだから結婚するといったが、結局、反対は続いた。同棲を実行するめどが立たないので、「同棲の計画は無期限に延期してくれ」と、彼はNさんに頭を下げた。
　以前の破局と同じような状況に陥った。しかし、彼女は負けなかった。「なぜ自分が待たないといけないのか」「結婚までの計画がないのに、無意味に延期をするのは単なる尻込みでしかない」と強く主張した。女性には出産時期などのタイムリミットがあるから、いつまでも待てない、延期をするなら別れると伝えた。

部落問題のいま

さまざまな人に相談する

　彼女は、これまでにさまざまな人に、この問題について相談をしてきた。部落解放運動をしている幼なじみ、自分の母親、カップル共通の友人などから、解決のヒントを授かった。

　母親は、最初の差別問題のときには、自分が部落出身であるために娘が苦しんでいる姿を見て、「ごめんね」と言いながら泣いた。母親自身も深く傷ついた。しかし今回は、「またか」という感じで、大きく構えるようになっていた。母親は、あなた自身も結婚を急かしすぎではないか、今の交際自体を楽しみなさいとアドバイスをしてくれた。

　彼の家族の中にも味方がいた。外国籍の女性と結婚した伯父は、彼自身も結婚差別を経験した。「今日、Nさんと会ったけど、とてもいい子だったよ」と母親に伝えるなど、助け舟を出してくれた。遠方から駆けつけて、「結婚に反対するなんて、何を考えているんや」と、強く抗議してくれた叔母もいた。

　一方で、強硬に反対する親戚もいた。叔父の国際結婚を反対した人だ。海外在住であるが、わざわざ、「両親が反対している結婚など、うまくいきようがないから、別れたほうがいい」とメールをよこした。

　同棲のきっかけを与えてくれたのは、ふたりの共通の友人だった。とても論理的な人で、彼の抱えている課題を「分解」して、ひとつずつ順番に解決することを提案してくれた。すでに、正社員になるという経済的問題はクリアしているので、次の課題を考えた。それは、彼が「親と衝突することは避けたい」というものだった。友人は、「それなら、正面衝突せずに家を出たらよいのだ」と勧めた。彼を縛っていたものが、急に外れたようだった。その一週間後には、ふたりの新居は決定した。同棲生活が、ついにはじまった。

　さらに、彼の行動が、母親の認識も変えた。親に忠実だった息子が、親に逆らって家を出るまでの決断をするのだから、よっぽどの決意なの

だと感じた母親が味方になってくれ、頑なだった父親に働きかけてくれた。そのうち、父親の態度にも変化があらわれた。旅行のお土産を彼にことづけたところ、父親は喜んで受け取ってくれたという。

　同居していた祖母は、孫の結婚問題を聞かされていなかった。孫が家を出たところで、初めて問題が生じていることを知った。祖母は部落差別をしない人で、父に対して「なぜ、そんなことで反対してるのか」と、怒ってくれた。

　また、この問題を通じて、彼自身が大きく成長したと、Ｎさんは感じている。彼女にとって、それは大きな喜びだった。

　結婚相手の親には嫌われたくないという気持ちは誰にでもあるだろうし、自分自身もそうだとＮさんは言う。自分の場合、入り口が悪かったのだから、「今から上がるだけ、これから自分のいいところを見てもらえばいい」と、結婚差別の経験を、否定的には捉えていない。彼女は、前向きな人だ。今後、関係がよくなれば、差別された経験は水に流してもいいと考えている。彼女は介護のプロなのだが、いつか親の介護の問題が起きるかもしれない。そのときに関係がよくなっていたら、彼の親の介護をしてもいいと考えている。

二度の結婚差別を振り返って

　過去を振り返ると、結婚を急かしすぎたことが、交際相手を精神的に追い詰めてしまったのではないかとＮさんは反省している。もっと自分が優しく言葉をかけていれば、結果は違ったかもしれないと、今は思う。歩むペースの問題であり、ケンカ別れしたのでもなければ、お互いが嫌いになったわけでもない。もう、会うことはほとんどないけれども、なにか大きな人生の転機が起きたときは、お互いに連絡しようと約束している。そういった形で、大切な友人であり続けている。

　自分の反省を踏まえて、今、結婚差別に悩む人たちに伝えたいことは、例えば「私と親とどっちが大事なのか」といった、詰問をしないことだ

という。相手が親と仲良くやっていきたいという気持ちも、汲んであげてほしい。もちろんそれは、ある種の「諦め」でもあるという。親と自分の間で相手が立ちすくんでしまっても、それはしょうがないことだと思うしかないという。ただし、ズルズルと交際を続けるのではなく、期限を決めて、そこでダメなら一度スパッと別れることも大事だったという。

　差別を受けることは人間性を否定されることで、受ける側にとっては耐え難いことだが、差別されたことを怒っているだけでは、前に進むことができないという。Nさんは、「こちらが窓口を開けておかないといけない」と感じていた。また、どうして差別するのかを分析する冷静さが必要であるという。部落は怖いという先入観を先に持ってしまうと、後から忌避感を取り除くのは難しいのだなと、Nさんは実感した。だから、許すことや諦めることも必要になってくるのだという。

　それでも、差別発言を受けたら腹の立つこともあるので、そのときは彼に向かって怒ることもあった。だが、相手からすれば、自分の親をけなされたことになるので、「親を悪くいってごめん」と、そのことだけは謝罪するようにしていた。そのかわり、親が言っていることが間違っていることも、相手に認めてもらっていた。

　　お土産でプリン買っていったのに、「食べられへん」って言って「あの子からのものは、食べられへん」ってつっかえされたわけではないけど、受け取ってもらわれへんかったこととかも何回かあるんで、そうなった時は「はん！」って言って怒ったりはしましたけど、「もうええか」って。ほんなら彼がプリン全部食べるみたいな（笑）。全部食べる。「おばあちゃんにあげたん？」って言ったら「いや、おいしかったから、プリン全部食べた」みたいな。「いや、おばあちゃんにはあげてよ、プリン」みたいなとかいうのはありましたね。

　彼は、このようにして、親が差別したことを認め、親のしたことへの

謝罪の気持ちを表現してくれたことがあった。

　差別問題の渦中にあって、彼やその家族を尊重しようと決めて、さらに自分の尊厳についても譲らなかったNさんの態度が、周囲を変えていき、結婚差別の解決につながったのではないだろうか。

　　　　　（本稿は、Nさんへのインタビューを構成したものです。構成：齋藤直子）

長野市内近隣住民連続差別事件

高橋典男 NPO法人人権センターながの事務局長

　2015年7月、長野市内在住のTさん（女性・60歳代）から部落解放同盟長野県連合会に相談の電話があった。県連から「一緒に話をきいてほしい」という連絡があり、Tさんと会うことになった。「長年苦しんでいる。差別発言や嫌がらせなど昼夜を問わず続いている」「1年ほど前から長野市や法務局に相談してきたが、何も解決しない」「何度も転居を考えたが、なぜ私たちがと考えると悔しくて……」という訴えだった。

事件の概要

- 2010年5月頃、長野市在住のTさん宅の向かい側にK（60歳代・妻と息子）が転居してきた。転居後、隣住民らに対する暴言など種々の嫌がらせをするようになった。
- 2011年頃からKはTさん宅に執拗な嫌がらせをはじめる。
- 2014年頃からKは「この部落民、○○（居住地）から出て行け」「チョーリッポ」「ヨツ」「畜生だ」「人間じゃねえや」など、朝晩関係なく幾度も差別発言を続ける。

　Kはベランダから通行人にも「この家のTは部落民だ、チョーリッポだ、ヨツだ」など差別発言を繰り返す。通りかかった高校生などにも呼び止め、こうした発言を繰り返した。

　また、Kは孫（小学校1年生ぐらい。長女の子ども：K宅に来ていた）に、Tさん宅に向かって「部落民」「チョーリッポ」「ヨツ」と発言させ、それを見て笑うなどの行為を繰り返す。

　Tさんの夫や長男にも、外出するのを待っていたように、前記差別

発言等を時間に関係なく繰り返す。

　Kの同居人（Kの妻、長男）にTさんは訴えたが「嫌だったら訴えれば」という態度。

- 2014年8月、Tさんは長野市人権同和政策課（当時）に相談。しかし、市は何の具体策もせず、（従来部落差別事件では報告し連携することになっていた）解放同盟などにも報告していない。

　Tさんは法務局にも相談（法務局は何の対応もしていない）。

- 2014年9月、Tさんになりすました「謝罪」という文書（B5判）がTさん宅の近所のみならず広範囲の家に投函されるという事件がおきた（3回）。

　文面「私、T（実名）は一般人ではありません。私達は特別な人（部）です。長年隠していました。申し訳ございません。今迄通りよろしくお願い致します。」

　Tさんはこの差別文書を長野市に報告した。長野市はこの差別文書をTさん自身に「回収してほしい」と指示した。

　Tさんは数十軒の家から回収。回収できたのは約40枚。長野市にこの差別文書を提出。

　長野市はこの事実も「隠し」（放置し）てきた。

　Tさんは数年間、これらの経過のほとんどをメモしている（期日、時間、どのような場面、発言内容や行為等）。

　さらに、Kの差別発言を録音している（長野市にも提出）。Tさんはこの間、警察に何度も通報して、警察は何度も「対応」した（延べ50

広範囲の家に投函された差別文書
（スミ塗り部分は実名）

人ほどの警察官が)。しかし、「起訴はむずかしい」「そうなればもっとひどい事態も予想される」「現状ではこれ以上は……」という経緯。

- 2015年7月1日、Tさんは部落解放同盟長野県連に電話で相談。同日県連から「人権センターながの」に連絡が入る。
- 7月10日、私も同席し事情を聞く。その際、できたらKの差別発言などを録画するよう要請。

　一方、時間に関係なく差別発言を繰り返す行為に対し、直ちに止める手だてに、「人権センターながの」理事の横田弁護士に依頼し、「差別発言禁止等仮処分命令申立」を行うためTさん(家族)をはじめ近隣住民から事実の聞き取り調査などを行う。
- 9月29日付で長野地方裁判所に「差別発言禁止等仮処分命令申立」を行う (Tさんのメモ、動画と音声：数十件を添付)。

　同日、Tさん家族への一層の危険を考慮して長野中央警察署に「仮処分命令申立」を行ったことを伝える。

　また、同日長野県弁護士会にも「仮処分命令申立」を行ったことを伝え、長野市がこの事件にかかわって記録した「非公開文書」を県弁護士会を通じて開示要請した。
- 10月16日、「申立の趣旨再訂正申立書」を裁判所に提出。
- 10月21日付で申立どおり、裁判所はKに「一切の行為をしてはならない」とする仮処分決定。

　それから差別発言はしばらくの間とまった。しかしTさんが外出すると、Kは黙って後をついてくるなどの付きまとい行為に出た。その後また、部落差別発言もするようになった。
- 12月30日、事件がおきた。玄関先にいたTさんにKが近づいてきて、いきなり蹴った。そして腕を摑み、倒した (「スマホで録画されていることに腹が立ち」：Kの証言から)。

　警察に連絡。Kは逮捕・拘留された。
- 2016年1月、拘留期間。検察がKを起訴。国選弁護人保釈申請により1月27日、保釈。

- 2月19日、第1回公判長野地裁第二法廷。公判でKは暴行については認めたものの、差別発言については否定した（取り調べ、調書ではすべて認めていたが、態度を一転）。
- 3月2日、第2回公判長野地裁第一法廷。検察はTさん本人に証人尋問し、2011年からの嫌がらせ、2014年からの部落差別発言、暴行に至る経過について明らかにし、Kの差別発言を収めた動画を証拠として提出した。

　なお、暴行に至る際、Kは玄関先で包丁を研いでいた（家の中で研ぐことはできないのかと検察官に問われ、「この包丁はプロ仕様なので、水を流しながら研ぐので外でないとだめ」と答えている）。

　Kは被告人尋問で暴行については認めたが「私は剣道をしていたので、暴行行為をする瞬間、痛くないように止めることができるので、そうした。そんなに痛くないはずだ」と供述。そして「差別発言についてはしていない」と供述した。

　提出した差別発言の動画が法廷で上映された。検察官は、動画を見ても差別発言をしていないということはどういうことか、取り調べ段階では「差別発言をした」と供述していることについて問いただすと、Kは「検察官の誘導尋問で……」と答え、検察官の詳細な尋問に「やっていない」「覚えていない」を繰り返した。

　検察は「覚えていないと言いながら、誘導尋問はどうして覚えているのか」と尋問する場面もあった。

　裁判官の質問に対しても「反省しています」「二度としません」と言いながら、差別発言は「やっていない、覚えていない」を繰り返した。

　最後にTさんが被害者としての意見陳述を行った。

　内容は、①私及び家族に対する差別発言、暴行及び嫌がらせ行為を今後一切やめてほしい。

　②差別発言を長い間、昼夜問わず行われ、どれだけ心を傷つけられ、社会的孤立感や不安にさいなまれたか。

③Kは長期間にわたる執拗な差別発言など一連の行為にどうして至ったか、適切な場所と方法で、優れた方々の見守りと助言のもとで、自らを明らかにしてほしい。Kが変わらない限り、100％安心はできない。私の代わりにターゲットにされる被害者が出るかもしれない。

　④相談した警察だけではなく、法務局、長野市役所(人権同和政策課)にも訴えたがいずれも対応できないという回答だった。人権が侵害された市民が救いを行政に求めても、十分頼りになる速やかな対策が得られないという現実を痛感。今後被害者救済の仕組みと、加害者が解放されて永続的加害者でなくなることなどを訴えた。

　検察は、Kに対し懲役6カ月を求刑した。これに対しKの弁護人は(罰金刑を求めるかと推測していたが)「執行猶予を」と述べた。

　裁判官だけでなく、Kの弁護人さえもKの供述に「あきれて」いたように見えた。

- 3月15日判決、長野地裁第一法廷。長野地方裁判所(伊藤顕裁判官)は、Kに懲役6カ月、保護観察付き執行猶予3年の判決を言い渡した。また、特別遵守事項として付きまといなどのいやがらせ行為をしないよう付け加えた。量刑理由で、Kが差別発言を繰り返したと認定し、「被告の身勝手で独善的な性格が原因で、犯行態様は悪質」とした。

行政は何か「できなかった」のか「しなかった」のか

　Tさんの意見陳述のとおり、法務局は「対応できない」、(事件が明らかになった後)「相談があったかどうかも含め答えられない」としている。

　長野市はこの事件を、なぜ明らかにしなかったのか。また具体的な取り組みが「できなかったのか」それとも「しなかったのか」。長野市職員がK宅を訪問し「差別発言の件で確認」したところKは「言っていない」「覚えていない」と答えている。これをもって「本人から事実の確認ができないので……」としてきたことが後日わかった。

　差別の事実は、①Tさんが録音した複数のKによる差別発言音声や、

毎日記録している差別発言の内容と日時の書面、②Tさんになりすましばらまかれた「謝罪」という差別文書の存在（Kが書いたという裏付けはされなかったが、3回、数十軒にまかれた事実）、③近隣住民の差別発言等を裏付ける複数の証言など、確認できているにもかかわらず「本人が認めていない」ことを「理由」にしてきた。市職員がTさん宅に一日いれば差別発言の現場を直接確認できたはずだ。

職員が事実確認のためK宅を訪れた後、同日Kは長野市人権同和政策課（当時）に電話してきた。そして「俺に喧嘩をうりに来たのか。（担当職員の）自宅を教えろ、どうなるのかわかっているだろうな」などと発言。「脅迫ですか」と職員は対応している。法的に対応できるきっかけはいくつかあったはずだ。Tさん家族だけでなく、結局この職員をも「守れない」市の課題は明白だ。

1カ月後に再開、そして今も……

Kに対する判決は2016年3月15日。しかし、4月に入り差別発言は再開された。今度は「精神病」など障がい者差別発言を執拗に行い、また部落差別発言も繰り返すようになった。Tさん家族に対する大声での差別発言、暴言、嫌がらせやつきまとい行為などは、ほぼ毎日、時間に関係なく続いている。

2016年4月以降の一部概要

2016年
4月26日（15:11）　ベランダから「精神病……」発言4回。
6月25日　　　　　この日からほぼ毎日時間に関係なく、大声で差別発言、
　　　　　　　　　暴言、嫌がらせ、つきまといを繰り返すようになる。
9月5日（19:31）　Tさん夫の会社に「お前んちのキチガイ、たびたび家に
　　　　　　　　　来るがいいのか」「あのチョウリッポが……」という電
　　　　　　　　　話がある（社員応対・電話の相手K・受信の証拠コピーあり）。

9月26日（6:55）「精神病、T、今日は遅いな」

9月28日（7:10）ベランダに出てきて「精神病T、今日は早えな」腕を組みながら。

10月3日（10:35）「精神病、キチガイ、おーいみんな、見てみろ、恥ずかしくねえんか、みんな知ってんだぞ、前はあれで、今度は何だ、精神病かい、アッハッハ……」

10月7日（20:19）（酒に酔った様子）路上で大声で差別発言を繰りかえす。「皆さん、Tは四つ足と一緒だ。動物なんだ。動物は会社に勤めたこともない」「動物だ、Tは四つ足と一緒で人間じゃねえんだぞ」

※警察官かけつける（1回目）。

警察が帰ったあともまた差別発言、暴言は続いた。

※2回目の警察への通報。

その間も大声での差別発言、暴言は止まず。

※3回目の警察への通報。

23時34分まで大声での差別発言、暴言を繰り返した。

10月9日（11:04）Tさんはスーパーへ、途中前方から自転車に乗ったKの姿が、薄笑いを浮かべながら、すれ違いざまに「○○病院、精神病」と叫び急いで逃げる。

10月14日（3:40）朝暗いなか、Tさん夫仕事中に家に立ち寄る。K「精神病、キチガイ」と発言。10月24日、Kの妻に訴えたが、「この事は黙っていてください。その後どんなことになるか想像してください」と笑う。

10月29日　※宅急便のトラックが停車。Kはその宅配のドライバーに呼びかける。差別発言をドライバーは会社にも報告していた。

11月9日　※長野市人権男女共同参画課・長沢主幹がTさん宅を訪問。Kの差別発言を現認。長沢主幹は玄関で問いただす。はじめは「発言していない」「差別発言を先ほど現認し

	た」とただすと、「むかついたから言った。一連の発言はもうしない」と返答。
11月10日 (7:11)	「T息子、おめえはな精神病だぞ」「精神病ともう一個あるな……。アッハッハ……。エッヘッヘ……」
12月2日	「オイ、T夫、〇〇（勤め先）に電話するぞ」

2017年

1月15日 (10:11)	Tさんは近所の皆さんと一緒に雪かき開始。その最中Kが「精神病T、そばに行くと精神病うつるぞ」
1月18日 (19:55)	「T息子、お前の会社じゃあみんな知ってんだぞ、〇〇（息子の会社と取引のある複数の会社名をあげて）知ってんだぞ」と約40分大声で発言を続ける。
1月19日	Tさん眠れず、薬多めに飲んだため午前11時まで起きられず。
3月3日	長野中央警察署に告訴状「侮辱罪」提出。
4月21日	長野地方裁判所民事部に改めて2回目の差別発言禁止等仮処分命令申立を行う。 同日、長野中央署担当刑事と面会し状況報告と要請。 同日、長野保護観察所で企画調整課長、担当監察官と面会し、執行猶予・保護観察中の「違反」行為に対する対応と見解を求める。
4月26日	Kに対し、仮処分命令申立書副本が同日送られているが、午後6時29分ころから9時15分ころまで3時間近くにわたり執拗に差別発言。
5月11日	裁判所による審尋。 即日2回目の「差別発言禁止等仮処分命令」決定。
5月11日 (審尋日)	Kは「精神病！T！」「キチガイ！」「部落！」「部落民！」「チョーリ」など発言。
5月12日 (決定正本送達日)	
	当夜、自室の内側から盛んに四本指を立てたり、「エッ

部落問題のいま　**261**

へへ……かわいそうに！」「〇〇町の笑い者！」「みんな見てるわ！かわいそうに」など発言と嫌がらせ行為を続けた。

5月21日　網戸越しに凝視を続け、ベランダに移動しながら四本指を振る。その後カメラを持ち出し、フラッシュをたいて、「ウワッハハ……オイオイ」と大笑い。

5月24日　無言で何度もTさん宅キッチン前をうろつく。その後懐中電灯をもってうろつき、Tさん宅キッチン前でしばらくたたずむ。

5月25日　16:15から16:43までTさん宅キッチン前に立ち止まり腕をくんで右左を移動。その後、ベランダから2回フラッシュをたいて写真を撮る。

6月1日　Tさん隣宅の側溝上に発言記録手書き（裁判所に提出した90頁）と動画USBが置かれていた（中央警察署に連絡し警察官確認）。

6月2日　ベランダからにTさん宅にカメラを向けて8回フラッシュをたいて写真を撮る。

6月14日　長野地方裁判所に「間接強制申立」を行う。

7月6日　「間接強制申立」決定。

Kの確信的行動、裁判所に「疑問」文、「自殺教唆」発言まで

　Kは2回目の仮処分命令申立に対して「疑問」という文書を裁判所に提出した。内容は（一連の差別発言について）「立派な日本語一般に使用しておりますが？」「誰が何のけんげんがあって使用禁止にするのか？」「言葉、法律で禁止するのか？」「言葉、辞書辞典から抹消されるのか？」「根拠は、科学的証明は？」など。

　また、4月26日、裁判所より仮処分命令申立書副本が同日送付された

日に、「自殺教唆」ととれる発言をしている。Tさん宅に向かっての発言は「俺の知り合いなんかなあ、いじめられて、生きていてつまんねえから、みんな自殺しているわ！」「今、小学校や中学校1年も自殺してんだ！おめえらと一緒だ！」「生きていて楽しいんかい！おめえらは俺たちと違うんだぞ！そういうの知ってるだろ！おめえらは生きていて意味ねえから、つまんねからな、みんな自殺してんだよ！」「これからもそうだ！つまんねだろ？　なんにも感じねえな！」。

　今も、KはTさんの隣宅住人に向かって「この家の人と話をすると（四本指を出し）これと間違われるぞ」などの発言を行い、さらに、Tさん宅キッチンを覗くようにして、カメラのフラッシュをたいて撮影するなどの行為や、四本指を出して三三七拍子で踊っている。

改めて告訴を準備中――
前回「侮辱罪」告訴は「不起訴」？

　2017年3月3日に長野中央警察署に告訴状を提出したが、これにはいくつかの経緯があった。

　2015年10月の（1回目）仮処分決定、2016年3月15日の有罪判決。その約1カ月後からまたはじまった一連の差別発言や行為に対して、警察は「なんとか逮捕する」と近隣住民からの「調書」をとり、進めてきたようだ。しかし、再三にわたるTさんの訴えにもかかわらず時間だけが経過していくなかで、2017年2月に、こちらから告訴状を提出することを警察に告げた。そして3月1日に告訴状を提出しようとした。ところがその告訴状を警察は受け取らず（原本をコピーするのみ）、そのかわりに3月3日にTさんは警察にきてほしいと言われ、3月3日付で「侮辱罪のみでの告訴」をTさん署名で行うことになった。8月30日、この告訴は「不起訴処分」となった。

事件は今も続いている──今後の取り組み

　この事件の裁判が新聞報道で明らかになって以降、こんなことをするのは「変わった人」といった声が聞かれる。それは長野市の取り組み経過のなかでもでていた。
　つまり、「変わった人」としてとらえることで、「考えられない出来事」「自分たちの周りにはありえない出来事」として「安心」しようとしてしまう自分がいるのではないだろうか。

　こうした差別等行為を今すぐ止める手立てはないのか。人権侵害に対してあまりにも法的、行政的に「無力」すぎる。現在、長野市に対して「人権を尊び差別のない明るい長野市を築く条例」の条文追加改正と、県に対して「迷惑防止条例」の条文追加改正を求めている（2016年に改正された「ストーカー規制法」にもとづいて、すでに39都道府県が「迷惑防止条例」を改正している。その条文では「つきまとい」「著しく乱暴な言動」「名誉を害する事項を告げ、又はその知り得る状態に置くこと」などが盛り込まれ、罰則規定もある。しかし長野県はまだ改正されていない）。また、こうした差別行為を許さない地域づくりのひろがりを目指している。
　一方、改めて「名誉毀損」で刑事告訴の準備を進めている。同時に民事での告訴も準備中である。その過程でわかったことがある。先の告訴が「不起訴処分」になった経緯の一つに、差別発言や嫌がらせ行為などを裏付けるために、何人かの住民が警察に呼ばれて「調書」をとっていたが、誰も「署名捺印をしていない」というのだ。つまり正式な「調書」の取り扱いがされていないのではないかと私は受け止めた。
　毎日昼夜を問わず目の前で差別発言をされ、身の危険にさらされながら、Tさん家族は長い間耐えてきた。「私たちがここを出て行こうか」と何回も考えたとTさんは言う。「だけどなぜ私たちが出て行かなければいけないのかと考えると、悔しくて……」、こうして我慢＝「たたか

って」きたのだ。私はこの人たちの生き方に人間の尊さをみた。

　取り組みはこれからだ。意見陳述でTさんは言った。「Kは一連の行為にどうして至ったか、自らを明らかにしてほしい。Kが変わらない限り、100％安心はできない。私の代わりにターゲットにされる被害者が出るかもしれない」。

　私たちは、本来「刑事罰」を求めているのではない。第一に求めているのは、一秒でも早くKの行為を止めること。同時にそれはTさん家族の命を守る闘いでもあるからだ。そして大切なことは、なぜこうした差別発言や行為を行うのかを明らかにしていくことを通じて、すでに8年も耐え闘い続けているTさんたちの人間回復である。

（本稿は、『ヒューマンライツ』No.343（2016年10月号）掲載の文章に著者が加筆修正したものです）

アイヌ問題のいま

アイヌ民族「問題」の概要

竹内 渉　公益社団法人北海道アイヌ協会 元事務局長

アイヌ民族

　アイヌ民族とは、古くからアイヌ・モシリ（アイヌの大地）である北海道・樺太（からふと）・千島列島・日本列島北辺を生活の本拠地とし、狩漁労・採集・交易等によって自然と共生し、固有の言語や宗教などのアイヌ文化を育み、それを現在に受け継いでいる民族集団である。「アイヌ」は「カムイ」（神）に対する「ひと」や「成人男性」、「夫」などを意味する。口承伝承の「ユーカラ」（神謡・叙事詩）は有名である。近代以降、日本政府の同化政策によって文化・生活基盤等の破壊および過酷な差別が行われた。人口は、北海道庁の北海道アイヌ生活実態調査の際に行政として把握できた数が２万人前後となっているが、実際はその数倍はいると思われる。また、北海道以外にも首都圏などに数千人いると推定される。合計しても、日本総人口の0.1％程度の絶対的少数者である。

はじめに

　原因があって結果がある。アイヌ民族の現状について考察する際に、その歴史の大筋を理解しておくことが不可欠であることから、まずは、その歴史について触れてみる。
　アイヌ史は、一面で和人[*1]からの侵略抑圧の歴史でもあるが、「蝦夷地（えぞち）」（後の北海道など）への和人の本格的な侵略抑圧が始まる以前のアイヌ民族の状況は、どうであっただろうか。まず、アイヌ民族の地理的境界についてみると、時代により多少の伸縮はあるが、17〜18世紀頃には、

北海道島全域・千島列島・樺太南部一帯の広大な空間におよんでいた。また、アイヌは本州北部（津軽・下北半島）やカムチャツカ半島、樺太対岸の大陸（アムール川流域）の広大な地域で交易活動などを行っていた。

和人の本格的な移住・侵略が始まる以前の北海道島などは、まさにアイヌモシリ（アイヌの大地）であった。

近代日本における植民地化

1868年、江戸幕藩体制から明治近代天皇制になり、「明治維新」と呼ばれる日本の「近代化」が始まったのだが、アイヌにとっては新たな苦難の幕開け以外の何ものでもなかった。1869（明治2）年、明治政府はアイヌモシリを「北海道」と、アイヌには何ら相談せず一方的に改称した。大地の住民であるアイヌを「化外の民」とし、アイヌモシリを「蝦夷地」と呼び、外国と認識していたものを、突然一方的に日本領土としてしまった。しかし、アイヌとしては、参議院議員も務めた故・萱野茂の言葉を借りるならば、「アイヌの国を借りるなら借用証書、買ったのなら買い受け証書がなければならない。……アイヌモシリを売った覚えも貸した覚えもない」[*2]のである。

政府は、1877（明治10）年、北海道地券発行条例を制定し、「北海道」のほぼ全体を「無主の地」、つまり所有者がいない土地として官有地に編入してしまった。そして、「旧蝦夷人住居地所は其種類を問わず当分総て官有地第三種に編入すべし」（第16条）と定め、従前からのアイヌの居住地も国有地としてしまった。さらに、北海道土地払い下げ規則(1886年)、北海道国有未開地処分法（1897年）により、官有地としたアイヌモシリを日本人に払い下げ、「開拓」を進めていった。政府は、大地を奪い、さらにアイヌ語の使用を妨げ、日本語の使用を強制し、言語までも奪い、アイヌの文化や風俗は否定し、女子の入れ墨や男子の耳輪などを禁止するなど、アイヌの伝統的な生活までも破壊していった。生業の狩猟や漁撈も事実上禁止され、行えば「密漁」として罰せられ、アイヌは悲惨な

生活状況に追い込まれていった。こうして日本人化の強制という同化政策が遂行された。この同化政策という植民地政策により、アイヌ民族差別がいわば国策として作り上げられた。つまり、植民地法であり名称そのものから差別法でもある北海道旧土人保護法（1899年公布、1997年廃止）などに示されるように、侵略抑圧により弱体化したアイヌ民族を「保護」し、1871年の戸籍法公布により、アイヌも天皇の赤子(せきし)として「平民」に編入し、日本国民に統合しながらも、「旧土人」と二級市民として扱い、法制度的にも差別してきた。言い換えれば、先住民族アイヌを差別することによって、北海道の植民地化という侵略行為を「開拓」という名のもとに合法化したのである。そして、「同化政策」は、日本人化を強制しつつも排除の機能もあわせもっていたことに留意しなければならない。「〈日清戦争後の台湾領有という〉新たな拓殖政策の展開と〈アイヌの窮乏に対しての〉政府批判への対応から〈北海道旧土人保護法は〉制定されたというべきであり、そこにアイヌの生活・生産の確保を図る意図はうかがえない」「政府はアイヌをシャモと『同じ』範疇に含めるために同法を制定したのではない。先住民族に対する抑圧と排除がその本質的機能だということを確認しておきたい」[*3]（〈　〉内は筆者）。

　「同化政策」と一言で言ってもなかなかピンとこないかと思うが、以下のことを想像してみてほしい。

　あなたの街にα国人が大挙してやってきて、銃剣による暴力的支配のもとで「明日から日本語を使うな、α国語を話せ。米は食うな、パンを食え。神社仏閣は信じるな、α教のみを信じろ。農民はすべて工員に、公務員は土木作業員になれ」と強制され、その結果、言葉（α語）を話すことができない「無知蒙昧(もうまい)なもの」と差別され、慣れない仕事ゆえに困窮せざるを得ない状況を。

　北海道旧土人保護法の柱の一つは、アイヌ世帯1戸につき1万5,000坪以内の土地の下付と、アイヌへの農民化の強制であった。しかし、このときには前述の北海道土地払い下げ規則等により、和人への払い下げがすでにほとんど済んでいたあとで、地味の肥えた土地は残っておらず、

下付された給与地は、農地に適さぬ場合が多かった。また、その主たる生産活動が狩猟採集であるアイヌ民族に、農耕を強制すること自体が、むちゃな政策であった。辛うじて取得した給与地も、次第に狡猾な和人に奪われていったり、第二次世界大戦後の「農地解放」によってかなり没収されたりもした。後述の『ウタリ問題懇話会報告書』によれば、「下付された土地の現状をみると1987（昭和62）年3月31日現在で残っているのは1360ヘクタール余りで、全下付地面積9061ヘクタールの15パーセントにすぎなくなっている」。要するに、北海道旧土人保護法は、「アイヌの民族的個性を全面的に否定し、人権を無視して、ただひたすらに和人社会への同化と天皇制国家への忠誠を強要する以外の何ものでもなかった、というこうとができよう」[*4]ということであった。

　しかし、1900年代に入ると、知里幸恵の『アイヌ神謡集』の出版に見られるように、抑圧や差別を跳ね返し、アイヌ文化や言語を守ろうとする動きも出てくるようになった。

アイヌ協会の設立

　戦後、1946年2月、静内町（現・新ひだか町）において自主的な有志の呼びかけに応じた北海道各地のアイヌ約700名の参加により、社団法人北海道アイヌ協会の設立総会が開催された。

　協会は、旧土人保護法による給与地の返還および農地改革法適用除外運動などに取り組んだが、かんばしい成果を上げることができなかった。こうして運動が挫折してしまったことと、協会の事実上の中心であった常務理事の小川佐助が、競馬が復活し、調教師であることから、1950年に京都に移住してしまったこと、さらに、敗戦直後という社会全体の混乱期、厳しい民族差別状況などもあって、アイヌ協会の活動は停滞し、開店休業状態に陥ってしまった。そして、その再開は60年に開かれた再建総会まで待たねばならなかった。翌61年の総会で、同胞・仲間を意味する「ウタリ」を用いて社団法人北海道ウタリ協会と名称を変更した。

民族の呼称でもある「アイヌ」であるが、この用語が差別的に使われている状況下で、組織拡大を図るためには名称の変更もやむを得ない、というのがその理由であった。

なお、同会は2009年4月1日、再び名称変更し、社団法人北海道アイヌ協会に戻した。

アイヌ新法制定活動

ウタリ協会は北海道ウタリ福祉対策や有名無実化している北海道旧土人保護法の内容吟味、およびそれに変わるべき新しい法律の適用範囲や内容について検討を重ね、その結果は、1984年5月の総会において提案され満場一致で承認された「アイヌ民族に関する法律（案）」（アイヌ新法案）に集約された。この柱は、1．アイヌ民族に対する差別の絶滅をこの法の基本理念とする、2．民族特別議席の付与、3．教育・文化の振興、4．農林漁業、商工業対策、5．自立化基金の設置、6．アイヌ民族政策を検討する審議機関の設置、となっている。

北海道知事・横路孝弘は、ウタリ協会の要請に応えて同年12月、知事の私的諮問機関としてのウタリ問題懇話会を設置し、1988年3月には、「懇話会」から知事に報告がなされた。報告は「特別議席」の付与は憲法改正を要するという理由で「付言」とした以外は、ほぼウタリ協会案と同じ内容となった。

同年5月の総会で、北海道の『ウタリ問題懇話会報告書』(1988年3月)の趣旨に添った法律を制定すべきとして、上記柱のうち、「2．民族特別議席の付与と3の教育」を削除し、ウタリ協会として、国に要請していくことを決議し、同年8月には、ウタリ協会、北海道、北海道議会の三者一体で国に対し要請活動を開始した。

さらに、国内ばかりでなく、1987年から毎年先住民に関する国連作業部会に参加し、世界の先住民族の一員として、アイヌ民族の立場を確立していく運動も展開した。

要請を受け国は、1989年12月、アイヌ新法問題検討委員会を設置した。しかし、結局、何らの結論も出すことができず、「検討のための検討」で終わった。

アイヌ文化振興法の制定

1994年8月、萱野茂が参議院議員に繰り上げ当選し、アイヌ民族初の国会議員が誕生した。また、村山連立内閣が成立し、アイヌ民族問題に詳しい北海道選出の五十嵐広三が、内閣官房長官に就任した。こうしてアイヌ新法を取り巻く政治状況は一変した。1995年3月、内閣官房長官の私的審議機関としてウタリ対策のあり方に関する有識者懇談会が設置され、翌1996年4月に『報告書』が出された。

そして、アイヌ文化の振興並びにアイヌの伝統等に関する知識の普及及び啓発に関する法律(「アイヌ文化振興法」)が、1997年5月14日に制定された。この法の制定は、これまでの単一民族国家論、同化至上主義から見れば、日本において初めて民族文化についての法律が制定されたという点で、画期的な変化ということができる。しかし、ウタリ対策のあり方に関する有識者懇談会の『報告書』では言及されていた歴史的経緯については、完全に削除され、侵略抑圧・同化政策への反省や謝罪がなく、先住民族との断定を避けて、内容が文化のみに限定された、まさに「アイヌ文化振興法」である。もっとも、この法のベースとなった『報告書』自体が、文化偏重であり、先住権に言及しないなど法成立のしやすいことを狙った「妥協の作文」ではあった。

アイヌ民族の現状

アイヌの生活実態などの公的な調査は、これまでに、北海道が、対アイヌ施策を実施するにあたり、1972年を最初におおむね7年ごとにこれまで7回実施した「北海道アイヌ生活実態調査」(第5回までは「北海道

ウタリ生活実態調査」）および、東京都により1975年、1989年と二度「東京在住ウタリ実態調査」が行われている。2008年には、北海道大学アイヌ・先住民研究センターが、これまでにない規模の調査を実施している。さらに、国により「北海道外アイヌの生活実態調査」が、2010年度に行われている。

　ここでは、次の3つの調査をもとにアイヌの生活実態について考えてみる。

(1)　「北海道外アイヌの生活実態調査」作業部会報告書(2010年)（以下、道外調査）

　　　内閣官房長官が設置したアイヌ政策推進会議の「北海道外アイヌの生活実態調査」作業部会により、「アイヌの人々が居住地に左右されず、自律的に生を営み、文化振興や伝承等を担えるよう、全国的見地から必要な政策を検討するために、生活基盤を北海道外に移したアイヌの人々の生活等の実態を調査」したもの。2010(平成22)年度実施。

　　　北海道アイヌ協会が委託を受けて電話調査を行った。電話で本人以外が出た場合、いきなりアイヌ協会とは言えない。アイヌのことを隠して生活している人もいるので調査は困難であった。

(2)　「平成25年度北海道アイヌ生活実態調査」（以下、道内調査）

　　　北海道環境生活部が2013（平成25）年10月に「本道におけるアイヌの人たちの生活実態を把握し、今後の総合的な施策のあり方を検討するために必要な基礎資料を得ることを目的として」北海道内アイヌを対象に実施したもの。

(3)　「2008年北海道アイヌ民族生活実態調査」（以下、北大調査）

　　　「北海道ウタリ協会（現：北海道アイヌ協会）会員、道内在住の元協会員、アイヌ民族であることが明確な道内在住の非協会員が属するすべての世帯と18歳以上85歳未満の世帯構成員全員」を対象に、北海道大学アイヌ・先住民研究センターが、2008（平成20）年度に実施したもの。

表1　世帯の合計年収

年収	道外調査		道内調査	北大調査	国民生活基礎調査
	実数	構成比	構成比	構成比	構成比
収入なし	4	3.0%	1.4%	3.6%	
100万円未満	8	6.1%	11.2%	7.7%	6.6%
100万円以上200万円未満	20	15.2%	21.7%	17.1%	12.7%
200万円以上300万円未満	27	20.5%	20.3%	22.5%	13.9%
300万円以上400万円未満	19	14.4%	18.2%	16.2%	13.3%
400万円以上500万円未満	18	13.6%	9%	11.1%	10%
500万円以上600万円未満	9	6.8%	5.1%	7%	8.9%
600万円以上700万円未満	12	9.1%	4.7%	4%	7.1%
700万円以上800万円未満	8	6.1%	2.2%	2.8%	6.2%
800万円以上900万円未満	2	1.5%	0.8%	1.6%	5.1%
900万円以上1,000万円未満	3	2.3%	1.8%	2.4%	3.9%
1,000万円以上	2	1.5%	3.6%	4%	12.4%
計	132	100.0%	100%	100%	100%
無回答	21				

＊道内調査の数値は、総数から無回答数を除いた数を分母にし、再計算したものである。

　世帯の合計収入は、どの調査でも200万円以上300万円未満が20％以上と最も多く、次いで100万円以上200万円未満が多い。もしも病気になったら立ちゆかないような状況だと考えられる（表1参照）。個人の年収も同様に、100万円、200万円当たりがそれぞれ約20％を占めており多数であった。

　生活保護の受給状況は高く、「受けている」「以前受けていたことがある」の回答を合計すると、どの調査でも10％程度である。

　現在の職業を見てみると、北大調査では一般事務が6.8％、生産工程にかかわる職業が19.1％で、他の調査と同様に事務職が少なく、生産工程にかかわる職業が多かった。

　勤務先の従業員数を見てみると、北大調査では10～29人の勤務先が26.7％で最も多く、道外調査では、30～99人が17.4％と最も多かった。このように中小零細企業に勤務する者が多い。道外調査では1,000人以上の勤務先の割合が13.8％と多いが、就業形態の回答から、大きな会社に勤務している場合でも正規雇用の割合が少なく、派遣社員、パート、アルバイト等の非正規雇用の比率が高く、年収等の格差を生み出す大き

な要因の一つとなっていると思われる。

　年金への加入状況を見てみると、加入または受給していない人が道外調査18.6％、北大調査では8.2％とともに多く、無年金者が多いことがわかる。健康保険への加入状況も道外調査で91.4％、道内調査94.5％、北大調査83.6％であり、未加入者の存在が確認される。

　ここまでみると、世帯、個人の年収、生活保護の受給状況等からは、全国的な平均から考えると明らかに格差が見られる。

　教育状況（これまで通った学校）の回答では、義務教育以降が低いという結果で、道外調査では、高等学校が69.4％で、大学が12.1％であった。北大調査では高等学校が58.5％、大学4.7％であった。若年層（29歳以下）の割合を見てみると、道外調査では高等学校が87.9％、北大調査では95.2％（全国は97.3％）、大学に通った割合は、道外調査は31.1％、北大調査は20.2％（全国は44.1％）と、全国と比べて顕著な差がある（全国調査は文部科学省の「学校基本調査」より）。

　北海道では都市圏居住者は自宅から通える学校があるが、それ以外では、入学金、授業料に下宿代までかかるために通わせられない、ということで進学が難しい場合も多い。

　その結果、貧困によって低学力になり、低収入になるという貧困の連鎖が起こりやすくなる。また、北大の調査結果を年収、学歴で再分析すると、年配の世代は学歴が高くなると年収が上がるが、30歳前後の若年層になると、大学を出ていても低収入のままの人が多い、という結果が出ている。学歴が高くても負の連鎖から抜け切れていないアイヌの仲間がいるという状況も考えていかなければならない。

　学校の卒業、中退、在学中の調査では、中退率が高いことが見て取れる。高等学校での中退は、道外調査は11.2％、北大調査は12.9％である。中退した理由は、道外調査では、経済的な理由が40.7％、家庭の事情が37.0％と多く、80％近くが、何らかの家庭の事情で中退しているのがわかる。経済的な理由による中退の比率は、全国調査の約14倍である。

　さらに上級の学校に進学したかったという回答は、道外調査で46.3％、

北大調査では32.3％であったが、進学を断念した理由として、どちらも70％以上（道外調査73.9％、北大調査76.1％）が経済的な理由をあげている。

また、18歳未満の子を持つ人の子どもの進学希望は、「大学まで行かせたい」と答える割合が最多で、道外調査が48％、北大調査で42.1％であった。しかし進学させる際の懸念事項としてやはり経済的な理由を筆頭に回答している。また、奨学金制度は知っていたが、内容がわかりにくいと思っていて、奨学金申請がなかなか浸透していない。

配偶者にアイヌであることを言っているかの問いに対して、「いいえ」の答えは、19.1％（道外調査）であった。この結果は、「電話調査に協力した人たち」であることに留意する必要がある。また、自分の子どもにも言っていない人は、34.8％（道外調査）であった。

北海道を出た理由については、「北海道では人間関係がわずらわしかった」が10.1％、「アイヌに対する差別から逃れられると思った」が11.4％（どちらも道外調査）であった。また北海道外で生活するなかで差別を受けたことがあると回答した人は、20.5％であった。

ただし、この結果については、「差別を受けたことがない」という人については、道外調査においても、「周りの人が、自分がアイヌであることを知らない」と回答した人が少なくないこと、一般的に道外においてアイヌのことがあまり知られてないと思われることを考慮する必要がある。

現在困っていることは、「所得が少ない」が45.2％（道外調査）、45.6％（北大調査）、「自分や家族の健康」が29.0％（道外調査）、56.9％（北大調査）であった。「アイヌに対する差別」の回答は5.2％（道外調査）、2.4％（北大調査）であった。

道内調査で「物心がついてから今までに、何らかの差別を受けたことがありますか」の問いに対しては、「差別を受けたことがある」は23.4％で、「自分に対してはないが、他の人が受けたことを知っている」が9.6％で、計33％ほどが差別を受けたか見たことがあると答えている（図1参照）。被差別状況は前回調査の結果よりも悪化しており、依然厳し

図1　物心ついてから今までに、何らかの差別を受けたことがありますか。

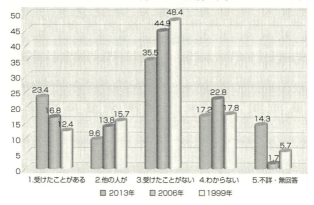

表2　どのような場面で差別を受けましたか。

区分	2013年	2006年
1. 就職のとき	11.9%	5.4%
2. 職場で	16.4%	13.7%
3. 結婚のことで	28.3%	21.6%
4. 学校で	77.4%	72.1%
5. 交際のことで	11.9%	5.9%
6. 行政から	3.1%	3.9%
7. その他	7.5%	5.4%

い状況であるといわざるを得ない。

　差別を受けたのがどのような場面かは、「学校」が多く、77.4％あった。また「結婚のことで」では、28.3％であった（表2参照）。

　受けた差別への対処については、「気にしない（無視した）」が14.0％で最も多く、「何も対処しなかった」が13.2％、「無回答」が33.2％であり、回答者のうちの約半数が、泣き寝入り状態ということになる。

　これまで見てきたように、これらの調査の設問が、個人に対する差別等に限定されており、集団に対する差別に対しては、一切触れていない。そのため、例えば、2014年、ある札幌市議会議員（当時）が、「アイヌ

民族なんて、いまはもういないんですよね。せいぜいアイヌ系日本人が良いところですが、利権を行使しまくっているこの不合理。納税者に説明できません」とツイートしたが、以上の設問では、このツイートに対して、「差別があった」と回答することができない。しかし、この市議は、この発言により所属会派から除名され、市議会では辞職勧告決議がされ、2015年の札幌市議選では、落選したことでわかるように、社会は（少なくとも札幌市民は）、この発言を許すことのできない差別、アイヌ民族へのヘイトスピーチと断じたのである。このことから「集団への差別」も調査対象にするべきであるし、差別禁止の重要事項でもある。

　また、「男尊女卑観」は、アイヌ「社会」では比較的弱いと思われるが、わが国ではまだまだ強く残っており、アイヌ女性もそれに無縁ではなく、アイヌ女性については、ジェンダーも含めて複合差別問題も考慮しなければならない。

被差別の具体例

　これまで数字による被差別状況などを見てきたが、数字だけでは「実感」しづらいと思われるので、次に一つの具体例を見ることにする。

　『部落解放』（2016年12月号）に掲載された「生きにくいということ　アイヌとして生きてきて」（原田公久枝）の一部を引用する。原田氏は、十勝地方出身で40歳代の女性である。

　　アイヌである、ということは、それだけで生きにくいと思う。
　　声を上げてないうちのお姉ちゃんを例にあげよう。中学一年生のときに担任から「アイヌが登校するといろいろ問題が起きるからこなくていい」と言われて不登校になり、その後、精神的な病（やまい）を患った。いまはそういう施設にいて、親が生きているときに申請して"身体障害一級"で国にお世話になっている。
　　声を上げないどころか、声を上げるって何？　と思っているだろ

うちの弟は、小学校三年生のころには不登校だった。いや、古い家に住んでたころにもうそうだったから、一年生か二年生のときからか、学校にも行かず、部屋からもあまり出ることもなく、まるでかくれるようにして生きてきた彼は、いまは農家の出面取り（日雇労働者）をしている。

（中略）

　私が最初に「生きにくい」と思ったというか、「なんで？」と思ったのは、小学校に入学してすぐ、風邪をひいて休んだ次の日、登校すると「アイヌ！」と言われた。その言い方が憎々しげで、汚いモノを見る目で言われたので、なに？　なに？　どーしたの？　と思った。まだ名前も知らないクラスメート全員にそんな態度をとられて、（そうか、Nちゃんが言っていたのは、こういうことか）と思いあたることがあった。

　幼なじみのNちゃんから、入学式の少し前、「学校に行ったら私と話しないでね。そばにもこないで」って言われて、納得できなかった私は、何回もNちゃんに聞いて、しまいにはお姉ちゃんにたのんで書いてもらって手紙も出した。でも、ハガキと手紙は切手代が違うことを知らなかった私は、ハガキ用の切手を貼って封書を出してしまい、Nちゃんから「バカじゃないの？」って言われて悲しかった。しかし、悲しいどころのさわぎじゃないことが学校で待っていた。

　私は弟の面倒をみるため、幼稚園・保育所に行ってなかったので、時計も読めないし、あいうえおも読めない書けない状態で入学したのだが、「やっぱりアイヌだから頭悪いんだ」って言われた。ある意味、そうなのかもしれない。私がアイヌの家に生まれなければ、貧乏でもなく、幼稚園とかにも行けて、バカにされなくてもすんだのかもしれない。「アイヌと友達だと自分までいじめられる」という恐怖をNちゃんにあたえることもなかっただろう。切手代が足りなかった手紙を投げつけられてから、Nちゃんとは話せていない。

教室では、班に分かれて座るが、その班を決めるときは、まず班長が決められて、班長が自分が入れたい人を指名してゆく。汚くてクサくて気持ち悪いアイヌを自分の班に入れたい人はいないので、ジャンケンで負けた班長のところに押しつけられるが、机はつけてもらえず、だれも話してくれない。
　図工の時間、二人一組で似顔絵を描き合うってときも、アイヌなんかと組むのはイヤ！　ということで一悶着起きる。フォークダンスは手をつないでるフリだし、国語の時間、私に朗読がまわってくると、クスクス笑われる。理科の実験の道具はさわらせてもらえない。そうじの時間、教室のうしろに下げた机と椅子を戻そうとすると、「私の机にさわらないで！」と怒られて、「ゴミでも捨ててくれば⁉」って言われて、戻ってくると、ローカに私の机と椅子が出されている。
　何か人と違うことをすると「やっぱりアイヌだから変なんだ」と言われるし、ガキ大将のO君と小学校六年間同じクラスで、まあ毎日いじめられていたのだが、O君のことを好きらしい女子たちから「なにO君の気を引こうとしてるのさ‼」って怒られるっていう妙ないじめにもあった。
　そんな体験を作文にして、人権擁護委員連合会の作文コンクールに応募して最優秀賞[*5]になって新聞に載ったときは、「アイヌのくせに！」ってよけいいじめられたり、親戚からもイヤな言葉を投げかけられた。

　蛇足ながら、すべてのアイヌがこういうすさまじい被差別経験をしたわけではないし、アイヌを取り巻く被差別状況は少しばかり改善されつつあるが、先に数字でみたように依然厳しい状況にあるのも事実である。

先住民族アイヌ

　それでは、このような格差や被差別状況などが解消されればそれでよいのかとなると、答えは否である。なぜなら、民族が民族として生きる権利が保障されなければならないからである。民族として生きる権利とは、日本の侵略以前は、アイヌにはアイヌの生活習慣や宗教があって、自らの哲学にそって生活していたし、民族の言語、アイヌ語で暮らしていた。であるから、こういう状況を求めていく権利がある。つまり、「政治的な面から歴史的な過程を見るならば、天皇の赤子的な皇民化路線と融和同化政策は表裏一体のものと、みなさなければならない。つまり同化政策とはアイヌ民族を日本民族の枠内に組み込んで、皇民化された国民として民族の自由と独立を剥奪することが大きな目的であるからである」「同時にアイヌモシリ（国土）に対しての侵略という歴史的な罪悪をも合法的に隠蔽してしまい、モシリの既得権の主張をも根本から抹殺してしまう考え方である。既得権とは従来あった領土としてのモシリの様々なアイヌ民族の権利をいうことであり、この諸々の権利は民族として現在に至るも歴史的に放棄したことはない」[*6]。

　民族として生きる権利の一つに、国連の先住民族の権利宣言にあるように、民族自決権（民族のことはその当事者が決める権利）がある。そして、当然アイヌ民族にもあるのだが、現状は寂しいかぎりである。言い方を変えると、自分たちのことは自分たちで決めるのであって、日本全体の中で多数者も含めた中での多数決によるわけではない。和人は自分たちの議会の代表は自分たちで選び、その代表者によって国や地方自治体の運営を決めている。つまり自分たちのことは自分たちで決めている。しかし、アイヌ民族は日本の中にいて、アイヌのことを決めるのに大幅な制限がある。北海道議会議員にアイヌは一人もいないし、国会にも現在一人も議員はいない。なお、台湾では、国会などに先住民族（原住民族）の特別議席を法的に認めている。日本政府は台湾政府を手本とするべき

であろう。

　しかるに、国も（多くの）研究者も真にアイヌを先住民族として考慮しているようには思えない現実がある。例えば、アイヌ文化振興法の条文には、「アイヌ民族」というアイヌと民族を続けての表記は見当たらない。いわく、「アイヌの人々の民族としての誇り」のごとくである。先住権とは、アイヌ政策のあり方に関する有識者懇談会やアイヌ政策推進会議の委員を歴任している常本照樹北海道大学大学院法学研究科教授によれば、「独立の政治体として自律的に生活している民族が、ある日、承諾なくしてほかの民族によって制圧され、本来持っているはずの権利が行使できなくなってしまったことを回復させるのが先住権の主張」[*7]なのであり、「憲法は法の下の平等を規定していますが、しかし、合理的な理由があれば、特定の人々を区別することも許されるということです。これは政府も最高裁判所も共通の理解をしています」[*8]ということである。

　しかし、2007年「国連先住民族の権利宣言」がわが国も賛成票を投じ採択され、翌年に国会衆参両院で満場一致の決議がされてから10年（「アイヌ新法」制定要求からは実に34年）もの時間が経過しているにもかかわらず、先住権についての具体的な成果どころか（否定的な議論はあるが）議論にもなっていないのは、なぜか。市民外交センター代表の上村英明氏によれば、北大の憲法学研究者が、「1899年（明治32年）施行の北海道旧土人保護法（1997年廃止）の立法目的について肯定的な発言をしたことが物議を醸している」[*9]との記事でのインタビューに「氏のような認識が幅をきかせているから、アイヌ政策は今でも不十分なままなのだ。差別的な政策の歴史を充分に認識すべきだ」[*10]と答えている。

　1977年に当時北大経済学部長でもあった教授により「差別講義事件」が起きている。その講義内容の差別的な点は、主に次の3点であった。「1　アイヌ民族はすでに和人に同化したとして、その存在を否定し歴史を『切り捨てた』。2　アイヌ民族の身体的特徴などについて『軽蔑、侮蔑、差別的発言』を行った。3　アイヌ問題をタブー視し隠蔽してき

た」[*11]というものであったが、当初その教授は、学問的見解であることを理由として、差別にあたらないとしていた。

　受講した学生が、「それはおかしい、差別講義だ」と指摘したところ、その教授は何と自らの講義ノートをさして、「私はこれで23年間も講義をしてきた。おかしいと言われるのは初めてだ。おかしいのは君たちだ」と居直ったため問題は大きくなった。そもそも同じ講義を23年間もしてきたこと自体、あきれるレベルであるが、例えば、「アイヌは米軍にあこがれたパンパンと同じ」というのが、「差別でなく、指摘するほうがおかしい」という感覚にはあきれるほかない。

　講義のたびに指摘する学生と教授とで押し問答になり、議論はかみ合わず平行線のままで時間ばかりが過ぎていった。学生たちは、ついに、講義の時に教授を缶詰めにして、詰め寄った。しかし、教授は、無言で押し通し、学生の質問には一切答えなかったために、いたずらに時間が過ぎていった。経済学部教授会は教授の生死にかかわるとして、150人もの機動隊を導入した。かくして、学生3人の逮捕者という犠牲を払い、教授の「人命は救われた」のであるが、学生たちの反差別の純粋な願いは、冷たく無視をされ、け散らされたのである。こうして、「『学問の自由』や『言論の自由』を楯に守られたのは、権力や暴力によって抑圧された人びとの言葉ではなく、体制側の言論であった」[*12]。

　このときに、学生から連絡を受けたアイヌ解放同盟代表の結城庄司（1983年9月没）が、「アイヌ民族として見過ごすことができない問題」として、アイヌとして抗議行動を起こした。しかし、教授は何ら誠意を持った対応をしなかったので、結城アイヌは、12月雪中極寒のなか、大学構内にテントを張り、その中で寝泊まりし、抗議行動に出た。命をかけた抗議といえる。こうした不退転の抗議行動によって、ようやく翌年1月に教授は全面的な自己批判をし、公開の場で謝罪した。こうして一定の解決を見たのであるが、このときの経験を北大は生かせていないように思える。一卒業生としても残念である。

　2020年に国立民族共生公園、国立アイヌ民族博物館等を含むアイヌ文

化の復興等に関するナショナルセンターとして「民族共生象徴空間」がオープンするなど、アイヌ施策の議論・具体化が進んではいるが、国連先住民の権利宣言、国会決議等々を具体化できていないわが国の現状は、重大な差別状態にあると思うが、いかがだろうか。

さらに、こうした課題を具体化していく過程で「忘れてならないことは、決定のプロセスには先住権を持つ当事者である民族の充分な参加が保証されなければな」[*13]らないのだが、「保証されている」といえるだろうか。

アイヌ文化継承活動

アイヌ伝統文化継承活動が近年とみに活発化し、その影響を受け民族の誇り・尊厳を取り戻す者が増えつつあり、厳しい差別が厳然と存在する現状に打ちかつ力をつけた若者が育ちつつあるなど、新しい動きも見える。

かつては秋になるとアイヌモシリ（大地）の多くの川に、たくさんのサケが上がってきた。幾重にも重なるように母なる川に帰ってきたサケは、「上のは天日で背ビレが焦げ、下になったサケは川底で腹がこすれ」と表現されるほどの数だったという。アイヌにとっても野山の動物たちにとっても、サケは秋から冬にかけての大切な「神からの遣い」であった。

サケは、アイヌ語でシエペ（真の食物）ともカムイチェプ（神の魚）とも呼ばれ、アイヌの主食であったのだが、明治以降、日本政府による一方的なサケ漁の禁止という政策により、アイヌが獲ることはできなくなった。そのため、かつては秋になると、川筋のコタン（集落）ごとで行われていたサケの豊漁を願う民族の伝統行事は、前提となるサケが獲れないことから、途絶えざるを得なくなり、儀式の存在そのものが忘れさられてきた。

このように「明治維新」以降途絶えざるを得なかった、アイヌ民族伝

統行事アシリチェプノミ（新しい鮭を迎える儀式）について、長老から伝え聞いた結城庄司などが中心になり、多くのアイヌの参加による一年がかりの準備を経て、約100年ぶり、1982年9月15日にアシリチェプノミが復活した。

　そして、1983年、アシリチェプノミの発展などの文化の復権を目的として「札幌アイヌ文化協会」が結城庄司らが中心になり設立された。

　札幌アイヌ文化協会の設立は、民族文化という「武器」を最大限に生かす組織を作るという彼の戦略でもあった。それは彼の言葉を借りるならば「コンクリートジャングルのここ札幌で、アイヌ民族の伝統行事を行い、滅びることを拒否し続けているアイヌが多数参加すること自体が、声高に叫ばなくとも、鈍い刃物となる」ということである。これは1987年、サケの特別採捕許可となって一粒の実を結んだ。明治政府によって一方的に禁漁とされてから、実に100年ぶりのアイヌ民族としてのサケ漁であった。

　札幌で始まったこの伝統儀式の復活は、登別、旭川、千歳、網走などに広がっていった。

　1984年1月21日、アイヌ民族伝統の歌舞等を組織的に伝承している8保存会および、北海道アイヌ古式連合保存会が保持する「アイヌ古式舞踊」が文部省告示第12号により「重要無形民俗文化財」に指定された。

　さらに1994年12月21日、9保存会が保持する「アイヌ古式舞踊」が文部省告示第148号で追加された。北海道においては、この指定が唯一である。

　さらに、2009年9月にユネスコ無形文化遺産代表リストに記載された。まさに、国や世界が認める貴重な文化遺産である。

　30年ほど前まで、アイヌ文化継承活動の取り組みは、差別的状況もあって、あまり活発なものではなかった。しかし、こうした状況下にもかかわらず、諸先輩が、「祖先から受け継いだ大切な民族文化を絶やしてはいけない」という思いから始まった献身的な取り組みや、アイヌ協会等の組織的な取り組みなどによって、辛うじて文化継承の糸は切れずに

残り、今、少しずつではあるが復興の兆しが見えている。その結果、アイヌ文様刺しゅうなどをはじめとして、伝統工芸制作の後継者も育ってきている。

　母語であるアイヌ語を絶やしてはならない、という取り組みの結果、1987年に2カ所で始まったアイヌ語教室は、北海道アイヌ協会の14支部（最大時）で2013年度まで設置運営されてきた。現在は、アイヌ文化財団により「アイヌ語入門講座」として事業が引き継がれている。なお、同財団では、アイヌ語ラジオ講座（放送は北海道内のみだが、インターネットによりどこでも試聴できる）なども開設され、アイヌ語学習は年々盛んになってきている。しかし、アイヌ語を使える場面が日常において、ほとんどないなどのために、残念ながら「母語を取り戻す」までの段階には至っていない。

　1988年3月13日〜15日に第1回アイヌ民族文化祭が開催され、以降毎年度1回、道内各地を巡回開催し、2017年度で30回を数える。

　文化祭の開催目的は、「国連が定めた第2次『国際先住民の10年』を記念するとともに、日本の先住民族であるアイヌ民族の文化を、アイヌ民族文化祭を通して広く一般の方々に紹介し、理解を深めていただくとともに、『先住民族の国連権利宣言』に対する理解が深まることを願った。他方で、アイヌ文化の伝承・発展を図ることを目的とする」というものであるが、1984年にアイヌ古式舞踊が国の重要無形民俗文化財に指定されたにもかかわらず、古式舞踊の継承に取り組んでいる、指定を受けた保存会の発表の場がなかったことから、アイヌ古式舞踊を継承する保存団体の日頃の研さんの成果を、披露し合える場を設ける意味もあった。そして、互いに切磋琢磨し、アイヌ文化の伝承・発展を図ることを目指しての開催であった。

　北海道教育委員会の助成と関係市町村の協力を得てのスタートであったが、2013年度から北海道教育委員会の助成事業から外れ、アイヌ文化財団の助成を新たに活用し、関係市町村からは従前どおりの協力を得て、構成を変えて再スタートした。

文化祭は、前述の目的達成に大きな成果を上げたほか、アイヌ協会会員・関係者等の親睦交流にも大きく寄与していることから、「アイヌ文化の社交場」といえまいか。また、文化祭に触発されて、古式舞踊をはじめとするアイヌ文化継承活動に取り組み始めたアイヌ協会会員も少なくないであろう。

　文化活動の活性化と期を同じくして、アイヌであると名乗る人・名乗ることができる人が増えている。「それまでアイヌであることを隠してはいなかったが、アイヌであることに誇りが持てずにもいた。しかし、生まれて初めてアイヌの踊りの輪に入ったとき、自分の中に民族の血が流れていることを実感した」と、自らに流れる民族の血に感謝する人が出てきた。これまで遠ざけられていた自らの民族の言語に触発された魂が、アイヌ語習得に私たちの想像を超えたエネルギーを生み、短期間で民族の言葉・アイヌ語をマスターした若者が次々と出てくるようになった。

　決して平坦な道でないことはよく承知しているが、こうした実例から、必ず目的地まで続いている道でもあると信じている。

注
＊1　アイヌの立場から見た、アイヌ以外の本州以南に出自を持ついわゆる日本人。
　　　参考に「本来ならばアイヌ民族に対応する言葉は当然にも『〇〇民族』という呼称がふさわしいにもかかわらず、未だに自らの民族呼称を定めきれないでいる現状は、〈日本人〉の主体的な姿勢が依然として脆弱であることの反映」(小川正人『近代アイヌ教育制度史研究』北海道大学図書刊行会　1997/5)。
＊2　萱野茂『二風谷に生きて』北海道新聞社　1987/4。
＊3　小川正人・前掲書。
＊4　榎森進『アイヌ民族の歴史』草風館　2007/3。
＊5　1980年釧路人権擁護委員会連合会の人権擁護作文コンクール。
＊6　結城庄司『チャランケ』草風館　1997/7。
＊7　萱野茂ほか『アイヌ語が国会に響く—萱野茂・アイヌ文化講座』草風館　1997/5。
＊8　前掲書。
＊9　北海道新聞　2016年11月19日。
＊10　前に同じ。
＊11　植木哲也『殖民学の記憶—アイヌ差別と学問の責任』緑風出版　2015/7。
＊12　前掲書。
＊13　注7に同じ。

当事者は語る

"アイヌ差別撤廃"に国をあげて取り組んでほしい

平村嘉代子 網走市

心ある日本人がいれば

「旧土人保護法」。あまりといえばあまりの侮蔑の言葉、せめて「先住民族アイヌ保護法」、「原住民族保護法」であったなら身分もはっきりしたはずです。アイヌ初の国会議員、萱野茂氏の著書で橋本総理にアイヌ問題解決をお願いした折、「済まなかった」と深々と頭を下げてくださったと書かれています。瞬時に松浦武四郎を思い起こしました。武四郎は職場を去る日まで、日本人のアイヌに対する非道な仕打ちを訴え続けてくださった方です。もしこの時代に、心ある日本人があと１、２名でもいてくだされば差別もこれほどではなかったと思いたいのは私だけでしょうか。

先住民族の土地にある日突然、大勢の和人が押し寄せ、言葉、土地、家、あらゆる自由や文化を奪い、アイヌは農耕に向かない土地に追いやられました。食料は不足し、餓死者、疫病での死者が多数でした。道南のある村では男たちが出稼ぎで不在中、女、子どもを暴行したとの鬼畜にも劣る蛮行が行われました。このようなことは闇の中に消されたままです。アイヌの血を引く一人の人間として、先祖の無念の思いは何百年経っても忘れることはできないのです。

あからさまな差別と目には見えない差別の呪縛を生きて72年、一部の心ない和人のみなさんも約150年前に比べ、いくぶんアイヌに対しご理解の心を持つようになったと信じて私の経験を書きたいのです。

生い立ち

　母方の祖父は岩手県人で下駄問屋の長男でした。貸し倒れで下駄屋はなくなり、漁師になるために北海道に渡り祖母と結婚しました。そのため、「アイヌと結婚したものはお家断絶」とばかり、岩手県の親類とは縁を切られてしまったそうです。
　母は平取町(びらとりちょう)で生まれ育ちました。父もアイヌの血を引いた濃いアイヌで父と母は従兄妹どうしの結婚でした。父は三重県へ行き開発の仕事についていました。三重県に召集令状がきてそのまま戦地のグアム島へ赴任しました。グアムからの母宛の手紙は、「俺は必ず生きて帰る。ヤス子（姉）と生まれてくる子（私）を頼む」とありました。しかし、私が生まれる２カ月前の、昭和19(1944)年８月10日、グアム島の玉砕で父(31歳)は戦死したのです。日付が入れ替わったような月の19年10月８日に私は生まれたのです。

　父の戦死後、父の兄が網走で農家をしていたので、母（29歳）と姉（７歳）と私（生後まもなく）たち母子三人は網走の叔父夫婦を頼って身を寄せたのです。
　母は29歳で未亡人となり、姉と私との生活は現在と違い「酷」そのものでした。母子家庭、貧困、環境劣悪のための健康被害、アイヌであるための理不尽な差別の連続でした。
　網走では、叔父の家の傍らの窓もない玄関に筵(むしろ)をさげただけのわら葺きの小屋に暮らしました。キツネも入ってくるが貧乏で与えるものもない我が家からは、追い払わなくてもすぐいなくなっていました。極寒の冬は厳しく、吹雪が容赦なく吹き込み、その寒さは本当に酷(ひど)いものでした。風邪は当たり前、肺炎も二度かかり死にそうになりました。今でもその頃の凍傷の痕が残っています。親子三人、よく生き延びてきたものだと感心します。住んだ村はアイヌの家庭は三軒だけでした。

その後、木造の家に移ることができましたが、貧乏は相変わらずでした。たった二間ですが神棚もある家で、うれしかったことを忘れません。盗られるものなど何もないのに、母は出かける前、必ず玄関で手を合わせていました。

　母も姉も、大雨が降らないかぎりは、ほどんど朝から晩まで農家の出面取りや番屋の飯炊きの仕事で家にいませんでした。私は一人掘っ立て小屋での留守番の孤独にも慣れていました。やはり人こいしく、郵便を届けるおじさんがいつも入り口に座りお茶を飲んで帰ります。その日は、じっと見ている私に「おいで！」と言って、胡座の中に入れていただき、その温もりにひたすらうれしくなりました。父への思いがおじさんへの憧れにかわり、髭をなぞりながらとんでもないことを言ってしまいました。「おじさん今日泊まっていって！」と口走ってしまいました。その後、おじさんは誤解し母に言い寄り、母は危ない目に遭ったと、物凄い剣幕で私に怒り、「変な話をおじさんに言うな！」とおもいっきり顔にビンタをされました。大変なことをしたと今も鮮明に覚えています。

学校での差別

　そんなこんなでしたが人並みに昭和26（1951）年4月に小学校の入学式を迎えたのです。母は仕事で入学式にはこられず、姉に手を引かれて、初めて見る学校や生徒たちの多さに珍しくて驚きました。いつも一人ぼっちが多かったので、学校へ行けば寂しくないとうれしくなりました。また、「可愛いね」と先輩に言われたことが一番の喜びでした。今、考えると小学1年生の頃は誰でも可愛いはずなのにと、その時はただうれしかったのです。

　私は6歳と数カ月で、心の安穏が完璧に奪われることをまだ知らず、学校は楽しそう！　というのが第一印象でした。教室内でのある日、先

生が不在の休憩時間のほんの数分の出来事、背の高い男子が無表情で、座っている私の傍らに立ち、いきなりビンタをとりました！　あっけにとられたが、理由は「アイヌ！」という言葉でわかりました。頬の痛さより理不尽な言動に泣くしかありませんでした。この時の口惜しさは子どもの心には抱えきれない深い傷となりました。今思えば、理不尽とか、口惜しいとか、情けないとかの言葉など何の役にも立たず、ただ意味不明でした。「ア・イ・ヌ！」と言われても、叩かれる意味も理由もわからなかったのです。幼かったこともあり誰一人止めてくれず、相手を説得するどころか、誰一人気づかない一瞬の出来事だったに違いありません。口惜しくて泣くしかありませんでしたが、先生に気づかれ理由を聞いてもらえるまで泣いていなかったと思います。今考えれば、せめて「何をする！　バカにするな！」くらい言えたはずですが、当時の自分は仕返しが恐く、大男に見え、口答えすらできなかったのです。
　学校帰りも、従姉妹と自分に、「あ、イヌだ！」と言って、石をぶつけられることもたびたびでした。子どもの喧嘩と流され、消され、先生に直訴するとか親に言うこともなく、まったくの生活の一部として耐えることが、酷くさせない方法と知っていた面もあります。学校生活も、理不尽なビンタにも慣らされていました。それ以上の暴力は誰からも受けなかった。この男子のみが、私を、アイヌを嫌いだったようです。きっと親から、そのように育てられたのでしょう。２年生か３年生になり、なぜ、私がこのようにビンタをとられるのか考えて何となくわかるようになりました。自分は普通の日本人ではないということを……。転校した４年生の頃には学校に行くと心がへこみ、何をしても心が晴れることはなかったのです。この頃すでに、「自由に生きたい！　差別ある限り、それを乗り越える力も智恵もない、波のように揺れる麦の穂を見ながら、まともな男性と結婚もできないだろうし、一生独身で一人自由に生きよう！」と決心する身勝手な子どもになっていました。

　中学校へ行っても、小さな差別は付きまといました。暴力こそはなく

なったものの、街の十字路で「アイヌ〜‼」と叫ばれるなど、ある男子は私を「熊」と呼び、それは卒業するまで続きました。

中学生になり銭湯に行く時も同級生がひとりでもいるのがわかると、冬でも帰るまで外で待っていて、それから銭湯に入ったのです。それほど、人に肌を見られないよう言われないように怯えていました。今思うと、熊や猿に比べたらまだよかったのにと苦笑いです。

職場や町での差別

准看護婦の資格をとり、病院に就職しました。しかし、ここでも、アイヌ差別の連続でした。院内で患者とすれ違いざま、「あんたは胸から下は真っ黒だべ！」と酷い言葉を投げかけられる。仕事上患者への質問をさせていただいている時、じいーっと私を凝視し、「あんた、アイヌでしょ？」とまたもや心にグサッと刺さる言葉に、40歳前の未熟もの（当時の自分）は、「そうなんですよ！　みなさんの先輩である先住民族です。それが何でしょうか？」と、勇気と気品をもって答えることもできず、いったん引き返し心を引き締めてから、涙を拭い再び仕事に戻る臆病者でした。アイヌという表現はなくとも視線やそれと解る言動に、折れそうになる心に鞭打ち、「つぶされまい！　嘆くまい！　明るく人生のレールから外れまい！」、ただこれだけでした。

数年前のこと、母と福祉施設の無料入浴サービスを利用していたときでした。「ここに、アイヌの親子が来ている！」と言いふらしている有名な婆さんがいました。この婆さんは尿や便も漏らしてました。自分の肛門をコントロールできなくても、差別する力はあるのだと「差別の伝統」に愕然としてしまいます。

今年の春頃、いつものスーパーで買い物をしていると、昔から自分に冷たい女性が居るなあーと思いつつ品選びをしていると、とたん「毛む

くじゃら!!」と言い残し、何事もなかったような顔で立ち去りました。男であったなら「何を！　この野郎！　もう一回言って見ろ！」と怒鳴るところでしたが、事情や理由を知らない他のお客さまから見て大声で非難すると自分が怪しまれる。やっと我慢しましたが、腹の虫が治まりません。友人や知人にこの口惜しさを聞いてもらいましたが、「あなたが勝てる相手ではない」と注意されました。黙って引き下がって二重三重の傷を負う。普通の日本人であったならば悩まなくてもよいことや、言われなくても済んだはずの心の傷、幼少から失くした安穏、国を訴えたいほどの怒りにかられます。

母との確執

　母は幼少の頃に生母に死なれ奉公に出て他人の家で暮らし、その寂しさを埋めることもできない人生だったかと今になって思います。さらに未亡人となった母は、女としての生き方を捨て、ひたすら姉と病弱なバカ次女（私）のために骨身惜しまず、ただ真面目に働き続けました。口べたで他人にも家族にもうまいことも言えず、そんなことで親子の確執もありました。今思うと母の寂しさや辛さや、苦しさを娘として受け止められず、足りな過ぎた「孝行」の言葉に理屈抜きで後悔する日々です。

　母は平取町で差別に汚染されたような人生を送ってきたせいか、アイヌをひた隠しにするか怯えての生活でした。私が20歳の頃にある集会に半袖を着て出席したところ、傍らに座った母は「何で長袖を着て来なかったの？」と言い、その一言で周りの人に腕を見られ、この時から、母の無神経さと差別に対する弱さが確執となってしまいました。
　30歳頃、妻と死別した男の人との縁談話がありました。話を持ってきた人に母は、「この娘はこんな肌をしているから途中で出されては不憫だし……」と言って断りました。私は結婚する気もなかったので断った

のはよかったのですが、母に肌のことを言われるとは納得できず、姉に伝えました。姉は大声で母を怒鳴りました。幼少期は気づかなかったけど、他人には恥ずかしい娘と思って育てていたのかと悲しくなりました。母の父は岩手県人でした。結婚した父はアイヌの二代目で、母は自分より濃い血を引いたアイヌの子を生んだわけですから……。

　ある日家に遊びに来た姉の孫に私は、「よその子も可愛いけど親戚の子は一番可愛い！」と言ったとたん、母は急に不機嫌になり、その子たちの前で「何で親戚などと言うのか！」と怒るのです。その場は我慢し子どもたちが帰った後、話しあっても母は、「子どもたちがアイヌと親戚だと思ってしまう」と、意地を張る母に悲しくなり、初めて泣きながら大声で怒鳴ってしまいました。幼少期から理不尽な差別に心も汚染され闘いながらも、何とか平面は、明るさと、やる気、元気で生きてきましたが、自分の親にこうまでも言われるとは情けなく、一体自分たちの人生は何なんだろうと、考えても答えはでません。

差別と無関係の人生だったら

　幼い頃から他人の言動、視線に敏感になり、また、あからさまな差別に心が折れそうになったことも数えればきりがありません。書くのも耐え難い、思い出したくない辛いこともたくさんありました。

　私たちの先祖は自然を尊び自然に感謝し、物を大切に穏やかに生きてきた民族です。私の心を支えてくれたのも、この大自然です。風も木も空も、牛や馬も、友として助けられた気がします。

　子どもの頃、少しだけでも普通に育ち、誰からも普通に愛を受けていたら、思春期、青年期と、もし差別と無関係の人生だったらと……今さらながら、自分に甘い自分を笑うしかありませんが。

　この頃、思うことは自分の運命的な生まれと環境と結果はさておいて、

こころは目に見えない分、繊細で傷つきやすいものです。体の傷のように薬で治るものではありません。傷み具合を手の平にのせ修繕することもできません。心臓と同じように死ぬまで一緒だけど、見ることはできません。だからこそ人はみな、家族や友人、知人とこころを労わり、絆を深めてやさしく強くなっていけると思うのです。

　私たちアイヌは自然を尊び、物を大切に、穏やかに、人にも優しく、こころの誇りと命を大切に生きたいのです。この歳になると差別のことなど深刻になる必要もない気がしていますが、今の子どもさんたちの"いじめ問題"、"アイヌ差別撤廃"に国をあげて取り組んでいただけないでしょうか。これからは、私のような差別だらけの人生をおくる人がいないことを願っています。

　最後に、今北海道では開道150年式典が計画されているようです。先住民族アイヌの受けた差別や迫害、搾取の事実には一切触れずに行うようです。これは人権侵害ばかりでなく人間としての価値を否定する行いです。一言の詫びもなく歴史を捻じ曲げ差別や和人にとって都合の悪いことは一切言わせない、稀にアイヌ政策の遅れや先住民族の苦労を労う意見もありますが、ほとんどは、日本的先住民族政策実施には壁があるとか。こんな理不尽な国家があるでしょうか。まっとうなアイヌ先住民族政策が行われ、アイヌとして誇りある人生を送りたいと願うばかりです。

　　（本稿は、インタビューを構成したものです。構成：多原良子（札幌アイヌ協会副会長））

水俣病問題のいま

水俣病の現在と差別・偏見

花田昌宣　熊本学園大学水俣学研究センター長

はじめに

　水俣病に関しては、その名前を知らない人はいない。非常によく知られた公害事件である。ところが、何を知っているかというと極めて心もとない。人によってさまざまであろうが、日本を代表する公害事件で、産業発展が生み出した社会の歪(ひず)みの犠牲、水銀が生み出した公害病、ぐらいは知られているのだと思う。

　公害や環境破壊はひとたび引き起こされたら、健康被害だけではなく地域社会にも取り返しのつかない影響をもたらす。公害の原点といわれる水俣病はそのことを如実に表している。今日もなお、被害者の救済や補償と生活保障、地域の環境復元などをはじめとして、多くの問題が山積している。

　ところで、熊本県では、2004年の水俣病関西訴訟最高裁判決で国と熊本県に被害拡大の責任がありと断罪されてから、水俣病に対する啓発事業のひとつとして、小学校5年生はかならず、水俣現地学習をするという画期的な取り組みがなされている。その実際の展開については、本稿に収めた松本剛史さんが詳しく述べているので、そちらを参照してほしい（松本論稿、略）。

　熊本県教育委員会が取り組むこの教育プログラムは「水俣に学ぶ肥後っ子教室」と呼ばれ、「熊本の子どもたちに、水俣病への正しい理解を図り、差別や偏見を許さない心情や態度を育むとともに、環境や環境問題への関心を高め、環境保全や環境問題の解決に意欲的に関わろうとする態度や能力を育成することを目的に実施する」（肥後っ子教室指導資料、

平成25年版）とされており、水俣病に関する差別や偏見を許さない心情や態度を育むと明記されている。

　多くの人が知る公害、水俣病ではあるが、その現在の課題の一つに差別と偏見の問題があるということはどれだけ知られているだろうか。2016年3月、月刊『部落解放』が水俣病差別の特集号を刊行したが、そこで、水俣に住む谷由布さんが進学のために熊本から東京に出て暮らした経験をとおして感じた、水俣での認識との落差の大きさを語っている。

　本稿が、水俣病発生の公式確認から60年を超える今日、あらためて水俣病について考えるきっかけになればうれしいと思うし、社会的な不利を抱える人たちへの差別禁止法につながることを願う。

水俣病とは

　水俣の漁村に水俣病（原因不明の神経系疾患）が発生したと、チッソの附属病院から水俣保健所に届け出があったのが1956年5月1日のことであった。それと前後して、中枢神経系の水俣病患者が多発、以降患者数が増えていった。最初の患者の発症は、1953年に確認されているが、それは遡って調べた医学資料が残されている範囲での記録にすぎない。

水俣病の症状

　水俣病は、環境汚染と食物連鎖により魚貝類を通して人体に健康被害をもたらす中枢神経系疾患で、現在では長期慢性の公害病である。この点は、工場における有機水銀中毒やイラクで見られた小麦の種もみの消毒に用いられた有機水銀とは発生機序が異なり、水俣病という名称が公式に用いられる。

　その主な症状は、感覚障害、視野狭窄、運動失調、聴力障害、構音障害など、いわゆるハンター・ラッセル症候群を典型症状とするといわれてきたが、近年の研究では、水俣病の症状の多様性が確認され、全身

性疾患（白木博、原田正純ら）であり、胎児性水俣病と同世代の患者を中心として高次脳機能障害もまた重要視されるようになっている。津田敏秀岡山大学教授ら医学者は、疫学的要件（有機水銀曝露歴）と感覚障害等の水俣病によく見られる中枢神経性の症状が確認されれば水俣病と診断可能としている。なお、こうした水俣病の医学的診断と補償制度による水俣病認定基準との乖離は大きく、今なお係争課題である。

水俣病と経済成長

　水俣病発生が公式に確認された1956年の経済白書は「もはや戦後ではない」という言葉で有名になったのでご記憶にあるかもしれない。白書では次のように書かれていた。
　「戦後日本経済の回復の速やかさには誠に万人の意表外にでるものがあった。（中略）なるほど、貧乏な日本のこと故、世界の他の国々に比べれば、消費や投資の潜在需要はまだ高いかもしれないが、戦後の一時期に比べれば、その欲望の熾烈さは明らかに減少した。もはや『戦後』ではない。我々はいまや異なった事態に当面しようとしている。回復を通じての成長は終わった。今後の成長は近代化によって支えられる。」
　第二次世界大戦の敗北から10年、戦後の荒廃から立ち上がり回復を遂げたのであるから、これからは近代化投資による経済成長を果たしていこうという宣言であった。
　その近代化とはいったい何であったのか。「企業の蓄積力の弱い我が国において、一国経済構造の革新という大事業を私企業にのみ負担せしめることは不可能であって、財政投資にはまた自らその役割がある」として、国策として近代化投資を進めるとする。その内実は「原子力のごとき民間産業をもってしては実行できない新技術」や工業地帯等のインフラ整備であった。
　まさにこの年、水俣病の患者が多発していることが明らかになったのであった。原因となったのは水俣市に当時、従業員4000名を有する化学

工場をもつチッソであった。この工場からの有害物質の無処理放出によって、水俣湾を中心とする海が汚染され、それによって魚貝類に高濃度の有機水銀が蓄積されたのであり、それを食べた沿岸住民に水俣病が起きたのであった。しかし、チッソは水銀を使用する工程を停止することもなく操業を続け、1968年まで有機水銀の排出は続いた。国や熊本県もまた、いっさい規制することはなかった。

国は経済白書にいう経済構造の近代化を妨げることは認めようとしなかったのであり、環境破壊による犠牲者が出たとしても、経済成長という大義名分の陰に隠されてしまった。

差別と人権の観点

しかし、問題はそれだけにとどまらなかった。水俣病に対する、さらに言えば水俣病患者に対する差別と偏見が視野に入っていなければ、水俣病60年史は水俣病の発生、拡大、被害補償のすべてにおいて、たんに高度成長の裏面というだけでは説明がつかない。地方に対する見下し、漁民に対する見下しなどからはじまる「差別」がある。

東京から遠くはなれた漁村に起きた公害事件は、漁民や漁村住民のいのちに対する軽視、あるいは蔑視が根底にある。同じことが東京湾で起きていたら、水俣病事件のような経過は辿らないであろう（千葉県浦安における製紙工場からの毒水排出事件については漁民の抗議に直ちに対応し操業停止が命じられ、半年後には水質二法が国会で議決）。

公権力によるこのような差別的な姿勢が、水俣病60年史において貫徹している。そうであるが故に2004年最高裁判決は、国・熊本県の責任を認めた。加害企業のチッソに関しても然りである。

水俣病と差別の捉え方

水俣病をめぐる差別は、発生初期から存在していたが、差別として意

識されていたか、あるいは差別という言葉で語られていたかに関しては明確ではない。水俣病をめぐる被害の激烈さが、差別という言葉で語ることを避けていたのかもしれない。この経過は差別とは何かという議論になると思うので、深入りしないこととする。

とはいえ、水俣病の差別が「差別」として表面化した時期についてはある程度わかる。

第一は、1969年から1973年ごろの時期。チッソを相手取った訴訟や川本輝夫さんらの直接交渉と座り込みなど、患者闘争の高揚期に水俣地域内における患者攻撃があげられる。

ついで第二が1975〜76年。チッソの責任を認め患者に損害賠償を認めた水俣病訴訟判決(1973年)の後、未認定患者が急増している時期で、「水俣病認定申請する患者はカネ目当てのニセ患者だ」などというニセ患者発言が急速に広まるとともに、患者グループによる告発が続いた時期である。杉村熊本県議ニセ患者発言、水俣定時制高校差別作文事件、石原環境庁長官差別発言などが挙げられる。こうした「ニセ患者」認識は今日まで続いている。

その次に指摘されないといけないのは1990年代で、もやい直しと水俣病差別である。

水俣市を中心に「もやい直し」とよばれる政策がとられ、水俣病の教訓をふまえて環境再生を考えていこうというキャンペーンがはかられ、水俣病をめぐる住民間の対立とその和解が必要だとされた。もやい直しという言葉はその後さまざまに使われていくが、提唱者の一人である吉井正澄（当時の水俣市長）は、水俣病に関する反省と謝罪の弁を述べ、水俣病をオープンに議論できる環境を作ろうということであったはずであった。ただし、チッソと水俣病患者の対立は不問にして水俣病を議論するという性格を有し、差別と対立構造の根底に国の施策とチッソの振る舞いがあったことを後景に退かせたうえでの取り組みであったという限界をはらんでいたと言わざるを得ない。

さらに、2004年最高裁判決で国・県の責任が明確になったのちの2006

年、水俣では水俣病公式確認50年事業が盛大に取り組まれた。水俣病は終わった、あるいは解決したとするセレモニーになってしまう危惧はあったが、現実の流れは、実行委員会加盟団体として患者団体21団体が加わった。ただ、実行委員会には、水俣病第一次訴訟の原告患者たちの旧訴訟派、水俣病互助会や関西患者の会は、行政の責任を曖昧にしているとして参加していなかった。むしろ2004年の国と熊本県の責任を認めた最高裁判決以降、被害者たちの新たな訴訟や運動が再燃して今日に至っている。この頃から、水俣病をめぐる風評被害という新たな差別的事象も見られるようになった。

　原田正純は「差別のあるところに公害・水俣病が起きた」と主張する。そして差別されているのは水俣病患者たちであった。

　ただ、ここでは、そのような構造的な暴力と差別の存在をふまえて、水俣病被害民が直接間接に被った差別を取り上げ、水俣病事件の研究に新たな課題を提起したい。つまり、公権力と被害民、加害企業と被害民ばかりではなく、住民同士、民間人の間での差別事象をもとりあげ、その根源を考察するために何が必要かを考えていく。そして、差別禁止法制によって規制可能かどうかの検討材料を提示したい（部落解放・人権研究所編『水俣病問題のいま』参照）。

水俣病差別に関する文献
池田理知子「『『日常的差別』に関する一考察：水俣病資料館のある『語り部』の講話から』『日本コミュニケーション研究』42（特別）、15-30、2014年
井上ゆかり「生活現実としての水俣病被害」『保健師ジャーナル』68（9）、818-822、2012年
岡本達明『水俣病の民衆史』全6巻、日本評論社、2015年
関礼子「新潟水俣病における地域の社会的被害 重層的差別の生成およびその要因としての制度・基準の媒介」『年報社会学論集』(7)、13-24、1994年
田尻雅美「被害者補償・救済と福祉制度のはざまで困難を強いられる水俣病患者」『ピープルズ・プラン』(63)、100-105、2013年
花田昌宣「公害水俣病に対する差別の現在形」『ヒューマンライツ』(338)、2-9、2016年
花田昌宣「水俣病を人権と差別の課題として」『部落解放』（特集 水俣病差別の60年）(724)、46-55、2016年
花田昌宣「公式確認六〇年：なぜ水俣病が終わらないのか：差別と人権の課題として」『部落解放研究くまもと』(71)、62-77、2016年
花田昌宣「水俣病60年、今残された課題と水俣病研究の教訓」『環境と公害』（岩波書店）46

（2）、40-45、2016年
花田昌宣「水俣病に関する差別の現状と課題」『ヒューマンライツ』(333)、34-39、2015年
花田昌宣「日本で被害が拡大する社会経済的要因：水俣病の経験から」『水俣学研究』第6
　　号、11-30、水俣学研究センター、2015年
花田昌宣「差別と人権の視点から見た水俣病事件」『水俣学講義』第5集、日本評論社、
　　2012年
花田昌宣「水俣病における差別の現実」『じんけん』(特集 水俣病半世紀の歴史と今)(311)、
　　11-17、滋賀県人権センター、2007年
花田昌宣「水俣病五〇年の歴史と今─差別と人権の視点から」『部落解放』(578)、270-
　　277、2007年
花田昌宣「人権侵害としての水俣病事件」『部落解放研究くまもと』53、120-133、2007年
原田正純「水俣病事件における差別」『水俣が映す世界』第一章、日本評論社、1989年
原田正純「水俣病と差別」『部落』48(12)、33-39、1996年
原田正純「公害における差別の構造」『水俣への回帰』日本評論社、2007年
原田利恵「水俣病患者第二世代のアイデンティティ：水俣病を語り始めた『奇病の子』の
　　生活史より」『環境社会学研究』(3)、213-228、1997年
宮北隆志「水俣病認定義務付け4.16最高裁判決の意義と課題：申請から棄却まで 21年間の放
　　置を断罪」『労働の科学』68(7)、418-420、2013年
渡辺伸一「水俣病発生地域における差別と抑圧の論理：新潟水俣病を中心に」『環境社会学
　　研究』(4)、204-218、1998年

雑誌の特集号

『部落解放研究くまもと』熊本県部落解放研究会機関誌
　　　26号 水俣病差別の今 Ⅰ　　　1993年10月
　　　27号 水俣病差別の今 Ⅱ　　　1994年3月
　　　32号 水俣病差別の今 Ⅲ　　　1996年10月
　　　46号 水俣病差別の今 Ⅳ　　　2003年10月
　　　50号 差別の諸相─水俣病、ハンセン病、在日韓国朝鮮人　2005年10月
　　　52号 水俣病50年の現状　　　2006年10月
　　　55号 水俣学からの問いかけ　2008年3月

『思想の科学』第7次(78)、1986年6月［大阪の仲村妙子、昭一の記録］
『潮』(147)、1971年12月［苦悶と差別に泣く患者・家族100人の証言］
『部落解放』(724) 2016年4月［水俣病差別の60年］
『ヒューマンライツ』(338) 2016年5月［公式確認60年─水俣病と差別］

> 当事者は語る

私たちの水俣病

岩本昭則・敬子

沈黙60年、私がここに立つわけは

　水俣病公式確認から60年の今年（2016年）、自分たちの知らないところで何か動き出しているようなことがまわりで起きました。小さい頃より支援してくださっている水俣病互助会の伊東さんより、「NHKの方に少し話をしてくれない？」と頼まれ、何か解らないけど「少しなら……」との気持ちで受け入れました。本当の気持ちは誰にも話したくなかったのですが……カメラを入れないとの約束でお話ししました。

　ディレクターさんは、優しい雰囲気の方で、子どもの頃から大人になるまで、また現在の気持ちを聞かれました。私の記憶の限りのことを自分の言葉で話し、「あー、疲れたー」と思った時に、ディレクターさんが「岩本さん、こんな本が出版されているのを知っていますか？」と言われ、本を目の前に出されました。

　ページの多い厚い本、「それ何？」と思った時、「岩本昭則さんのことがここに書かれていますよ」と。原因企業チッソ水俣工場の労働組合の委員長だった岡本達明さんが出版された『水俣病の民衆史』（日本評論社、2015年）でした。

　まあー、なんと22ページにもわたり、母マツエ、父栄作が今で言うと個人情報をことこまやかに話し、自分の家の内情や、水俣病発症時のこと、漁師のことなど書かれていました。「昭則の話」と自分が話したであろうことも書かれていました。話した記憶があまりありませんが、読んでみると話ししたような気もしました。

　私は、今まで知人、職場の人、近所の人に自分が水俣病認定患者であ

水俣病問題のいま　　305

岩本昭則さん・敬子さん

ることをひた隠しにしてきました。

また、親、きょうだいには自分の身体の症状や、小さい頃より8年間、一人で入院して他人と暮らす寂しい心など一切話しませんでした。

それなのにすべて書かれており、世の中に自分のことが、自分の知らないところで発表されていることに驚きました。本当の自分の心を隠し、空気のように生きてきました。子どものころの記憶もあまりありませんでした。残っていたのは「奇病、奇病、近寄るな」との差別・偏見だけでした。

そして、また、水俣病互助会の伊東さんから「今年、水俣病公式確認から60年なのね。3月20日、互助会の総会を湯の鶴温泉の旅館でするんだけど、あなたたちも来てくれない？　二人で来て？」とお誘いを受けました。何かと、気を遣ってくださっている伊東さんだから、いままでは一切断ってきましたが、「まあ、伊東さんの顔を立てて一度行ってみるか」と3月20日、妻と二人で出席しました。送迎バスから降りようとした時に、いままでテレビの中でしか見たことのない風景がそこにありました。テレビカメラや新聞記者の方々がたくさんおられ「来なければよかった」と思いました。それから、自分の心とは関係なく動き出し、次から次へメディアの方が来られ、慣れない私たちは、その後体調を壊し外へも出られず、うつ状態でした。一社を受け入れたのに、あなたの所はダメとは言えませんでした。

でも、水俣病に背をむけてきた私たちは、水俣病発症から時間が経ち、風化しつつあることに気づきました。水俣病が公式に確認された「奇病」

と言われたころ、水俣病専用病棟に一緒に入院していた人たちも一人、二人……と亡くなられています。そこで自分の子どもたち（妻、敬子の連れ子）に最初に話をしてみようと思いました。いままで子どもたちや、きょうだいにも話ししていませんでした。子どもに電話で話すと、もう45歳になる娘は「あっそう。ふーん」と拍子抜けするぐらいの反応でした。でも娘も二十数年前、家を出てから水俣出身だと誰にも話していないと言いました。水俣病と関係ない子どもたちまで本当のことを隠して生きているのだと思うと、とても悲しくなりました。

それから「自分たちがなぜ水俣病になったの？」か「チッソはどうして有機水銀混じりの廃液を流し続けたの？」か、水俣病に目をそむけてきた私たちはあまりにも知りませんでした。自宅の近所にあるのに、一度も訪れたことのなかった水俣病歴史考証館、相思社、水俣病資料館、水俣病語り部の話、二人で訪れました。また水俣病の本を読み、写真集を見て、テレビ放送があると録画するなどして知りました。少しずつ……少しずつ……少しずつ……話ができたらいいなと思っています。「こんな自分たちと同じような苦しい思いを、どなたにもして欲しくない。二度とこのようなことが起きないように」と……祈りながら、ここに記しています。私たちは、これまで矢面に立って水俣病の話をされている坂本しのぶさん（胎児性水俣病患者で一次訴訟の原告）の陰に隠れて、生きてきたのです。しのぶさんに本当に申し訳ない気持ちでいっぱいです。

昭則、5歳9カ月──水俣病発症時

　1950（昭和25）年、水俣湾に面した水俣市袋湯堂（ゆどう）で生まれ、海に手が届きそうな所に住んでいました。兄二人、弟、妹、私5人きょうだいで、父は漁師で朝早くから漁に出て、魚釣りがとても好きで、釣りが上手な人でした。昔はいまと違って魚もいっぱい釣れていました。魚も、ビナ（巻貝）も、牡蠣（かき）も、アサリ貝も、カニも湯堂の海岸で獲れていました。また、父は不知火海全体で、いろんな漁法で魚をとっていました。私た

ちは魚を毎日毎日、三食、食べて育ちました。昭和31 (1956) 年夏の頃、飛んでいる鳥も落ちてきて、猫も海に落ち何匹も死んでいったそうです。当時、父は、タコの大きいのを釣ったと思って重いものを一生懸命引きあげたら、上がってきたものを見てびっくりしたそうです。タコが死んだ猫を餌だと思って抱きかかえていたのを釣り上げたそうです。その頃に私の症状が出てきたとのことです。まだ熊本県も水俣市も「水俣湾の魚は食べるな」と何も言わなかったとのことです。

　1956年8月18日、私が5歳9カ月の時、4歳上の兄と遊んでいて、急に手がふるえだし、持っていたおもちゃを落とし、拾うことができなかったとのことです。それまで元気だったのに、よだれが出て、言葉が出にくくなって、自分が嬉しかったり、はがゆかったりしたら、言葉で言うことができず、ギャーッと、大きな声を出していたんだそうです。

　物が簡単に取れずに、ご飯粒を落とした時は、拾うことができず、ごはん粒を拾おうとすればするほど、床にねじりつぶしていたとのことです。茶碗を握ればすぐ落とし、なんとかならないかと強く握れば、手がふるえて食べるのに30分以上もかかっていたそうです。

　歩くのに、足がフラフラし、母の言葉では、ヨタヨタし、すぐ転んでいたそうです。狭い道はまったく歩けず、トイレも自分で行けず、後始末もできず、ズボンも脱げず、ボタンもはめられず、だったとのことです。

　両親は朝早くから、魚釣りに出かけるため、子どもたちの朝食（オニギリだけだったと聞いてます）と、おやつ用にたくさん獲ってきたワタリガニを茹でて、蓋付きのかごに入れて、涼しい軒下にぶら下げておったそうです。冷蔵庫のない時代だったので、涼しい場所に置いてありました。兄二人は学校へ登校し、残された私は、届かないかごを棒で下からつついて落として、一人で満腹になるまでカニを食べ続け、「兄ちゃんたちにも残しとらんばんぞ」と母に言われていたそうですが、兄たちの分まで食べていたそうです。この話は最近、近所に住んでいた坂本しのぶちゃんのお母さんのフジエさんからも聞きました。今は、その時、食べ過ぎたせいなのか、甲殻アレルギーで、まったく食べられなくなりま

した。母は私が水俣病になったのは、カニをたくさん食べたのが一番の原因だと話していました。カニは石をひっくり返せば、いっぱいいたそうです。おやつが買えないので、ちょうどよかったんでしょうね。今では、贅沢ですがね。

　私が発病してから母は、私を、チッソの会社付属病院に毎日からって（おんぶして）、約２年通院していたそうです。病院に着ていく普通の洋服がなかったらしく、保健所のイトウさんがくれた服を坂本フジエさんがみんなに振り分けていたそうです。病院では、奇病と言われ原因がわからず、それでも注射と薬の処方をしてもらっていたそうですが、日に日に症状は悪化していったとのことです。チッソが流した廃液の中に、有機水銀という毒が混ざっていたなど、誰も知らない時です。

　昔から、毎日魚を美味しく食べても、何も起こらなかったんです。先祖代々漁師で生きてきたのに、魚を食べると病気になるなど知るわけがありません。

　1970（昭和45）年、私が20歳の頃、実家に帰省した時、母に私の左足の親指の爪が変形しているのを見せ、「記憶にないんだけど、足の指どげんしたっやろうか（どうして変形したのだろうか）」と聞くと、「３歳くらいのころ、いつも金槌で、どこそこ、こつこつ叩いて一人で遊んどった。大工になっとやろうと、楽しみにしとったっばい。遊んどっとき、足に金槌ば落としたけん、怪我したったい」と母は教えてくれました。足の爪の変形がどうしてなのか自分では解らず気になっていました。３歳の頃に、はしかをしただけでずっと元気だったと話してくれました。

　1958（昭和33）年４月、水俣市立病院（今の水俣市立総合医療センター）へ入院し８年間、入院生活を送りました。でも小さい頃の記憶があまりありません。岡本達明さん（元チッソ第一組合）の本（『水俣病の民衆史』）に母の話として、私の小さい頃のこともいろいろ記載してありました。今年65歳になって知らなかった自分の歴史がこの本により、つながりました。自分のことは、親にも、きょうだいにも話したことがありません。一人で暮らすことに慣れていたのかもしれません。最近、新聞に記事が

水俣市立病院屋上(写真：岩本さん)

載っていますが、きょうだいは誰も何も言わないので、まだ知らないのかもしれません。いまさら、自分の気持ちを伝えることも言いづらいし、何か聞いてきたら話してもいいかなあと思っています。

私の水俣病認定年月日は1956年12月との記載もありました。私の発病は、水俣病が公式確認された1956年5月1日から3カ月と18日後のこととありました。もう60年を過ぎました。

それで実家に写真を探しに行きました。すると水俣市立病院に入院していたころの写真が見つかりました。水俣市立病院に水俣病専用病棟ができた時に屋上で撮った写真や、病室で同じ年ごろの患者と遊んでいる写真でした。屋上で一緒に写った人は16人ですが、今は生きている方のほうが少なくなっています。

小学校入学、中学校入学、市立病院退院、中学卒業

1958(昭和33)年4月、水俣市立病院に入院と同じくして、病院から近い所の水俣市立第一小学校普通学級へ1年遅れで入学しました。小学校の通学は市立病院の人の付き添いで通学していました。小学校へは、入院しているほかの水俣病患者と一緒に連れられて通学していたのですが、みんなが注目するから一緒に行くのが嫌だったのを覚えています。私ともう一人の女の子は、普通学級でしたが、ほかの胎児性や小児性の子どもたちは、同じ小学校の特殊学級に通っていたようです。特殊学級は、別の門から入っていたように記憶しています。

市立病院に入院してしばらくすると、歩くこと、しゃべることは大分よくなり、人が話す言葉は解りますが、自分は、ゆっくりしか話せず、よだれも入院するまでだったと本には書いてありましたが、今でも、恥ずかしい話ですが、油断するとタラーッと出てきます。妻に注意されます。「ほらほらっ拭いて、拭いて」ってね。そして鼻水も自分では気づかないのですが、「鼻水拭いて」っとよく言われます。小学校６年間は、教科書を読むにも思うように口が動かず、計算するにも手が動かず、勉強はできませんでした。生まれつき脳も悪かったので水俣病のせいにしていたかもしれません。特に体育の時間は先生から「大丈夫ね」「きつかったら教室の中にいてもいいよ」「体育の時は見とってよかよ」と過剰なくらいの優しさに、先生が病院からの指示だったかもしれませんが、そのことに級友は、先生がえこひいきしていると見ていたようです。先生のいないところでは「奇病、奇病、寄ってくんな、うつる」と言って手を前に出して幽霊みたいにして、私が追い付けないのをいいことに、いじめていました。学校にいても一人ぼっちでした。病院にいても心は一人ぼっちでした。自分では皆と同じように、できなくてもしたいと思っていました。私も腹が立つので、追いかけるのですが、追い付けず、転ぶし、本当に情けない思いでした。全部の人がいじめているわけではありませんが、助けてもくれませんでした。
　1964（昭和39）年４月、中学校は一部、一小校区と一部二、小校区が水俣市立第三中学校に入学します。第一小学校で一緒だった人は、私のことを知ってはいますが、第二小学校の人は知りません。水俣病患者であることを知られまいとしましたが、ほとんどの人に知れ渡っていました。負けず嫌いの私でしたので、変な同情とか、患者扱いはされたくありませんでした。中学校に入ると、一年遅れで入っていますので、口にはしませんが「俺のほうが歳上だぞ」との思いで、喧嘩を売られれば買って向かっていきました。でも視野狭窄(きょうさく)があって、真正面は見えるのですが、横にちょっと入られると、「あれっ、どこに行った？」とわからなくなってしまいます。結局は追いつかず、「奇病、奇病」といじめ

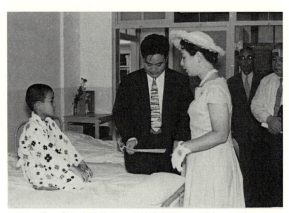
昭則6歳。市立病院院長と三笠宮妃殿下が見舞いに来られる
（写真：岩本さん）

られました。気持ちだけは、いじめっ子たちに負けないようにしていました。中学校では、体育の時間はみんなと同じようにしました。でも先生の優しい気遣いで「大丈夫か？大丈夫か？」といつも声を掛けてくださいました。自分の本当の気持ちは「言われんばよかて」と思っていました。でも先生にも本当の自分の気持ちは言えませんでした。先生の言葉が級友にとっては腹が立つようで、先生が見ていない所で、級友たちから水俣病の特徴のマネをしてからかわれていました。なんとか走ることはできるようになっていましたが、野球、ソフトボールなどの球技は視野が狭いので、どこへ飛んでいくのかがわからず、できませんでした。

　最初は、市立病院より通学していましたが、リハビリを主に行う病院、市立病院付属の湯の児病院へ何年生のいつ頃だったのか覚えていないんですが、転院となりました。学校へは湯の児病院のバスで通っていました。バスは、水俣市役所と水俣市立病院までででしたので、そこからは歩いて中学校に通っていました。病院には温泉もあり、学校から帰ると温泉に入っていました。学校から帰るともう夕方で、特に治療はなかったような気がします。一緒に入院していた人が薬は飲んでいたよと教えてくれました。

　中学校2年の時に退院しました。1965（昭和40）年9月のことです。約8年間の入院生活でしたが、母はめったに会いに来てくれませんでした。運動会にも来なかった。いちばん親が恋しいときに、ほかの子の親が会いに来るので余計にいじめたくなった。ほかの胎児性患者の親は、

毎日のように会いに来るのがとてもうらやましかった。水俣市立病院に入院中は、優しい看護婦さんが一人いて、日曜になると病院の近くのグラウンドで遊んでくれたり、八の窪にある教会に連れて行ってくれるのが楽しみでした。

中学校2年の時に私から病院の先生に、「しばらく親元で暮らしてみたい」と希望しました。家庭的な暮らしをしてみたい。母には言っていませんが、母に甘えたいとの思いがありました。これは自分の心の声で

市立病院に母が見舞いに来た
（写真：岩本さん）

す。病院のこと、学校のことを親に言ったことはありません。先生から許しが出てやっと家に帰りました。中学校2年2学期に、約8年間お世話になった市立病院付属の湯の児病院を卒業しました。いばらの道が続くとも知らず喜んでいた時でした。いままで病院の保護のもと生活してきましたが、自宅に帰りました。解放感でした。「ああー、やったー！」と浸りました。自宅から学校まで約6キロの道を自転車に乗ったり、押したり、世間を見たりしながら通学しました。通学路沿いに家があった、私にすごく優しい友だちを迎えに行き「学校にいくよぉ」と誘い、二人で通学しました。その友だちは、私が遅刻すると、その友だちも私を待っていて遅刻でした。帰りには、その友だちのお母さんが「寄っていかんか〜い」と声をかけてくれました。近所にあった、五円饅頭（蜂楽饅頭みたいなもの）を買ってきて食べさせてくれました。その美味しかったこと。市立病院では毎日美味しいものが出ましたが、僕には友だちのお母さんの愛情が……最高に美味しく感じました。

中学卒業までの間、週1〜2回、市立病院へは通院して治療を受けました。治療もビタミン剤の薬とそのほか何をしたのかよく覚えていませ

ん。

1967（昭和42）年3月、16歳、そして中学校を卒業しました。

「金の卵」集団就職——社会の荒波へ

1967（昭和42）年3月、16歳。「金の卵」と言われ、世の中からちやほやされて集団就職をしました。日本が高度成長時代に突入しようとしている時で、中卒で、若い、安い労働者を会社が必要としている頃です。紹介もあり、大阪の会社へ就職しました。アルミサッシを作る会社でした。勤務時間は8時間で作業程度はそうきつい仕事ではありませんでしたが、自分に体力がなく毎日連続して勤務することができませんでした。私が入社した時から私が水俣病であることがすぐにばれていました。

中学校の内申書に水俣病と書いてあったみたいです。社長が内申書を見ながら、「今、テレビでやっている、あの奇病か？」と言われました。大阪に出たら水俣病から逃れられると思っていましたが、そうは甘くはありませんでした。

16歳、集団就職で大阪へ。兵庫県宝塚にて（写真：岩本さん）

昼ごはんの時に、テーブルでご飯を食べていると、私のまわりには人が誰もいませんでした。水俣病であることがばれれば「そばにくるな、うつる」とどこに行っても差別と偏見がついてきました。会社におりづらくなり、会社を辞めました。次の会社へ移っても、水俣病とわかれば同じことの繰り返しでした。寮は日曜日になると、みんな遊びに出かけて誰もいませんでしたが、誰からも遊びには誘ってもらえませんでした。一人で大阪環状線に乗り、ぐる

ぐる回って時間を潰していたこともありました。違うところの会社では、海の近くの公園に行き、魚釣りを見て時間を潰しました。人はたくさんおりますが、どこへ行くにも一人でした。私に何も言わず好意的な人もいましたが、親しくするとその人が嫌われるので、言葉は交わしませんでした。

また、愛知県の会社では、どこのカメラマンかわかりませんが、私を撮影するのに会社の許可を取りたいと事務所に来られ、すぐに水俣病とばれました。「ばれる」と言葉では直接言われませんでしたが、こそこそ話をされ、私のそばには誰も寄って来ませんでした。さらに、小さい部品を落としたりして仕事についていけない、身体がきついと休む、休むと怒られるの繰り返しもあり、会社は10社くらいかわりました。

妻との出会い――水俣病を共に生きる

2004（平成16）年7月、54歳。もう、誰とも結婚はしないと思っていました。30代には結婚をしようと思っていた人がいましたが、テレビで水俣病のことが流れると、彼女が「水俣病は怖いねえ」と一言。水俣病の自分は告白もできず自分から去りました。ほかにも出会いはありましたが、いつも水俣病のことがばれる前に自分から去っていました。

母が病気になり、介護が必要でした。鹿児島県出水市にある建築会社に勤務し、介護と仕事、しばらくは両立していました。しかし、父も認知症になり徘徊もあり、身体がきつくなり両立できなくなりました。訪問介護を頼み、入浴車手配、訪問看護依頼、食事づくりなど手に負えなくなり仕事を辞め、両親の介護に専念することにしました。母は肺の病気で酸素吸入器を24時間つけていました。認知症もあり、母から目が離せない状態でした。忙しくしていましたが、妹が夕食を作りにきている、ほんの少しの時間が私の時間でした。その時、自分の船を見に行くのが楽しみで、海岸で少しの時間を過ごしている時に海岸に住んでいる彼女（妻）と知り合いました。聞けば同じ歳。介護福祉士、親の介護が頼めて、

これはいいぞと、心で思いました。母と彼女は知り合いでした。彼女は離婚経験者、でも私にとっては福の神様、これを逃したら後がないと、積極的にアタックしました。水俣病のことは伏せて付き合いました。
　彼女は前の嫁ぎ先も同じ湯堂で、私のもとの家の上にあり、近所でした。そこには、胎児性水俣病患者がおり、テレビでもいつも水俣病の代表者みたいに出てきます。そんな彼女ですので、水俣病のことがバレても大丈夫だろうと思っていました。しかし、結婚してからも話すことができず、打ち明けるまで5年かかりました。1ヵ月前くらいから様子をみながら「俺は身体障害者なんだ。うつ病なんだ」と言い続けました。なぜ言い続けたかというと、妻が朝早くから長時間働いているので体がきつく、私に「茶碗洗っとってね、掃除機かけてね、買い物しててね、今日は何するの？」と仕事を頼んで出かけます。もうきつい！これ以上は、たまらん！と思い、打ち明けました。
　「俺、こういう者ですが……」って水俣病患者手帳、認定証明書を妻の前に出しました。妻も「ああ、だ、か、ら、か」と納得したように私を見て、手帳をバッグから出し「私もこういう者ですが……」って1995（平成7）年、政治決着の時、もらった医療手帳を見せました。お互いに言えなかったですね。
　2009（平成21）年までの5年間は、水俣病に関係する手紙類はお互い目に留まらないところで受け取り、隠していました。
　妻は私の体力のなさ、目の悪さ、耳が聞こえない、けいれんする、半眼で寝る、よだれが出る、鼻水が出る、足がつる、手がつるなどの症状

自分の船にたまに乗船するのが楽しみ（写真：岩本さん）

を弱いなーと言ってがっかりしていたようでした。体力のある人と結婚できたと思っていたようです。水俣病であるとは思ってもいなかったようです。でもお互いに打ち明けてから気も楽になって、それぞれの体調の具合を気にするようになりました。

風呂が長引いていると「生きているかい?」と戸を開けてのぞきます。離れて農作業していると「水飲まんかい、熱中症になるよ」と声かけます。

二人で手を取りボチボチ生きて行こうと思っています。私が手帳を見せた時、5年も暮らせば私を捨てて行かないだろうと思って、手帳を出しました。

現在は、無農薬で自分たちの食べる分の野菜を楽しみながら二人で作っています。そこに毎日訪問してくれる、のら猫のタマ君がいます。寂しくありません。また、家には介護福祉士の妻がいます。なにかと世話をやいてくれます。

家にいると、一日中寝てばかりいます。できるだけ身体を動かし、体調を整えるように畑へ出て、歩くように心掛けています。

岩本敬子さんの話

私は、1950(昭和25)年、鹿児島県長島町に生まれました。不知火海を取り囲むように、ちょうど水俣の真向かいに見えます。家は漁師で地引網、巾着網、定置網、イリコの製造などを営んでいました。小さい時からおやつは、イリコに入っている雑魚の稚魚が選別されるのですが、それをポケットに入れて食べていました。いつもイリコとからいもで、お菓子は食べたことがありませんでした。

1961(昭和36)年か1962(昭和37)年、小学校高学年の時、家の前の海岸で遊んでいると、魚がピチピチと活きて、波打ち際にいるんです。それを獲って食べました。テレビもなく、ラジオも聞かず、いつも海岸で遊んでいましたから、水俣病が発生していることを知りませんでした。

魚は刺身にしたり、煮つけにしたり、味噌汁にして、おばあちゃんと二人暮らしでしたので一緒に美味しく食べました。その魚が有機水銀に侵されていることなど、みじんも知りませんでした。

1966（昭和41）年、地元の高校に進学したいと父親に話すと、「女ん子は学校へは行かんでよか」と言われました。その前に我が家を襲った台風被害や、大勢いる子どもの学費などがかさみ、わが家の家庭事情が悪化していたのだと思います。高校へ進学できないと思った私は二男が川崎にある東芝の会社で働いていましたので兄に相談しました。21歳の兄は「来てよかよ。俺が出してやる」と言ってくれました。当時、受験競争が激しかったので受験勉強をするために、地元の中学校を卒業せずに兄妹がいる神奈川県川崎市へ一人で引っ越しました。兄は遅くまで残業をして、また早朝には、牛乳、ヨーグルトの配達を人よりも多くして私を学校に通わせてくれました。川崎市の高校を卒業しました。

その頃の私は、水俣病のことは遠くの話だと思っており、公害といったら喘息の原因であった川崎の光化学スモッグのことしか知りませんでした。今でいうとPM2.5ですよね。今の中国と変わりなかったですよ。

1969（昭和44）年、もうすぐ19歳という時、遠い親戚であった水俣市湯堂の田中家へ、両方の親の強〜い希望で嫁ぐことになりました。そこには、夫の弟になる胎児性水俣病患者の田中敏昌がいました。両方の親からそのことは私には隠されていました。隠さなければならない事情があったのですが、後の後にわかりました。

この頃の夫は岐阜県大垣市に住んでおり、結婚の挨拶に水俣市に帰ってきました。この時まで私に水俣病の家族であることは夫も教えてくれませんでした。家に入り挨拶すると、「まず、仏様に挨拶して」と促され、言われるとおりにして仏様に参り、立ち上がると義母が「うちには、こげん子がおっとばい」とふすまを開けられました。私は小さい頃より、仏様と暗がりが怖くて気の小さい子どもでした。その時も、「怖いなあ」と思って緊張している時に、急に開けられたふすまの向こうの薄暗いなか、こちらを見ているやせ細った弟がいました。私は瞬間的反応で、ま

あ大きな声で「きゃあー」と叫んだのです。その声を聴いた弟はひきつけを起こし、大きな声を出した私は、身の置き場がなく、その晩は一睡もできませんでした。2〜3日は水俣にいる予定でしたが、次の日には、気まずさもあり大垣へ帰りました。2カ月ちょっとしたら「田中敏昌、危篤」との連絡があり、水俣に帰りましたが、弟に謝る機会もなくなり、優しい声掛けもできず、まともに顔も見ないで帰ったこと、申し訳ないとの気持ちが、47年たった今でも心の中にずっとあります。

　義母は私に生前、「あなたは私の子どもだからね」といつも言っていましたが、後に残される者が生きて行けるかどうかが心配で、あなたが頼りだからねと思っていたのかもしれません。夫とは別れていましたが、私を可愛がってくれていた義母のために最期までみんなを送りました。夫も弟も水俣病被害者ではありましたが、水俣病患者ではありませんでした。私からみたら、水俣病患者そのものでした。6人家族のうち4人が認定者、後の二人が被害者でした。私には認定者と被害者の区別ができませんでした。どのように区別されたのか聞いてみたいと思っていました。一家で同じ魚貝類を食べ生活してきたのにどう違うんでしょう。誰にも聞いたことはありませんが、水俣病に侵された田中家は誰もいなくなりました。今、私の隣にいる今の夫と二人で墓守をしています。

　今まで、私たちが、水俣病であることを隠して生きてきましたので、水俣の埋め立て地「エコパーク水俣」にある水俣病犠牲者慰霊の碑への奉納を申し込んだことがありませんでしたが、昨年（2016年）10月29日に執り行われた慰霊式に、亡くなってから時間は経ちましたが水俣病と認定された家族を奉納しました。今まで奉納しなかったのですが、……私が死んだら水俣病で苦しんで死んでいった家族が、誰にも知られないで、記録にも残されずになってしまうのではと思い、奉納しました。一年に一回、これからたくさんの人からお祈りをしてもらえると思いました。田中家は4年前に電気火災で家がなくなり、位牌も写真もなくなりましたので、孫たちにまだ話していませんが、「慰霊碑に行くと会えるよ」と言ってあげたいと思います。

1974年、湯堂で（写真：岩本さん）

初めて二人で出席しました。患者・遺族代表の方の挨拶を聞いて、「自分たちのことと同じなんだなあ」と思い、涙が止まりませんでした。「公害は出したらおしまい。終わることがない」と『水俣病の民衆史』を出版された岡本さんは言われておられました。「もう二度とこんなことが起きないようにして欲しい。それに気づいたら止める勇気を持って欲しい」と思っています。

チッソに対しては、許せるものではありません。「なぜ廃液を流さないと勇気をもって止められなかったのか。解った時点で止めて欲しかった。ここまで大きく広がらずに済んだのだ」と思います。会社の中では、早くから解っていたのではないかと思います。また、会社の利益を優先したのだと思います。止めていたら……苦しんで死んで行かなくてよかったのではと思います。

余談……。

この間、鹿児島県出水市にある病院を受診した時、私が水俣に住んでいると解ると、突然怒り出されたような言葉で、「出水から水俣の人は出て行って欲しい。水俣病のおかげで出水が汚れる。子どもたちが出水出身だと名乗れない。結婚にも差支えている」と言われました。水俣だけでなく、周辺市町村にも、差別、偏見をこうむっているのだと思うと、水俣病の公害の恐ろしさを身にしみて感じました。

差別禁止法の制定を求めて

神戸学院大学教授　内田博文

差別の存在

①あるアピール

　部落解放・人権研究所では、差別禁止法の制定をめざして、「差別禁止法研究会」を2013年9月に立ち上げた。国内外の差別禁止法制について学んだうえで、日本における差別禁止法の制定にむけた論点整理を行い、被差別当事者や関連支援団体等と連携・協働しながら、差別禁止法が求められる「立法事実」(具体的な差別事例)の収集をすすめてきた。立法事実の収集に協力いただいた被差別当事者の方々がはじめて一堂に会して集まり、差別禁止法が必要とされる具体的な差別の現実を自ら肉声で訴える画期的なシンポジウム「公開シンポジウム in 東京 差別禁止法を求める当事者の声」が、2015年10月24日(土)午後、都内の全国町村会館内の会議室で、研究所の主催により開催された。プログラムは次のようなものであった。

　○主催者あいさつ
　○当事者からの差別事例の報告
　　「セクシュアル・マイノリティ」「外国人」「アイヌ」「被差別部落」「見た目」「自死遺族」「ハンセン病」「水俣病」「HIV」など、各人権課題に関連する当事者からの報告
　○いま、なぜ差別禁止法なのか？
　　研究会代表 内田博文(神戸学院大学法科大学院教授)からの報告
　○障害者差別解消法制定の経緯と現状

佐藤聡さん（DPI〈障害者インターナショナル〉日本会議事務局長）からの報告
○閉会のあいさつ

　同会議は、最後に、「差別禁止法を求める当事者の声　アピール文」を参加者一同で採択した。その内容は、次のようなものであった。

　　本日、私たち被差別当事者は勇気を振り絞り、自分たちのつらい体験や悲しい思い、そして心からの差別撤廃への願いを訴えました。LGBTと呼ばれる「セクシュアル・マイノリティ」、アザやアルビノなど外見に特徴を持つ「見た目問題」当事者、ハンセン病回復者、HIV陽性者、水俣病被害者、在日外国人、アイヌ民族、部落出身者、自死遺族という被差別当事者がこうして一堂に会し、スクラムを組んで、理不尽な差別の現実を明らかにし、その早急な解決を訴えるのはおそらく初めてのことでしょう。この思いと願いが多くの市民の皆さんに届くことを心より願っています。
　　差別の現実、過酷な人権侵害の実態は日本社会に紛れもなく存在します。しかしそれはなかなか可視化されません。なぜなら、被差別当事者がそれを訴えるということは、自らの社会的立場をカミングアウトし、より一層厳しい差別の視線にさらされる危険性が生じるからです。そうした中で、隠したり、あきらめたり、互いを慰めたりすることで堪え忍んできた仲間が多くいたことは確かです。しかし私たちはそれを乗り越えはじめました。
　　悪いのは私たちではありません。差別の原因は私たちの個性にあるのではなく、日本社会の在り方にあるのです。私たちはその変革を求めます。そしてその第一歩が、差別は社会的に許されないことであり、差別の禁止は社会のルールであることを明示した、差別禁止法の制定であると私たちは考えます。日本も批准している国連の社会権規約、自由権規約は「人種、皮膚の色、性、言語、政治的意見その他の意見、

国民的若しくは社会的出身、財産、出生又は他の地位等」の差別を禁じています。人種差別撤廃条約も「人種、皮膚の色、世系または民族的若しくは種族的出身」に基づく差別を禁止しています。それぞれの機関からの勧告も相次いで日本政府に出され、差別禁止法の制定をもとめる声は、国内外でかつてなく高まっています。

　私たち被差別当事者はこれを機にさらにその連帯を強めます。「Nothing about us, without us」、私たちの声を受け止めて下さい。私たちは、「障害者差別解消法」の制定に励まされ、差別禁止法の制定を当事者の立場から訴えていきます。多くの皆さんと反差別の一点でつながり、このプロセスを通して差別する人、差別される人という関係をつくりなおし、誰もが人として尊重され、安心して暮らすことのできる社会の実現をめざします。

②つらい体験や悲しい思い

　人々が味わう「つらい体験や悲しい思い」のなかでも最たるものは、最愛の人を失うことではないか。それも、「自死」の場合は格別のものがあると推察される。なぜ、「自殺」を食い止められなかったのかという「自責の念」が、最愛の人を亡くした「悲しみ」の上にのしかかるからである。まして、両親を共に「自死」で亡くした場合はいかがであろうか。その「つらさ」「悲しみ」は想像をはるかに超えるものがある。国のハンセン病患者隔離政策で差別被害を受けたとして、元患者家族が国を相手取って１人当たり500万円の損害賠償と謝罪広告を求めた「ハンセン病家族訴訟」の原告のお一人で、副団長の黄　光男さんも、そんな「つらい体験や悲しい思い」を味わわれた方のお一人である。もちろん、ご両親の「自死」は国の誤ったハンセン病強制隔離政策がもたらしたものである。

③理不尽な差別の存在

　黄さんは、お母さんが社会から受けたハンセン病差別について、次のように語っておられる。

「私は、1955年に大阪府吹田市で生まれました。……この年の12月に、母と5歳上の姉が、国立療養所長島愛生園に入所しました。母は私が生まれる前にすでにハンセン病に罹っていましたが、大阪府の職員の執拗な勧誘を拒否していました。入所を決定づけたのは、家族がいつも利用する銭湯の主人に入浴を拒否されたからだと父が言っておりました。大阪府職員が密告したのか、それとも銭湯の主人がそれを察知したのかは不明です。……それまで、家族5人が仲むつまじく暮らしていましたが、この隔離政策によって家族がバラバラとなり家族から笑顔がなくなったといえます」

可視化の困難性

①被差別被害という認識

黄さんは、ご両親の「自死」について、次のように述べておられる。

「今61歳の私にとって、他人に一番言いづらいことは両親がともに自死したことです。両親は創価学会に入信していたため、葬儀には多くの学会員の方が見えましたが、自死したことは誰にも言えませんでした。それは、自死は社会のいろいろな要因があって自死したとしても、『自殺』という言葉があるように、自分が自らを『殺した』という罪を犯したようにとらえられてしまうからです。家族もなぜ『自殺』を食い止められなかったのかと自責の念を抱き、他人にこれを言うと自分たちが責められることにならないかと思い、他人には一切言えないこととなりました」

黄さんは、ハンセン病の親を持っていることを同じ朝鮮人の友人にさえも打ち明けようとは思わなかったことについても、次のように語っておられる。

「なぜ打ち明けようとも思わなかったのか。今思えば、その葛藤さえな

かったことから、思いもよらなかったことだと言えます。日本社会では朝鮮人はまだまだ差別的な現象はありますが、実はりっぱな歴史があり恥ずべきことでも隠すことでも何でもないということをこの高校生活で学ぶことができましたが、ハンセン病については、何の学ぶ機会もなく、何も誇れるものはないと思い込んでいたのだと思います」

　足を踏まれた人は「痛み」を肌で感じるのに対して、他人の足を踏んだ人は「痛み」を感じない。そのために、他人の足を踏んだことに気づかない場合が少なくない。被差別の場合もこれに似ていないか。差別者はそのことを認識していない場合が少なくない。学ぶことによってはじめて自らが差別者であることに気づく。

　それでは、被差別者の場合はいかがであろうか。「痛み」は感じても、その「痛み」が被差別による「被差別被害」だということに気づくのはやはり学びを通じてではないか。人は学ぶことによって、差別の「理不尽さ」に気づく。被差別当事者が「理不尽さ」に気づくのも学ぶことによってである。いくら「つらい体験や悲しい思い」をしても、学ぶ機会がなければ、それが被差別に由来するところの被差別当事者に共通の「被差別被害」だという認識にまではつながらない。

　しかし、私たちにこの学びの機会が保障されているかというと、保障されていないのが現状である。差別禁止法が制定されていないために、被差別と「被差別被害」の存在が正式に認知されるということ、差別撲滅のための組織的・体系的な教育・啓発が国及び自治体などに義務づけられるということ、この教育・啓発が組織的・体系的に実施されるということは保障されていないからである。

②耐え忍ばざるを得ない当事者

　被差別当事者たちが異口同音に語るのは、「被差別被害」を声にすることの困難さである。被害を語ることによる「被害のフラッシュバック」などに加えて、声にすると激しい社会的バッシングを受けることになるから

である。親族からバッシングを受ける場合も少なくないともいわれる。この「被差別被害」を理由に訴訟を提起するとなると、この社会的なバッシングは一段と強まる。差別について学ぶ機会を持たなかった人々にとって、訴訟提起は逆に「理不尽」と映るからである。

　2016年4月1日から施行された障害者差別解消法は、障害者権利条約に倣って、「障害」についての理解を「個人モデル」から「社会モデル」に改めた。「個人モデル」とは、障害者が困難に直面するのは「その人に障害があるから」であり、克服するのはその人と家族の責任だとする考え方である。それに対して「社会モデル」は、社会こそが「障害（障壁）」をつくっており、それを取り除くのは社会の責務だと主張する。人間社会には身体や脳機能に損傷をもつ多様な人々がいるにもかかわらず、社会は少数者の存在やニーズを無視して成立している。学校や職場、街のつくり、慣習や制度、文化、情報など、どれをとっても健常者を基準にしたものであり、そうした社会のあり方こそが障害者に不利を強いていると考えるのが「社会モデル」である。「障害があるから不便（差別される）」なのではなく、「障害とともに生きることを拒否する社会であるから不便」なのだ、と発想の転換を促すのである。「個人モデル」は別名「医学モデル」といい、治療やリハビリによる身体機能向上を問題解決の柱と考え、障害者は何をおいてもそれに専念すべきとされる。他方、「社会モデル」は医療を相対化し、治療も訓練も本人の選択だと考える。「社会モデル」は「人権モデル」ともいわれる。

　このような「個人モデル」から「社会モデル」へのパラダイムの転換は、その他の被差別問題についても必要不可欠で、喫緊の課題となっている。被差別当事者が差別被害に直面するのは、その人に問題があるからであり、問題を克服するのはその人と家族の責任だとするのではなく、「差別の壁」を作っている社会の側に問題があり、「差別の壁」を取り除いて問題を解決する義務が社会の側にあるという考え方に切り替えられなければならない。

　しかし、障害者差別解消法に匹敵するような法が制定されていない被差

別問題の分野では、このパラダイムの転換は極めて不十分な現状にある。被差別当事者が「被差別被害」を声に上げること自体が困難な理由の大きな部分もそこにある。

③氷山の一角

被差別当事者にとって、その被った「被差別被害」がより深刻なものであればあるほど、それを語ることがより困難になるということにも留意が必要である。社会的なバッシングはこの困難さを倍加させている。そのために、より深刻な「被差別被害」の方が可視化されにくいという状況が生まれている。「被差別被害」を可視化できず、被害救済できないという矛盾が生じている。可視化できる「被差別被害」は「氷山の一角」でしかないのが現状である。水面下の「被差別被害」を可視化するためには、「語れる」ための当事者に対するきめの細かいメンタルケアに加えて、差別禁止法を制定し、社会的なバッシングを制度的に抑えることが課題となる。「被差別被害」を氷山の一角にしないためにも差別禁止法は必要なのである。

現行法での対処は困難

①個別法による手当という方式

法務省に設置された人権擁護推進審議会の答申「人権救済制度の在り方について」（2001年5月）を受けて、小泉内閣は、2002年に人権擁護法案を閣議決定し、第154回国会に提出した。同法案は、「人権侵害により発生し、又は発生するおそれのある被害の適正かつ迅速な救済及びその実効的な予防を図るため、新たに独立の行政委員会としての人権委員会及びこれを担い手とする新しい人権救済制度を創設し、当該委員会の組織・権限及び救済の措置・手続その他必要な事項を定める」こととし、国家行政組織法第3条にもとづく「人権委員会」を設置することのほか、部落地名総鑑の作成・販売などの禁止規定も置いていた。しかし、法案は、2003年10月の衆議院解散により廃案となった。「救済部分」及び「組織法的部分」を法律

化する努力はその後も続けられた。野田内閣は人権委員会設置法案を2012年11月9日、第181国会に提出した。しかし、この法案も、同年11月16日の衆議院解散により、審議未了で廃案となった。

　その後は、障害者差別解消法（2013年法律第65号）、ヘイトスピーチ解消法（「本邦外出身者に対する不当な差別的言動の解消に向けた取組の推進に関する法律」）（2016年法律第68号）、部落差別解消推進法（2016年法律第109号）といったように、個別法の積み上げという形での法整備が議員立法によって図られている。

②手当のない領域では水掛け論の横行

　差別禁止法研究会では、マイノリティ差別の問題として、「セクシュアル・マイノリティ」「外国人」「アイヌ」「被差別部落」「見た目」「自死遺族」「ハンセン病」「水俣病」「HIV」などの問題が取り上げられた。これらの問題のうち、差別解消法があるのは、現時点では、「被差別部落」と「外国人」にとどまる。

　「ハンセン病」については、ハンセン病基本法（「ハンセン病問題の解決の促進に関する法律」）（2008年法律第82号）がすでに制定されているが、被差別の問題については、同法第3条第3項が、「何人も、ハンセン病の患者であった者等に対して、ハンセン病の患者であったこと又はハンセン病に罹患していることを理由として、差別することその他の権利利益を侵害する行為をしてはならない」と規定するにとどまる。国の誤ったハンセン病強制隔離政策とこれを下支えした「無らい県運動」などによって作出・助長されたハンセン病差別・偏見を撲滅するための教育・啓発、相談、被害実態調査、救済などについて同法が言及するところはない。

　「らい予防法」を違憲と断じた2001年5月11日の熊本地裁判決を受けて設置された「ハンセン病問題検証会議」の提言にもとづいて2005年3月に設置された「ハンセン病問題検証会議の提言に基づく再発防止検討会」は、検証会議が実施した「入所者聞き取り」から十数年が経過したことから、昨年（2016年）、「入所者聞き取り」を改めて実施するとともに、あわせて「退

所者聞き取り」も実施した。聞き取りに応じていただいた退所者の多くが語るところによると、ハンセン病差別・偏見は、当事者などによる活発な啓発活動などにもかかわらず、現在も2001年の地裁判決以前とそれほど変わっておらず、そのために今後は療養所に再入所することを検討せざるを得ない状況にあるということであった。

　国及び自治体が差別・偏見の解消のための事業を曲がりなりにも定期的に実施しているハンセン病の場合でも、このような状況である。実施していない分野ではいかがであろうか。想像に難くなかろう。

　法が制定され、差別が「違法」であることが明確に謳われている分野では、まだしも「水掛け論」は減少の傾向にある。しかし、そうでない分野ではいまだ「水掛け論」が横行している。被差別当事者が「それは差別だ」と訴えても、差別者は「それは差別ではない」と否定する。このような議論が繰り返されている。マイノリティ問題の場合、被差別当事者は圧倒的に少数者である。時には差別者のほうが多数を占めるために、被差別当事者の声はかき消されがちである。

③救済や組織などについては未整備

　教育と啓発について、障害者差別解消法第15条は、「国及び地方公共団体は、障害を理由とする差別の解消について国民の関心と理解を深めるとともに、特に、障害を理由とする差別の解消を妨げている諸要因の解消を図るため、必要な啓発活動を行うものとする」と規定している。

　また、ヘイトスピーチ解消法第6条及び第7条は、「国は、本邦外出身者に対する不当な差別的言動を解消するための教育活動を実施するとともに、そのために必要な取組を行うものとする」「地方公共団体は、国との適切な役割分担を踏まえて、当該地域の実情に応じ、本邦外出身者に対する不当な差別的言動を解消するための教育活動を実施するとともに、そのために必要な取組を行うよう努めるものとする」「国は、本邦外出身者に対する不当な差別的言動の解消の必要性について、国民に周知し、その理解を深めることを目的とする広報その他の啓発活動を実施するとともに、

そのために必要な取組を行うものとする」「地方公共団体は、国との適切な役割分担を踏まえて、当該地域の実情に応じ、本邦外出身者に対する不当な差別的言動の解消の必要性について、住民に周知し、その理解を深めることを目的とする広報その他の啓発活動を実施するとともに、そのために必要な取組を行うよう努めるものとする」と規定している。

さらに、部落差別解消推進法第5条は、「国は、部落差別を解消するため、必要な教育及び啓発を行うものとする」「地方公共団体は、国との適切な役割分担を踏まえて、その地域の実情に応じ、部落差別を解消するため、必要な教育及び啓発を行うよう努めるものとする」と規定している。

相談についても、障害者差別解消法第14条は、「国及び地方公共団体は、障害者及びその家族その他の関係者からの障害を理由とする差別に関する相談に的確に応ずるとともに、障害を理由とする差別に関する紛争の防止又は解決を図ることができるよう必要な体制の整備を図るものとする」と規定している。

また、ヘイトスピーチ解消法第5条は、「国は、本邦外出身者に対する不当な差別的言動に関する相談に的確に応ずるとともに、これに関する紛争の防止又は解決を図ることができるよう、必要な体制を整備するものとする」「地方公共団体は、国との適切な役割分担を踏まえて、当該地域の実情に応じ、本邦外出身者に対する不当な差別的言動に関する相談に的確に応ずるとともに、これに関する紛争の防止又は解決を図ることができるよう、必要な体制を整備するよう努めるものとする」と規定している。

さらに、部落差別解消推進法第4条は、「国は、部落差別に関する相談に的確に応ずるための体制の充実を図るものとする」「地方公共団体は、国との適切な役割分担を踏まえて、その地域の実情に応じ、部落差別に関する相談に的確に応ずるための体制の充実を図るよう努めるものとする」と規定している。

実態調査についても、障害者差別解消法第16条は、「国は、障害を理由とする差別を解消するための取組に資するよう、国内外における障害を理由とする差別及びその解消のための取組に関する情報の収集、整理及び提

供を行うものとする」と規定している。また、部落差別解消推進法第6条は、「国は、部落差別の解消に関する施策の実施に資するため、地方公共団体の協力を得て、部落差別の実態に係る調査を行うものとする」と規定している。

しかし、救済や組織関係などについては、障害者差別解消法でも、ヘイトスピーチ解消法でも、部落差別解消推進法でも規定するところはない。人権擁護法案に見られたような新たな救済手続についての規定、あるいは人権委員会の設置に関する規定は見当たらない。障害者差別解消法も、その第14条で、「国及び地方公共団体は、障害者及びその家族その他の関係者からの障害を理由とする差別に関する相談に的確に応ずるとともに、障害を理由とする差別に関する紛争の防止又は解決を図ることができるよう必要な体制の整備を図るものとする」と規定するにとどまる。

「基本方針」の策定については、障害者差別解消法には規定がある。第6条は、「政府は、障害を理由とする差別の解消の推進に関する施策を総合的かつ一体的に実施するため、障害を理由とする差別の解消の推進に関する基本方針（以下「基本方針」という。）を定めなければならない」と規定している。しかし、ヘイトスピーチ解消法や部落差別解消推進法では規定が見られない。政府の裁量に委ねられている。

教育・啓発および相談体制の充実については、いずれも明文規定が置かれているが、既存のシステムを活用した充実ということになっている。新しいシステムの構築については触れるところはないからである。「実態に係る調査」による「立法事実」の発見、それによる法の見直しといった「循環サイクル」についても特段、規定されるところはない。

裁判の意義と限界

①現代型訴訟

根拠法がある分野では、被害救済にあたって裁判が果たす役割は大きなものがある。裁判の新たな役割として、「現代型訴訟」ということもいわ

れている。本来ならば立法・行政レベルで解決することが適当な、政策がらみの紛争や要求について、被害の事後救済だけでなく、紛争や被害の事前防止措置、判例による新しい権利の承認、立法・行政などの政策形成過程への波及効果などを期待して提起される訴訟のことをいう。「公共訴訟」「制度改革訴訟」とも呼ばれ、環境権訴訟、消費者保護訴訟、国家賠償訴訟、行政（事件）訴訟、憲法訴訟などが、その代表例である。もともと司法的救済が制度上難しい事例が多いこともあり、ほとんどが最終的には原告敗訴に終わっている。上級裁判所ほど政治・行政追随の姿勢が顕著で、過度の「司法消極主義」として強い批判を浴びている。それでも、現代型訴訟が増えているのは、敗訴に終わっても、訴訟の提起や法廷弁論自体が、問題の提起、情報の公開、争点の明確化などの「フォーラム効果」を持つと考えられているからであるとされる。近年では水俣病第3次訴訟やHIV訴訟など、和解で終わる事例も増えており、注目されている。「らい予防法」違憲国家賠償請求訴訟も優れた「現代型訴訟」の一つとなった。

②過去の個別被害の救済

　「現代型訴訟」といえども、判決自体は従前のそれと異ならない。過去の個別被害の個別救済にとどまる。判例による新しい権利の承認は稀で、国の反対に抗してでも新しい権利を承認することはより「狭き門」ということになる。紛争や被害の事前防止措置、立法・行政などの政策形成過程への波及効果などは、裁判後の事柄ということになる。

　この過去の個別被害の個別救済においても、被害当事者から見ると、ハードルに比して得られるものが少ないという問題がある。社会的なバッシングを浴びることを甘受して原告の地位に就くこと自体がまず高いハードルとなる。

　次のハードルは、原告が受けた被害の実在と当該被害が被告の原因によって発生したことを証拠で立証しなければならないということである。C型肝炎訴訟の場合、厚生大臣が製造承認または輸入承認し、製薬会社が製造販売した血液製剤（特定フィブリノゲン製剤または特定血液凝固第Ⅸ因子製

剤)の投与によってC型肝炎ウイルスに感染したということが明らかになって、はじめて訴訟提起が可能となった。そのために、被害発生から訴訟提起までかなりの期間を要した。

　ハードルの第3は、訴訟にはかなりの時間と費用を要するという点である。優秀な訴訟代理人（弁護士）の確保も問題となる。にもかかわらず、判決自体で救済の対象とされるのは過去の個別被害でしかない。現在進行形の被害は救済の対象とならない。訴訟外の被害も救済の直接の対象とはならない。和解が利用されているのもそのためである。

③特定化された個人が救済の対象

　根拠法がない分野の場合は、裁判というチャンネルは「絵に描いた餅」という面が強い。朝鮮学校の周辺で街宣活動し、ヘイトスピーチ(憎悪表現)と呼ばれる差別的な発言を繰り返して授業を妨害したとして、学校法人京都朝鮮学園が「在日特権を許さない市民の会」（在特会）などを訴えた民事訴訟で、京都地裁は、2013年10月7日、学校の半径200メートルでの街宣禁止と約1200万円の賠償を命じる画期的な判決を言い渡した。しかし、この判決でも、次のように判示されているのである。

「人種差別撤廃条約2条1項は、締結国に対し、人種差別を禁止し終了させる措置を求めているし、人種差別撤廃条約6条は、締結国に対し、裁判所を通じて、人種差別に対する効果的な救済措置を確保するよう求めている。これらは、締結国に対し、国家として国際法上の義務を負わせるというにとどまらず、締結国の裁判所に対し、その名宛人として直接に義務を負わせる規定であると解される。このことから、わが国の裁判所は、人種差別撤廃条約上、法律を同条約の定めに適合するように解釈する責務を負うものというべきである。

　もっとも、例えば、一定の集団に属する者の全体に対する人種差別発言が行われた場合に、個人に具体的な損害が生じていないにもかかわらず、人種差別行為がされたというだけで、裁判所が、当該行為を民法709条の

不法行為に該当するものと解釈し、行為者に対し、一定の集団に属する者への賠償金の支払を命じるようなことは、不法行為に関する民法の解釈を逸脱しているといわざるを得ず、新たな立法なしに行うことはできないものと解される。条約は憲法に優位するものではないところ、上記のような裁判を行うことは、憲法が定める三権分立原則に照らしても許されないものといわざるを得ない。したがって、わが国の裁判所は、人種差別撤廃条約2条1項及び6条の規定を根拠として、法律を同条約の定めに適合するように解釈する責務を負うが、これを損害賠償という観点からみた場合、わが国の裁判所は、単に人種差別行為がされたというだけでなく、これにより具体的な損害が発生している場合に初めて、民法709条に基づき、加害者に対し、被害者への損害賠償を命ずることができるというにとどまる」

この判示にもみられるように、裁判所は、私人間の民事訴訟の場合、被害というと「個人に対する具体的な損害」ととらえており、「一定の集団に属する者の全体に対する被害」という概念を認めていない。しかし、このような理解で被差別と「被差別被害」の本質を正しくとらえられるかというと、大いに疑問であろう。刑法では、法益という観点から、犯罪を「個人的法益に対する罪」「社会的法益に対する罪」「国家的法益に対する罪」に分類している。この法益概念を援用すると、「個人的法益」にとどまらず、「社会的法益」を著しく侵害するところに被差別と「被差別被害」の特徴があるのではないか。差別禁止法が必要な所以である。

差別禁止法の必要性

①心からの差別撤廃への願い

被差別当事者の差別撤廃の願いは切実なものがある。被差別の体験は、誰にも相談できず、あきらめるしかない。しかし、決して消し去ることのできない記憶として、被差別当事者や家族の胸の奥深いところに仕舞い込まれてきた、あるいは被差別当事者らの人格を傷つけ、生きる力や活き活

きと個性と能力を発揮する場を奪い、ひいては社会に貢献する機会も奪ってきたからである。

　国立ハンセン病療養所の入所者自治会長を長く務め、強制隔離政策の廃止のために入所者の先頭に立って闘い続けた、ある入所者は、ハンセン病問題検証会議の聞き取りに対して、次のように訴えた。

　「あの世に行ったとき、先に逝った先輩たちに、頑張って、この世からハンセン病差別をなくしたと報告したい。それまでは、死んでも死にきれない。墓に入れない」

　この訴えは、被差別当事者に共通の思いだといってよい。本稿の冒頭で紹介したアピール文にも、それがにじみ出ている。しかし、この願いはいまだ実現されていない。上の入所者も、ハンセン病差別をこの世に残したまま逝ってしまった。無念さはいかばかりであったか。

②早急な問題解決

　新自由主義の下で、個人または集団が必要とするものを獲得するために他者と競い合い、勝者が獲得できるとする優勝劣敗の競争原理が支配的となるなか、優生思想の広がりが懸念されている。被差別は構造的な問題で、日本でも拡がる気配にある。

　「『嫌中憎韓』の流れの中にあるヘイトスピーチをめぐる状況はこれまでと変わることはなく、むしろ、一般の人々の意識の中に定着しているという意味で、より深刻になっています。ヘイトデモの集会は今でも日本各地で行われていますし、ヘイトスピーチの対象は韓国や中国のみならず、沖縄、アイヌ、原発事故被災者、イスラム教徒、さらに、被差別部落、障がい者、生活保護受給者などにも及んでいます。また、一部の報道機関は、『嫌中憎韓』を煽る記事や番組を報道し続けていますし、多くの出版物やインターネット上には見るに堪えない人種差別的表現があふれています。

日本は、1996年に国連における人種差別撤廃条約に加入しましたが、人種差別を禁じる法の制定や国内における人権機関の設立は兆しすら見えません。さらに、それらの動きは保守政治勢力と結びついて、日本軍『慰安婦』の存在自体を否定する『言論の弾圧』という新たな様相を見せ始めています」

「2015年 在日大韓基督教会・日本基督教団 平和メッセージ」によると、このように指摘されている。今の日本では、自然に任せれば差別が沈静化する方向に向かうというような楽観的な状況にはない。これを食い止めるためには、一刻も早く差別禁止法を制定し、差別を違法と宣言する必要がある。被差別当事者の切実な願いに応える必要がある。

③「共通の尺度」の必要性

内閣府に設けられた障害者政策委員会の差別禁止部会は、2012年9月14日、「『障害を理由とする差別の禁止に関する法制』についての差別禁止部会の意見」を発表した。意見の核心は、差別をなくすためには「共通の尺度」が必要だという点であった。次のように説かれた。

「今もなお、障害者は様々な差別的取扱いに直面しており、障害や障害者への無理解を嘆く声も途切れない。つまり、障害のない人が障害について知ること、理解することの重要性は誰も否定しないだろう。しかし、それだけでは差別が解消されることはないのである。それでは何が必要なのだろうか。実は、この法律を制定する最大の眼目はここにある。ここで注意すべきは、……差別的取扱いと思われる事例が多数存在するという現実がある一方で、多くの国民が『差別は良くないし、してはならない』『障害者には理解を持って接したい』と考えているのも事実であり、好んで差別をしているわけではないという点である。そこで、『差別はよくないことだ』という国民誰もが持つ考えを形あるものにして生かすためには、具体的に何が差別に当たるのか、個々人で判断することは困難であるので、

その共通の物差しを明らかにし、これを社会のルールとして共有することが極めて重要となる。もちろん、実際に差別を受けた場合の紛争解決の仕組みを整えることもこの法律の目的に据えなければならないが、これも、決して差別した人をつかまえて罰を与えることを目的とするものではないのである。これらが、差別禁止法を必要とする理由である」

　この考え方は、包括的な差別禁止法の制定についても妥当するものである。

国連の勧告

①繰り返される勧告

　1965年の第20回国連総会において採択され、1969年に発効した人種差別撤廃条約（日本は1995年に加入）は、その第2条第1項で、「締約国は、人種差別を非難し、また、あらゆる形態の人種差別を撤廃する政策及びあらゆる人種間の理解を促進する政策をすべての適当な方法により遅滞なくとることを約束する。このため、(a) 各締約国は、個人、集団又は団体に対する人種差別の行為又は慣行に従事しないこと並びに国及び地方のすべての公の当局及び機関がこの義務に従って行動するよう確保することを約束する。(b)各締約国は、いかなる個人又は団体による人種差別も後援せず、擁護せず又は支持しないことを約束する。(c) 各締約国は、政府（国及び地方）の政策を再検討し及び人種差別を生じさせ又は永続化させる効果を有するいかなる法令も改正し、廃止し又は無効にするために効果的な措置をとる。(d) 各締約国は、すべての適当な方法（状況により必要とされるときは、立法を含む。）により、いかなる個人、集団又は団体による人種差別も禁止し、終了させる。(e) 各締約国は、適当なときは、人種間の融和を目的とし、かつ、複数の人種で構成される団体及び運動を支援し並びに人種間の障壁を撤廃する他の方法を奨励すること並びに人種間の分断を強化するようないかなる動きも抑制することを約束する」と規定している。

1979年の第34回国連総会において採択され、1981年に発効した女性差別撤廃条約（日本は1985年に締結）も、その第2条で、「締約国は、女子に対するあらゆる形態の差別を非難し、女子に対する差別を撤廃する政策をすべての適当な手段により、かつ、遅滞なく追求することに合意し、及びこのため次のことを約束する」と規定し、そのB項で「女子に対するすべての差別を禁止する適当な立法その他の措置（適当な場合には制裁を含む。）をとること」、また、E項で「個人、団体又は企業による女子に対する差別を撤廃するためのすべての適当な措置をとること」と規定している。

　1989年の第44回国連総会において採択され、1990年に発効した子どもの権利条約（日本は1994年に批准）も、その第2条第1項で、「締約国は、その管轄の下にある児童に対し、児童又はその父母若しくは法定保護者の人種、皮膚の色、性、言語、宗教、政治的意見その他の意見、国民的、種族的若しくは社会的出身、財産、心身障害、出生又は他の地位にかかわらず、いかなる差別もなしにこの条約に定める権利を尊重し、及び確保する」と規定している。そして、第4条で、「締約国は、この条約において認められる権利の実現のため、すべての適当な立法措置、行政措置その他の措置を講ずる。締約国は、経済的、社会的及び文化的権利に関しては、自国における利用可能な手段の最大限の範囲内で、また、必要な場合には国際協力の枠内で、これらの措置を講ずる」と規定している。

　これらの条約は日本についても発効している。そのために、差別禁止法の制定について、国連から繰り返し勧告されている。たとえば、女性差別撤廃委員会が2009年8月に採択した総括所見、人種差別撤廃委員会が2010年4月に採択した総括所見、子どもの権利委員会が2010年6月に採択した総括所見などがそれである。

　総括所見に先立って、日本政府からその取り組みについて報告が書面で各委員会に対してなされている。人種差別撤廃委員会にも提出されており、日本政府が人種差別撤廃委員会に提出した「人種差別撤廃条約第7回・第8回・第9回政府報告」（平成25年1月）の記述のうち、「差別の禁止に関する憲法上及び法律上の規定」についての記述は、次のようなものであっ

た。

「我が国は、人種差別と戦うためあらゆる方策を講じている。国内最高法規である憲法に『すべて国民は、法の下に平等であって、人種、信条、性別、社会的身分又は門地により、政治的、経済的又は社会的関係において、差別されない』と規定し、直接的又は間接的といった形態如何を問わず、いかなる差別もない法の下の平等を保障している。我が国は、かかる憲法の理念に基づき、人種、民族等も含めいかなる差別もない社会を実現すべく努力してきており、我が国は、今後もいかなる差別もなく、一人一人が個人として尊重され、その人格を発展させることのできる社会をめざし、たゆまぬ努力を行っていきたいと考える」

これに対し、上記のように人種差別撤廃委員会から総括所見が提示されたわけである。人種差別撤廃委員会の上記総括所見のうち、差別禁止法の制定に係る部分「人種差別を禁止する包括的な特別法の不在」は、次のようなものであった。

「8. 委員会は、いくつかの法律が人種差別に対する条文を含んでいることに留意しつつも、締約国において人種差別行為や人種差別事件が起き続けていること、および、被害者が人種差別に対し適切な法的救済を求めることを可能とする包括的な人種差別禁止特別法を未だ締約国が制定していないことについて、懸念する(第2条)」

「委員会は、締約国に対して、人種差別の被害者が適切な法的救済を求めることを可能とし、条約1条および2条に準拠した、直接的および間接的な人種差別を禁止する包括的な特別法を採択するよう促す」

②人権の国際化

第二次世界大戦後、人権問題は国際化された。人権を守ることこそが世界大戦を防止するための最良の施策である。そのために、人権は、すべて

の人民とすべての国とが達成すべき「共通の基準」とされなければならず、人権の内容と人権擁護のシステムも国際的に平準化されなければならない。このように考えられるようになった。これを端的に宣明したのが、1948年12月10日の第3回国連総会において採択された「世界人権宣言」の前文である。次のように謳っている。

「人類社会のすべての構成員の固有の尊厳と平等で譲ることのできない権利とを承認することは、世界における自由、正義及び平和の基礎であるので、

人権の無視及び軽侮が、人類の良心を踏みにじった野蛮行為をもたらし、言論及び信仰の自由が受けられ、恐怖及び欠乏のない世界の到来が、一般の人々の最高の願望として宣言されたので、

人間が専制と圧迫とに対する最後の手段として反逆に訴えることがないようにするためには、法の支配によって人権保護することが肝要であるので、

諸国間の友好関係の発展を促進することが、肝要であるので、

国際連合の諸国民は、国際連合憲章において、基本的人権、人間の尊厳及び価値並びに男女の同権についての信念を再確認し、かつ、一層大きな自由のうちで社会的進歩と生活水準の向上とを促進することを決意したので、

加盟国は、国際連合と協力して、人権及び基本的自由の普遍的な尊重及び遵守の促進を達成することを誓約したので、

これらの権利及び自由に対する共通の理解は、この誓約を完全にするためにもっとも重要であるので、

よって、ここに、国際連合総会は、

社会の各個人及び各機関が、この世界人権宣言を常に念頭に置きながら、加盟国自身の人民の間にも、また、加盟国の管轄下にある地域の人民の間にも、これらの権利と自由との尊重を指導及び教育によって促進すること並びにそれらの普遍的かつ効果的な承認と遵守とを国内的及び国際的な漸

進的措置によって確保することに努力するように、すべての人民とすべての国とが達成すべき共通の基準として、この世界人権宣言を公布する」

そのために、国連の目的の柱の一つも、「経済的、社会的、文化的または人道的性質を有する国際問題を解決することについて、並びに人種、性、言語または宗教による差別なくすべての者のために人権及び基本的自由を尊重するように助長奨励することについて、国際協力を達成すること」に置かれている。

今、私たちに必要なことは、このような人権の国際化を受け入れ、人権の国際的な平準化に努めることではないか。差別禁止法の制定も、パリ原則にもとづく国内人権機構の設置と並んで、その大きな課題の一つである。

差別禁止法制定を求める当事者の声 シリーズ

各人権課題をめぐる差別の現実とその課題について、①関係者による「解説」、②当事者の「声」、③統計データや新聞記事、関係法令等の「参考資料」によって、わかりやすく伝えます。

❶**ハンセン病問題のいま** 私たちにとってハンセン病問題とは（内田博文）／いのちと同時に人権も宿る（志村康）／終わりだけでも普通の人として終わりたい（本山みえ）／苦労を乗り越え、ふたりで歩む年月（A.K、A.F）／ハンセン病回復者と家族に対する差別の現実（社会福祉法人恩賜財団大阪府済生会ハンセン病回復者支援センター）／参考資料

❷**自死（遺族）問題のいま** 自死（遺族）問題とは（田中幸子）／自死遺族としての現状を伝えることから自死に対する偏見や決めつけをなくしていきたい（竹井京子）／深い悲しみと自責の思いを自分たちの言葉で語り、伝えたい（桑原正好）／自死（遺族）差別事象調査の結果（差別禁止法研究会自死（遺族）問題担当）／参考資料

❸**LGBT問題のいま** セクシュアルマイノリティの人権（土肥いつき）／同性愛者に対する差別について（南和行）／今日における差別の現実（五十嵐ゆり）／性的マイノリティに関する差別禁止法の必要と差別事例の現実（原ミナ汰監修）／参考資料

❹**外国人問題のいま** 外国人差別の実態（文公輝）／「日本で働く」ということ（Betty）／京都朝鮮学校襲撃事件（朴貞任）／反ヘイトスピーチ裁判について（李信恵）／外国人差別が争われた判例と事象（差別禁止法研究会外国人問題担当）／参考資料

❺**HIV問題のいま** HIV陽性者のいま（高久陽介）／HIV陽性者としての差別体験（加藤力也）／長期化するHIV感染症治療患者が迎えた新たな局面（長谷川博史）／HIVに関わる差別事例（差別禁止法研究会HIV問題担当）／参考資料

❻**見た目問題のいま** 「見た目問題」とは（外川浩子）／大変な道のりを、「幸せ発信」にかえて（河除静香）／未来を否定され、絶望させられました（三橋雅史）／ありのままの姿でも、安心して暮らせる社会を（薮本舞）／「見た目問題」当事者に対する差別の現実（外川浩子）

❼**部落問題のいま** 部落問題のいま（内田龍史・妻木進吾・齋藤直子）／もっと早く知りたかった（本江優子）／二度の結婚差別（Nさん）／長野市内近隣住民連続差別事件（高橋典男）／「差別文書大量ばらまき事件」を通して（安田幸雄）／「全国部落調査事件」から見えてくる現行法の限界（中井雅人）／関係法令資料

❽**アイヌ問題のいま** アイヌ民族「問題」の概要（竹内渉）／"アイヌ差別撤廃"に国をあげて取り組んでほしい（平村嘉代子）／座談会①アイヌという言葉に誇りを持ってほしい／座談会②アイヌとしてのアイデンティティ／アイヌ民族に対する差別の現実（竹内渉）／資料編

❾**水俣病問題のいま** 水俣病の現在と差別・偏見（花田昌宣）／裁判で闘い続ける（佐藤英樹）／私たちの水俣病（岩本昭則・敬子）／坂本しのぶとして生きること（坂本しのぶ）／二つの出来事から「水俣病学習」のあり方と今後の展望を考える（松本剛史）／差別の事件史としての水俣病（花田昌宣）／資料編

一般社団法人部落解放・人権研究所 発行
各頒価500円（研究所会員割引・有）（税・送料別）
※⑦『部落問題のいま』のみ、頒価1,000円
お買い求めは、部落解放・人権研究所 販売担当（TEL:06-6581-8619 FAX:06-6581-8540）まで

被差別マイノリティのいま
差別禁止法制定を求める当事者の声

2017年12月10日　第1刷発行

編者　一般社団法人　部落解放・人権研究所
発行　株式会社　解放出版社
〒552-0001　大阪市港区波除4-1-37　HRCビル3階
TEL：06-6581-8542　FAX：06-6581-8552
東京営業所
〒101-0052　千代田区神田神保町2-23　アセンド神保町3階
TEL：03-5213-4771　FAX：03-3230-1600
振替 00900-4-75417　ホームページ　http://www.kaihou-s.com/
装幀　森本良成
本文レイアウト　伊原秀夫
印刷・製本　モリモト印刷

ISBN978-4-7592-6781-5　C0036　NDC360　341P　21cm
定価はカバーに表示しております。落丁・乱丁おとりかえします。

障害などの理由で印刷媒体による本書のご利用が困難な方へ

本書の内容を、点訳データ、音読データ、拡大写本データなどに複製することを認めます。ただし、営利を目的とする場合はこのかぎりではありません。

また、本書をご購入いただいた方のうち、障害などのために本書を読めない方に、テキストデータを提供いたします。

ご希望の方は、下記のテキストデータ引換券（コピー不可）を同封し、住所、氏名、メールアドレス、電話番号をご記入のうえ、下記までお申し込みください。メールの添付ファイルでテキストデータを送ります。

なお、データはテキストのみで、写真などは含まれません。

第三者への貸与、配信、ネット上での公開などは著作権法で禁止されていますのでご留意をお願いいたします。

あて先

〒552-0001　大阪市港区波除4-1-37　HRCビル3F　解放出版社
『被差別マイノリティのいま』テキストデータ係

テキストデータ引換券
『被差別マイノリティのいま』
6781